Gerhard Sielhorst
Jutta Rehr

Quattro Pro 3.0
Einsteigen leichtgemacht

Gerhard Sielhorst
Jutta Rehr

Quattro Pro 3.0 Einsteigen leichtgemacht

Die Deutsche Bibliothek – CIP-Einheitsaufnahme

Sielhorst, Gerhard:
Quattro Pro 3.0: Einsteigen leicht gemacht /
Gerhard Sielhorst; Jutta Rehr. – Braunschweig:
Vieweg, 1991

NE: Rehr, Jutta:

ISBN 978-3-528-05172-3   ISBN 978-3-663-13957-7 (eBook)
DOI 10.1007/978-3-663-13957-7

Das in diesem Buch enthaltene Programm-Material ist mit keiner Verpflichtung oder Garantie irgendeiner Art verbunden. Die Autoren und der Verlag übernehmen infolgedessen keine Verantwortung und werden keine daraus folgende oder sonstige Haftung übernehmen, die auf irgendeine Art aus der Benutzung dieses Programm-Materials oder Teilen davon entsteht.

Umschlaggestaltung: Schrimpf & Partner, Wiesbaden

Gedruckt auf säurefreiem Papier

EINLEITUNG

Das vorliegende Buch führt den Leser zum erfolgreichen Einsatz von Quattro Pro. Es informiert über den gesamten Befehlsvorrat, die wichtigsten Tabellenfunktionen und gibt eine Einführung in die Grafikerstellung und Makroprogrammierung.

In jedem Kapitel muß der Leser ein kleines Arbeitsblatt erstellen, mit dem im Verlaufe des Kapitels immer neue Quattro Pro-Möglichkeiten erschlossen werden. Die Erstellung der Arbeitsblätter erfolgt in Übungsform. Vorher beschriebene Befehle und Funktionen müssen vom Leser am konkreten Beispiel getestet werden.

Im ersten Kapitel wird ein Arbeitsblatt vorgestellt, das die mit dem Kauf eines Diesel- und Benzin-KFZ's verbundenen Kosten gegenüberstellt.

Das 1. Kapitel

Der Leser lernt die grundlegenden Befehle für das Erstellen von Arbeitsblättern kennen. Er erfährt beispielsweise, wie Texte und Zahlen eingegeben und anschließend formatiert werden.

Ein besonders wichtiges Thema stellt die Eingabe von Formeln dar. Dieses Thema wird ausführlich im zweiten Kapitel behandelt. Auf die Unterschiede der relativen und absoluten Feldadressierung bei Formeln wird ebenso eingegangen wie auf die Verwendung von Feldbezeichnungen, mit deren Hilfe Sie die Transparenz von Formeln erhöhen können.

Das 2. Kapitel

Als Beispiel dient die Abrechnung einer Hausverwaltung. Die für ein Haus anfallenden Kosten sollen nach bestimmten Schlüsselgrößen "gerecht" auf die Hausbewohner verteilt werden.

Das 3. Kapitel

Quattro Pro bietet zahlreiche Möglichkeiten, das optische Erscheinungsbild von Arbeitsblättern zu verbessern. Die entsprechenden Befehle werden beschrieben und anhand eines Beispiels erläutert. In diesem Kapitel werden ebenfalls die für das Ausdrucken von Arbeitsblättern zur Verfügung stehenden Befehle besprochen.

Als Beispiel dienen die im Rahmen einer Kreditaufnahme zu ermittelnden monatlichen und jährlichen Raten. In diesem Zusammenhang wird die Arbeitsweise finanzmathematischer Tabellenfunktionen vorgestellt.

Das 4. Kapitel

Nachdem Sie die ersten Kapitel durchgearbeitet haben, sind Sie bereits imstande, auch komplexere Arbeitsblätter zu erstellen. Häufig ergibt sich jedoch die Notwendigkeit für den Einsatz mehrerer Arbeitsblätter. Quattro Pro bietet verschiedene Möglichkeiten, Arbeitsblätter zu verknüpfen und Daten zwischen einzelnen Arbeitsblättern auszutauschen. Die entsprechenden Befehle werden wieder anhand eines Beispiels beschrieben.

Diesmal betrachten wir den Kauf einer Eigentumswohnung als Renditeobjekt, um die Arbeitsweise der Befehle zu verdeutlichen. Ausgewählte Daten der in den ersten Kapiteln erstellten Arbeitsblätter werden mit dem Arbeitsblatt dieses Kapitels verknüpft, um eine angemessene Aussage über das Renditeobjekt machen zu können.

Das 5. Kapitel

Viele Unternehmen setzen inzwischen Programme wie Quattro Pro ein, um Teile ihres Berichtswesens von einem PC erledigen zu lassen. Zu einem effizienten Berichtswesen gehört die grafische Darstellung wichtiger Zahlenwerte. Aus diesem Grund müssen Programme neben den Befehlen zur Arbeitsblatterstellung auch über Möglichkeiten für die grafische Aufbereitung von Zahlen verfügen.

Mit Hilfe von Quattro Pro können Sie auf einfache Art Grafiken erstellen. Im ersten Teil des Kapitels werden die grundlegenden Befehle für die Grafikerstellung beschrieben, z.B. Festlegung der Diagrammtypen, Schraffurarten, Linientypen, Skalierung usw.

Im zweiten Teil des Kapitels gehen wir darauf ein, wie Sie Ihre
Grafiken individuell gestalten können, z.B. Einfügen zusätzlicher
Texte, Vergrößern, Verkleinern und Verschieben einzelner Diagrammkomponenten. Für die individuelle Gestaltung der Grafiken bietet Quattro Pro einen zusätzlichen Bearbeitungs-Modus
an: Die Möglichkeiten, die dieser Modus bietet, werden wir an
einem Beispiel aufzeigen.

Anhand einer CD- und Schallplattensammlung werden wir die   *Das 6. Kapitel*
Arbeitsweise der Quattro Pro-Datenbank veranschaulichen. Sie
erfahren, wie Sie eine Datenbank sortieren und Datensätze markieren, extrahieren und löschen können.

Im zweiten Teil des Kapitels werden die Datenbank- und Sta-
tistik-Funktionen besprochen, mit deren Hilfe ausgewählte Felder der Datenbank ausgewertet werden können.

Programme wie Quattro Pro werden heutzutage auch daran ge-   *Das 7. Kapitel*
messen, ob Sie über gute Möglichkeiten zur Programmierung
verfügen. Mit Hilfe der Makro-Programmierung können Sie einerseits häufig benötigte Befehlsfolgen in einem Makro zusammenfassen und anschließend "per Knopfdruck" zur Ausführung bringen.

Andererseits versetzen sie damit auch Anwender, die das Arbeitsblatt nicht detailliert kennen, in die Lage, dennoch das Arbeitsblatt zu nutzen. Sie geben den Ablauf von der Dateneingabe
bis zum abschließenden Ausdrucken über Makros vor, so daß der
Anwender lediglich wissen muß, wie er die einzelnen Makros
aufrufen kann.

Dieses Kapitel bietet eine Einführung in die Makroprogrammierung. Sie erfahren, wie einfache Makros eingegeben, dokumentiert und zur Ausführung gebracht werden.

Quattro Pro bietet einen reichhaltigen Makro-Befehlsvorrat, der
Sie in die Lage versetzt, vollständige Anwendungen makro-un-
terstützt ablaufen zu lassen, z.B. können Dateneingaben über interaktive Makros realisiert werden. Für den Fall, daß Sie für den
Anwender einen reglementierten Ablauf vorgeben wollen, können Sie das umfangreiche Quattro Pro-Befehlsmenü durch ein
spezielles und auf die Anwendung zugeschnittenes Menü ersetzen.

Im zweiten Teil des Kapitels werden wir einige spezielle Makro-Befehle herausgreifen und deren Einsatzmöglichkeiten beschreiben.

QP-Tips

Jedes Kapitel wird abgerundet durch eine Reihe von Tips, die wichtige und häufig benötigte Befehle und Funktionen erläutern. Beispielsweise wird in diesen Abschnitten das Arbeiten mit mehreren Fenstern, das Definieren eigener Tastenschlüssel, das Importieren von ASCII-Dateien oder der Zugriff auf externe Datenbanken (z.B. Paradox oder dBASE) beschrieben.

Jedes Kapitel widmet sich darüber hinaus speziellen Tabellenfunktionen, z.B. logische und mathematische Funktionen in Kapitel 4 oder Zeichenkettenfunktionen in Kapitel 6.

Vorgehensweise

Wie können Sie am besten mit diesem Buch arbeiten? Sie nehmen sich pro Kapitel etwa 2-3 Stunden Zeit und arbeiten die einzelnen Kapitel mit Ihrem PC "am Stück" durch. Am Anfang des Kapitels werden jeweils die Lernziele genannt. In jedem Kapitel müssen Sie ein kleines, auf eine Bildschirmseite begrenztes Arbeitsblatt erstellen, mit dessen Hilfe die einzelnen Lernziele am praktischen Beispiel angegangen werden.

Durch die Übungsform werden Sie sehr schnell merken, daß Ihre Quattro Pro-Kenntnisse gefestigt und mit jedem Kapitel ausgebaut werden. Schließlich haben Sie einen Überblick über das gesamte Leistungsspektrum von Quattro Pro. Sie werden dadurch in die Lage versetzt, Ihre eigenen Lösungskonzepte zu erarbeiten und in Quattro Pro umzusetzen.

Inhaltsverzeichnis

1. Das erste Arbeitsblatt

Sie beabsichtigen, ein neues Auto zu erwerben. Ihr Autohändler ist bereit, Ihren "alten Hobel" zu übernehmen und bietet Ihnen alternativ ein Diesel- und ein Benzin-KFZ zum Kauf an. Ein Arbeitskollege, im Umgang mit **Quattro Pro** vertraut, schlägt vor, ein Arbeitsblatt zu erstellen, das die Entscheidung "Diesel/Benzin" erleichtert. Sie stimmen dem Vorschlag zu.

Vollziehen Sie die folgenden Ausführungen nach. Sie werden dabei erfahren, wie einfach das Erstellen von Arbeitsblättern mit Quattro Pro ist.

Was wird im ersten Kapitel besprochen?

Das 1. Kapitel

1.   Der Grundaufbau des Quattro Pro-Bildschirms

2.   Das Festlegen von Spaltenbreiten

3.   Die Arbeitsweise "schneller Tasten" in Quattro Pro

4.   Das Kopieren von Feldinhalten

5.   Das Ausrichten von Texteingaben (z.B. zentrieren)

6.   Das Formatieren von Zahleneingaben

7.   Der Aufbau einfacher Formeln

8.   Die **WENN**-Funktion

9.   Ein Quattro Pro-Befehl, der Sie verblüffen wird

Der Quattro Pro-Bildschirm

Starten Sie Quattro Pro, indem Sie in das Quattro Pro-Unterverzeichnis springen und "q" eingeben. Sie sehen den leeren Quattro Pro-Bildschirm:

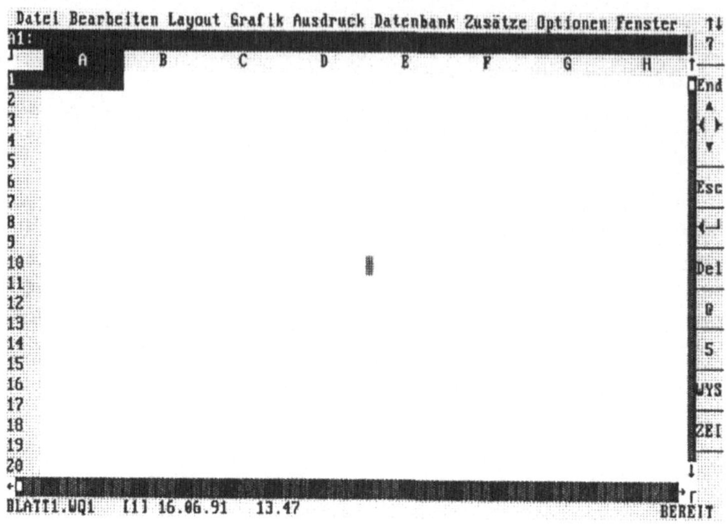

WYSIWYG-Modus

Dies ist der Quattro Pro-Bildschirm im normalen 80x25-Modus. Wenn Sie über eine VGA-Karte verfügen, haben Sie möglicherweise gerade einen anderen Modus, z.B. den WYSIWYG-Modus aktiviert. Mit diesem Modus, der das Bearbeiten und Anzeigen von Grafiken unterstützt, werden wir uns in einem der späteren Kapitel beschäftigen. In den ersten Kapiteln werden wir ausschließlich den "Normal-Modus" einsetzen. Vollziehen Sie zunächst die folgenden Ausführungen nach. Auf Seite 4 wird beschrieben, wie Sie den Modus verändern können.

Menüzeile

Die obere Zeile des Bildschirms enthält das Hauptmenü von Quattro Pro (Menüzeile), vom Menü **Datei** bis zum Menü **Fenster**. Es gibt drei Möglichkeiten, um eines dieser Menüs zu öffnen:

Die F3-Taste

Sie drücken die Funktionstaste F3. Quattro Pro springt daraufhin in die Menüzeile. Sie können dann entweder mit den Pfeiltasten zum gewünschten Menü springen und die Wahl durch Drücken der RETURN-Taste bestätigen, oder den entsprechenden Buchstaben eingeben, z.B. **D**, um das Menü **Datei** zu öffnen.

Probieren Sie es aus! Drücken Sie F3 und öffnen Sie durch Eingabe des Buchstabens **D** das Menü **Datei**. Durch Drücken der ESCAPE-Taste schließen Sie das Menü wieder.

Durch Eingabe des Schrägstriches (/) können Sie ebenfalls Menüs öffnen. *Schrägstrich*

Geben Sie den Schrägstrich (/) ein und öffnen Sie das Menü **Ausdruck** (auf die Befehle der einzelnen Menüs werden wir später in diesem Buch eingehen). Schließen Sie das Menü durch Drücken der ESCAPE-Taste.

Wenn Sie über eine Maus verfügen, können Sie den Mauszeiger zum entsprechenden Menü bewegen und durch Drücken der linken Maustaste öffnen. Öffnen Sie beispielsweise das Menü **Datenbank**, indem Sie den Mauszeiger nach **Datenbank** bringen und die linke Maustaste betätigen. *Die Maus*

Schließen Sie das soeben geöffnete Menü noch nicht. Betrachten Sie die Spalte am rechten Bildschirmrand, beginnend mit den Pfeiltasten am oberen rechten Bildschirmrand und dem Feld **ZEI** am unteren Bildschirmrand.

Hierbei handelt es sich um Mausfelder, die das Arbeiten mit der Maus unterstützen. Bewegen Sie den Mauszeiger auf das Mausfeld **Esc** und drücken Sie die linke Maustaste. Quattro Pro schließt daraufhin das geöffnete Menü. *Mausfelder*

Genauso wie Sie eben mit Hilfe der Maus das Drücken der ESCAPE-Taste realisiert haben, können Sie gleichermaßen die RETURN- und DEL-Taste über die Maus aktivieren. Sie brauchen dazu den Mauszeiger nur auf das entsprechende Mausfeld zu bewegen und die linke Maustaste betätigen.

Die DEL-Taste entspricht dem "normalen Drücken" der DEL- (bzw. ENTF-)Taste, mit deren Hilfe Sie beispielsweise den Inhalt des aktuellen Feldes löschen können.

Am rechten und unteren Bildschirmrand sehen Sie die Rollbalken, die dazu verwendet werden können, sich mit Hilfe der Maus durch das Arbeitsblatt zu bewegen. An den beiden Eckpunkten der Balken sehen Sie Pfeile. Am horizontalen Rollbalken am unteren Bildschirmrand sehen Sie links einen linksgerichteten und rechts einen nach rechts ausgerichteten Pfeil. Analog der vertikale Rollbalken am rechten Bildschirmrand mit den nach oben und unten ausgerichteten Pfeilen. Wenn Sie den Mauszeiger auf einen der Pfeile positionieren, können Sie sich durch Drücken der linken Maustaste durch das Arbeitsblatt bewegen. *Rollbalken*

Eingabezeile

Unterhalb der Menüzeile sehen Sie die Eingabezeile, die mit der Angabe der Feldadresse, z.B. A1, eingeleitet wird. In dieser Zeile wird der Inhalt des Feldes, auf dem sich momentan der Cursor befindet, angezeigt. Weiterhin wird ein Hinweis auf mögliche Formatierungen gegeben. Wenn Sie sich beispielsweise in Feld A1 befinden, wird der Inhalt dieses Feldes angezeigt.

Wenn Sie neue Daten eingeben wollen, werden diese zunächst in die Eingabezeile gestellt. Durch Drücken der RETURN-Taste werden die eingegebenen Daten in das aktuelle Feld übernommen. Das Drücken der ESCAPE-Taste anstelle der RETURN-Taste annulliert die getätigte Eingabe. Wenn Sie das Feld besonders formatiert haben, wird in der Eingabezeile ebenfalls ein entsprechender Hinweis angezeigt.

Statuszeile

Am unteren Bildschirmrand sehen Sie die Statuszeile. Diese zeigt den Namen der aktuellen Datei, z.B. BLATT1.WQ1, die Nummer des aktuellen Fensters und den Betriebszustand, z.B. BEREIT, an. Sie können sich darüber hinaus mit Hilfe bestimmter Befehle die Uhrzeit und das Datum anzeigen lassen. Arbeitsblätter werden in Quattro Pro in Dateien mit der Endung WQ1 gespeichert.

Das soll an theoretischer Darstellung genügen. Weitere Details des Quattro Pro-Bildschirms werden wir später anhand konkreter Beispiele erläutern. Kommen wir damit zur Erstellung unseres ersten Arbeitsblattes!

Ändern
Modus

Für den Fall, daß Sie noch den Video-Modus ändern wollen, müssen Sie wie folgt vorgehen: Öffnen Sie das Menü **Optionen** und wählen Sie den Befehl **Video-Modus**. Sie erhalten sämtliche Modi angezeigt, die Quattro Pro aufgrund Ihrer Hardware-Ausstattung aktivieren kann. Wählen Sie Option A und schließen Sie anschließend sämtliche Menüs. Wenn Sie eine Hercules-Karte installiert haben, verfügen Sie möglicherweise nur über den normalen 80x25-Modus.

Erstellen des ersten Arbeitsblattes

Das folgende Arbeitsblatt soll die Kosten, die im Zusammenhang mit dem Kauf eines Diesel- und eines Benzin-KFZs entstehen, gegenüberstellen. Wenn Sie das erste Kapitel durchgearbeitet haben, soll das fertige Arbeitsblatt wie folgt aussehen:

```
 Datei Bearbeiten Layout Grafik Ausdruck Datenbank Zusätze Optionen Fenster  11
 19: [W131]                                                                    7
   A           B            C    D        E          F        G
 1  =================================================================      End
 2  :      Gegenüberstellung der Kosten Diesel-/Benzin-KFZ          :       ▲
 3  :--------------------------------------------------------------:      ◄┤ ►
 4  :        Grunddaten         :  Werte                           :       ▼
 5  :--------------------------:-----------------------------------:
 6  : Voraussichtl. Fahrleistung :  32.000 km/Jahr            :   ▌   Esc
 7  : Unterschied Ansch.Kosten   :   2.000 DM                 :       ◄┘
 8  : Nutzungsdauer              :      4 Jahre               :
 9  :--------------------------:-----------------------------------:
 10 :        KFZ-Daten           :  Diesel    Benzin          :       Del
 11 :--------------------------:-----------------------------------:
 12 : Preise                     :    1,11     1,20  DM/Liter  :       8
 13 : Verbrauch                  :    5,90     6,70  L./100 km :
 14 : Wartung/Inspektion         :     350      300  DM/15.000 km :    5
 15 :--------------------------:-----------------------------------:
 16 : Summe Kosten               : 3.342,35 3.212,80  DM/Jahr  :      WYS
 17 : Wer ist günstiger ?        : Benzin   Diff.:         130 :      ZEI
 18 =================================================================
 19
 20
 +                               ■                                    ┘
 1AUTO.WQ1    [2] 16.06.91   13.50                              BEREIT
```

Das Arbeitsblatt soll anhand der voraussichtlichen Fahrleistung,
der höheren Anschaffungskosten beim Diesel, der Nutzungsdauer, der Diesel- und Benzinpreise, des Verbrauchs sowie der
Wartungs- und Inspektionskosten die Entscheidung erleichtern,
welche Fahrzeugart wirtschaftlicher ist.

Vollziehen Sie die schrittweise Erstellung des Arbeitsblattes
nach! Wir werden bei jedem Schritt bestimmte Quattro Pro-
Merkmale herausstellen und beschreiben.

Schritte zur Erstellung des Arbeitsblattes

Die Schritte

1.   Festlegen der Spaltenbreiten

2.   Eingabe der Linien (Umrandung)

3.   Eingabe der Texte

4.   Eingabe der Zahlenwerte

5.   Eingabe der Formeln

Im vierten Kapitel werden wir beschreiben, wie man mehrere
Arbeitsblätter miteinander verknüpfen kann. Wir werden dies
anhand der in den ersten Kapiteln erstellten Arbeitsblätter tun. Es
ist daher für ein besseres Verständnis des vierten Kapitels zu
empfehlen, die Arbeitsblätter so wie vorgegeben zu erstellen.

1. Festlegen der Spaltenbreiten

Die Spaltenbreite begrenzt die Anzahl der Zeichen, die in ein Feld
eingegeben werden können. Quattro Pro gibt standardmäßig eine
Spaltenbreite von 9 vor, die Sie jedoch beliebig - je nach Er-
fordernis - variieren können. Wir müssen für das erste Arbeitsblatt
eine Reihe von Spaltenbreiten verändern. Bewegen Sie den Cursor
nach Feld A1. Für Spalte A soll eine Breite von 2 festgelegt werden.

"Normale"
Befehlsfolge

Der Cursor befindet sich in Feld A1. Öffnen Sie das Menü
Layout, indem Sie die Funktionstaste F3 drücken (der Cursor
springt in die Menüzeile) und anschließend den Buchstaben L eingeben. Quattro Pro zeigt daraufhin die zum Menü **Layout** gehörenden Befehle, beginnend mit dem Befehl **Ausrichtung** bis
zum Befehl **Umbruch**.

Der Befehl
Spaltenbreite

Uns interessiert der Befehl **Spaltenbreite**. Wählen Sie den Befehl
durch Drücken des Buchstabens S aus. In der Eingabezeile sehen
Sie folgenden Hinweis:

Aktuelle Spaltenbreite ändern zu [1..254]: 9

Tragen Sie die Zahl 2 ein und drücken Sie die RETURN-Taste.
Sie haben damit die Breite der Spalte A auf 2 festgelegt.

Befehle können entweder durch Eingabe eines Buchstabens ausgewählt werden, oder indem Sie den Cursor mit Hilfe der Pfeiltasten zum entsprechenden Befehl bewegen und die RETURN-Taste
drücken.

Pfeiltasten

Spalte B benötigt eine Breite von 27 Zeichen. Bewegen Sie den
Cursor nach Feld B1, und öffnen Sie erneut das Menü **Layout**.
Wählen Sie wieder den Befehl **Spaltenbreite**. Bei Spalte A haben
Sie die Breite direkt eingegeben. Quattro Pro bietet eine zweite
Möglichkeit - Drücken der linken und rechten Pfeiltaste und an-
schließendes Betätigen der RETURN-Taste.

Drücken Sie einige Male die linke und rechte Pfeiltaste. Quattro
Pro verkleinert bzw. vergrößert daraufhin entsprechend die Spaltenbreite und zeigt die neue Breite in der Eingabezeile an. Betätigen Sie nun so oft die rechte Pfeiltaste, bis Sie eine Breite von 27
eingerichtet haben. Bestätigen Sie die neue Breite durch Drücken
der RETURN-Taste.

Quattro Pro bietet für viele Befehlsfolgen die Möglichkeit, durch einfaches Drücken einer Tastenkombination das umständliche Eingeben von Befehlsfolgen zu vermeiden. Für das Einrichten von Spaltenbreiten steht Ihnen beispielsweise das Tastenkürzel STRG-b zur Verfügung. Probieren Sie es aus!

"Schnelle Tasten"

Bewegen Sie den Cursor nach Feld C1. Drücken Sie gleichzeitig die STRG-Taste und den Buchstaben b. Sie können unmittelbar die für Spalte C geforderte Spaltenbreite eingeben. Wir benötigen hier eine Breite von 3 Zeichen. Geben Sie den Wert 3 ein und betätigen Sie die RETURN-Taste.

Die Spalten D und E bleiben unverändert.

Für Spalte F benötigen wir eine Breite von 13 und für Spalte G eine Breite von 1. Richten Sie selbst für beide Spalten die gewünschten Breiten ein.

2. Eingabe von Linien

Im zweiten Schritt wollen wir die innerhalb des Arbeitsblattes verwendeten Linien eingeben. Bewegen Sie den Cursor nach Feld B1. Geben Sie

    \=

ein und drücken Sie die RETURN-Taste. Beachten Sie, daß hier der umgekehrte Schrägstrich verwendet werden muß. Mit Hilfe des **Justierungszeichens** (\) können Sie ein Zeichen oder eine Zeichenfolge so oft wiederholen, bis das aktuelle Feld vollständig ausgefüllt ist. In unserem Beispiel füllt das Zeichen "=" das gesamte Feld B1 aus. Sie können anstelle eines einzelnen Zeichens auch Zeichenkombinationen (z.B. \-:-) eingeben. Die nach dem Justierungszeichen eingegebene Kombination wird so oft wiederholt, bis das Feld ausgefüllt ist.

Bewegen Sie den Cursor nach Feld A1 und geben Sie wieder \= ein. Im nächsten Schritt wollen wir die in Feld B1 eingegebene Linie nach rechts kopieren. Bewegen Sie den Cursor nach Feld B1 und vollziehen Sie die folgenden Befehle nach.

Kopieren

```
Geben Sie ein                    Befehl


F3                               Sprung zur Menüzeile
B                                Menü Bearbeiten öffnen
K                                Befehl Kopieren
RETURN-Taste                     Bestätigen Feld B1
1 x Pfeiltaste rechts            Bewegen nach Feld C1
.                                Punkt eingeben
4 x Pfeiltaste rechts            Bewegen nach Feld G1
RETURN-Taste                     Bestätigen des Befehls
```

Unsere "="-Linie erstreckt sich jetzt von Feld A1 bis Feld G1.

Bereichs-
markierung
Normalerweise können Sie mit den Pfeiltasten nur zwischen einzelnen Feldern hin- und herspringen. Sie können jedoch die Pfeiltasten bei bestimmten Befehlen auch dazu verwenden, einen Bereich zu markieren, z.B. den Bereich von Feld A1 bis Feld G1. Dazu muß der Cursor zur Ausgangsposition (Feld A1) gebracht und ein Punkt (.) eingegeben werden. Anschließend können Sie den Cursor durch Drücken der Pfeiltasten zur Endposition (Feld G1) des gewünschten Bereiches bringen und die Markierung durch Betätigen der RETURN-Taste bestätigen.

Als nächstes wollen wir die soeben erstellte "="-Linie in die Zeile 18 kopieren. Bewegen Sie den Cursor nach Feld A1 und vollziehen Sie die Befehlsfolge nach.

```
Geben Sie ein                    Befehl


F3                               Sprung zur Menüzeile
B                                Menü Bearbeiten öffnen
K                                Befehl Kopieren
6 x Pfeiltaste rechts            Markieren Bereich A1..G1
RETURN-Taste                     Bestätigen Feld B1
17 x Pfeiltaste unten            Bewegen nach Feld A18
RETURN-Taste                     Bestätigen des Befehls
```

Sie haben die Linie von Zeile 1 in die Zeile 18 kopiert. Kommen wir damit zum linken Rand unseres Arbeitsblattes. Bewegen Sie den Cursor nach Feld A2 und geben Sie ein. Diesen Doppelpunkt wollen wir nun bis Feld A17 kopieren.

Auch für das Kopieren bietet Quattro Pro ein Tastenkürzel an: *Die schnelle*
STRG-k. Belassen Sie den Cursor auf Feld A2 und vollziehen Sie *Kopiertaste*
die Befehlsfolge nach.

```
Geben Sie ein                    Befehl


STRG-k                           Starten Kopierbefehl
RETURN-Taste                     Bestätigen Feld A2
1 x Pfeiltaste unten             Bewegen nach Feld A3
.                                Punkt eingeben
14 x Pfeiltaste unten            Bewegen nach Feld A17
RETURN-Taste                     Bestätigen des Befehls
```

Sie haben soeben den linken Rand des Arbeitsblattes eingegeben. *Direkte*
Als nächstes soll der Inhalt der Spalte A nach Spalte G kopiert *Bereichsangabe*
werden. In diesem Beispiel geben wir den Quell- und Zielbereich
direkt in die Eingabezeile ein (ohne Zuhilfenahme der Pfeiltasten). Bei dieser Vorgehensweise ist die momentane Position des
Cursors unwichtig.

```
Geben Sie ein                    Befehl


STRG-k                           Starten Kopierbefehl
a2..a17                          Festlegen Quellbereich
RETURN-Taste                     Bestätigen des Befehls
g2                               Zielposition festlegen
RETURN-Taste                     Bestätigen des Befehls
```

Die Angabe G2 als Zielposition reicht aus, da Quattro Pro von
der festgelegten Zielposition den gesamten Quellbereich kopiert.
Die Umrandung unseres Arbeitsblattes ist damit fertiggestellt.

Als nächstes wollen wir die Linie in Zeile 3 eingeben. Bewegen
Sie dazu den Cursor nach Feld B3. Geben Sie

```
    \-
```

ein.

Editieren von
Feldern

Das Feld B3 ist vollständig ausgefüllt. Leider ist jedoch zwischen den Spalten A und B eine Lücke entstanden. Wir müssen daher in Feld A3 eine Änderung vornehmen. Sie können Feldinhalte editieren, indem Sie die Funktionstaste F2 drücken und dadurch den Feldinhalt in die Eingabezeile bringen. Die Eingabezeile können Sie anschließend beliebig bearbeiten. Sie können beispielsweise den Inhalt ergänzen oder mit der RÜCK-Taste Zeichen löschen oder mit den Pfeiltasten beliebige Positionen ansteuern und dort Änderungen vornehmen.

Bewegen Sie den Cursor nach Feld A3, drücken Sie die Funktionstaste F2 und ergänzen Sie den Feldinhalt um einen Bindestrich (-). Durch Drücken der RETURN-Taste beenden Sie den Editiervorgang.

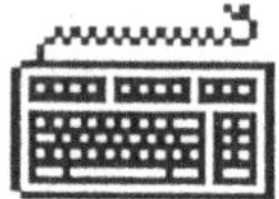

Übung macht den Meister! Wir werden nicht jeden einzelnen Schritt vorgeben, sondern einen Teil der Arbeitsblatterstellung von Ihnen erledigen lassen. Jedesmal, wenn Sie die Tastatur am Blattrand sehen, bedeutet das Arbeit für Sie. Die nächste Abbildung zeigt das Arbeitsblatt mit den Linien. Geben Sie die Linien so wie angegeben ein! Bei einigen Feldeinträgen müssen Sie möglicherweise etwas experimentieren. Im Zweifel probieren Sie die Eingabe mit dem Justierungszeichen \, z.B. \-:- in Feld C9 oder \ : in Feld C4. Im weiteren Verlauf des Kapitels werden Sie mehr über die Eingabe von Zahlen und Texten erfahren.

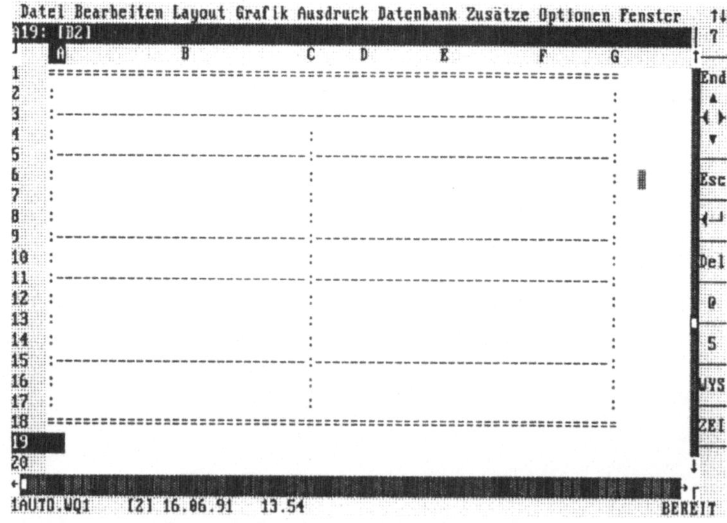

3. Eingabe der Texte

Bevor wir mit der Eingabe der Texte beginnen, sollten Sie das bisher erstellte Arbeitsblatt einmal sichern.

Drücken Sie die Funktionstaste F3, um in die Menüzeile zu springen, und öffnen Sie das Menü **Datei**. Wählen Sie hier den Befehl **Speichern**. Da Sie das Arbeitsblatt zum ersten Mal abspeichern wollen, werden Sie nach dem Namen der Datei gefragt. Tragen Sie als Namen

1DIESEL

ein und drücken Sie die RETURN-Taste (die Endung WQ1 wird automatisch von Quattro Pro hinzugefügt). Wenn Sie das Arbeitsblatt ein zweites oder drittes Mal speichern wollen, brauchen Sie nicht jedesmal den Dateinamen anzugeben. Auch für das Abspeichern gibt es eine "schnelle Taste": Wenn Sie STRG-s drücken, wird die Datei gesichert.

Zwischendurch sichern

Probieren Sie es aus, indem Sie STRG-s drücken. Sie erhalten daraufhin die drei Optionen **Abbrechen**, **Ersetzen** und **Sicherheitskopie** angezeigt. Wenn Sie **Abbrechen** wählen, passiert nichts. Wenn Sie **Ersetzen** wählen, wird die vorher gespeicherte Datei 1DIESEL.WQ1 Datei durch das momentane Arbeitsblatt überschrieben, d.h. der vorherige Stand ist verschwunden.

Wenn Sie **Sicherheitskopie** wählen, wird die ursprüngliche Datei unter dem Namen 1DIESEL.BAK, und die neue Datei unter dem Namen 1DIESEL.WQ1 gespeichert. Sie retten damit den vorherigen Stand der Datei.

Was ist, wenn Sie die Datei unter einem neuen Namen speichern wollen? Sie wollen beispielsweise den Namen 1DIESEL durch den Namen 1AUTO ersetzen. Drücken Sie F3 und öffnen Sie das Menü **Datei**. Wählen Sie aus dem geöffneten Menü **Datei** den Befehl **Speichern unter**. Sie werden daraufhin gefragt, unter welchem Namen Sie die Datei speichern wollen. Sie können, ohne vorher irgendwelche Pfeiltasten betätigt zu haben, unmittelbar den neuen Dateinamen eingeben: 1AUTO. Drücken Sie die RETURN-Taste, um den Befehl zu beenden. Das Arbeitsblatt ist damit unter dem neuen Namen 1AUTO.WQ1 gespeichert.

Der Befehl Speichern unter

In diesem Abschnitt wollen wir Texte in das Arbeitsblatt eingeben. Bewegen Sie den Cursor zunächst nach Feld B4. Tragen Sie in dieses Feld

Grunddaten

ein. Sie sehen, daß Quattro Pro den Text links ausrichtet. Wie können Texte anders ausgerichtet werden?

Ausrichten von Texten

Lassen Sie den Cursor in Feld B4 und öffnen Sie das Menü **Layout**. Wählen Sie aus dem Menü **Layout** den Befehl **Ausrichtung**. Sie werden gefragt, ob die Ausrichtung allgemein, links, rechts oder zentriert (Mitte) sein soll. Wählen Sie die Option **Mitte**. Schließlich müssen Sie den Bereich festlegen, für den die soeben gewählte Ausrichtung gelten soll. Quattro Pro schlägt das Feld vor, auf dem sich momentan der Cursor befindet (Feld B4). Drücken Sie die RETURN-Taste, um diesen Vorschlag zu bestätigen.

Nachdem Sie die RETURN-Taste gedrückt haben, sehen Sie, daß "Grunddaten" zentriert angezeigt wird. Über die eben gewählte Befehlsfolge können Sie Texte links, rechts oder zentriert ausrichten. Es gibt eine zweite Möglichkeit, eine Ausrichtung zu bestimmen. Belassen Sie den Cursor auf Feld B4. In der Eingabezeile wird folgender Feldinhalt angezeigt:

^Grunddaten

Zentrierung

Das Justierungszeichen ^ bewirkt die Zentrierung der Texteingabe. Quattro Pro stellt dieses Justierungszeichen an den Textanfang, wenn Sie zuvor über die Befehlsfolge **Layout - Ausrichtung - Mitte** eine zentrierte Ausrichtung gewählt haben. Sie können das Justierungszeichen jedoch auch selbst eingeben. Probieren Sie es aus! Bewegen Sie den Cursor nach Feld B10 und tragen Sie

^KFZ-Daten

ein. Die Eingabe wird zentriert dargestellt.

Rechtsbündig

Bewegen Sie den Cursor nach Feld D4. Hier wollen wir das Justierungszeichen " einsetzen. Tragen Sie in das Feld D4

"Werte

ein. Die Eingabe wird rechtsbündig dargestellt, wobei der Text nicht am rechten Feldrand plaziert wird, sondern ein Zeichen davor. Dies stellt sicher, daß bei einer linken Ausrichtung des Nachbarfeldes zumindest ein Leerzeichen zwischen beiden Feldern verbleibt.

Standardmäßig werden Texte linksbündig ausgerichtet. Bewegen Sie beispielsweise den Cursor nach Feld B12 und tragen Sie in dieses Feld

Linksbündig

    Preise

ein. Wenn Sie den Feldinhalt in der Eingabezeile betrachten, sehen Sie, daß für die linke Ausrichtung das Justierungszeichen ' verwendet wird.

Bewegen Sie den Cursor nach Feld B2. In dieses Feld tragen Sie bitte die Überschrift

    Gegenüberstellung der Kosten Diesel-/Benzin-KFZ

ein. Die linke Ausrichtung der Überschrift sieht nicht sehr elegant aus. Um die Überschrift nach rechts zu verschieben, müssen Sie zunächst die Funktionstaste F2 drücken. Anschließend können Sie den Cursor mit den Pfeiltasten an den Textanfang (zum Buchstaben G) bringen und durch mehrfaches Betätigen der Leertaste die Überschrift nach rechts verschieben. Durch Drücken der RETURN-Taste beenden Sie den Editiervorgang. Wiederholen Sie gegebenenfalls diesen Editiervorgang, bis Sie eine Ihren Vorstellungen angemessene "Zentrierung" gefunden haben.

Editieren F2

Justierungszeichen können nur innerhalb einzelner Felder sinnvoll eingesetzt werden. Bei Texten, die sich über mehrere Felder erstrecken, müssen Sie mitunter etwas experimentieren, bis Sie eine Ihren Vorstellungen entsprechende Darstellung gefunden haben.

Nun sind Sie wieder an der Reihe! Nehmen Sie sich ausreichend Zeit, um das Arbeitsblatt um die noch fehlenden Texteingaben zu vervollständigen. Vielleicht sollten Sie diese Übung auch etwas zum Experimentieren nutzen, z.B. um Texte zu zentrieren bzw. links- oder rechtsbündig auszurichten.

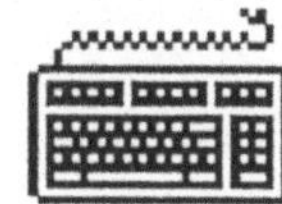

```
 Datei Bearbeiten Layout Grafik Ausdruck Datenbank Zusätze Optionen Fenster  1↓
D19: [B9]                                                                      7
       A           B           C    D        E       F        G
 1   ================================================================
 2   :        Gegenüberstellung der Kosten Diesel-/Benzin-KFZ        :
 3   :--------------------------------------------------------------:
 4   :          Grunddaten         :     Werte                      :
 5   :-----------------------------:--------------------------------:
 6   : Voraussichtl. Fahrleistung  :         km/Jahr                :
 7   : Unterschied Ansch.Kosten    :         DM                     :
 8   : Nutzungsdauer               :         Jahre                  :
 9   :-----------------------------:--------------------------------:
10   :          KFZ-Daten          :     Diesel   Benzin           :
11   :-----------------------------:--------------------------------:
12   : Preise                      :              DM/Liter         :
13   : Verbrauch                   :              L./100 km        :
14   : Wartung/Inspektion          :              DM/15.000 km     :
15   :-----------------------------:--------------------------------:
16   : Summe Kosten                :              DM/Jahr          :
17   : Wer ist günstiger ?         :      Diff.:                   :
18   ================================================================
19
20
1AUTO.WQ1    [1] 16.06.91   14.05                               BEREIT
```

4. Eingabe der Zahlenwerte

In diesem Abschnitt wollen wir die Zahlenwerte in unser Arbeitsblatt eingeben. Bewegen Sie den Cursor nach Feld D6 und tragen Sie den Wert

32000

ein. Um die "Lesbarkeit" von Zahlen zu erhöhen, bietet Quattro Pro eine Reihe von Formaten an. In diesem Fall wollen wir die Zahl 32000 mit einem Tausenderpunkt darstellen. Belassen Sie den Cursor auf Feld D6.

Zahlenformate Öffnen Sie das Menü **Layout** und wählen Sie den Befehl **Format**. Quattro Pro bietet daraufhin eine Reihe von Optionen an, z.B. **Fest, Exponentiell** oder **Währung**.

Wählen Sie Option **Separator** (diese Option realisiert die Anzeige von Tausenderpunkten). Sie werden daraufhin nach der Anzahl Dezimalstellen gefragt. Geben Sie den Wert 0 ein und drücken Sie die RETURN-Taste. Als nächstes werden Sie gefragt, welche Felder formatiert werden sollen. Bestätigen Sie einfach den Quattro Pro-Vorschlag D6 durch Drücken der RETURN-Taste. Der Wert 32000 wird daraufhin mit einem Tausenderpunkt dargestellt.

Was passiert, wenn die Spaltenbreite nicht ausreicht, um eine Zahl darstellen zu können? Quattro Pro füllt in einem solchen Fall das gesamte Feld mit "*" aus. Sie haben dann zwei Möglichkeiten: Entweder vergrößern Sie die Spaltenbreite oder Sie wählen ein Zahlenformat, das weniger Platz benötigt, z.B. Verzicht auf den Tausenderpunkt.

Spaltenbreite

Das Formatieren von Zahlenwerten stellt einen sehr wichtigen und häufig verwendeten Arbeitsschritt dar. Aus diesem Grund verfügt Quattro Pro über ein Tastenkürzel, um das Formatieren schneller durchzuführen (STRG-f).

Schnelle Formatiertaste

Tragen Sie in das Feld D7 den Wert 2000 ein. Belassen Sie den Cursor in Feld D7 und vollziehen Sie folgende Befehlsfolge nach.

```
Geben Sie ein                 Befehl

STRG-f                        Starten Formatierbefehl
S                             Option Separator
0                             Null Dezimalstellen
RETURN-Taste                  Bestätigen Dezimalstellen
RETURN-Taste                  Bestätigen des Befehls
```

Tragen Sie anschließend in das Feld D8 den Wert 4 ein. Dieses Feld bedarf keiner zusätzlichen Formatierung.

Als nächstes tragen Sie in das Feld D12 den Wert 1,11 und in das Feld E12 den Wert 1,20 ein. Sie stellen fest, daß der Wert 1,20 in der Form "1,2" dargestellt wird, was sicherlich nicht sehr elegant ist. Wir müssen also beide Felder formatieren. Bewegen Sie den Cursor nach Feld D12.

```
Geben Sie ein                 Befehl

STRG-f                        Starten Formatierbefehl
F                             Option Fest
RETURN-Taste                  Bestätigen 2 Dez.stellen
Pfeiltaste rechts             Markieren D12..E12
RETURN-Taste                  Bestätigen des Befehls
```

Beide Zahlen erscheinen jetzt mit 2 Dezimalstellen.

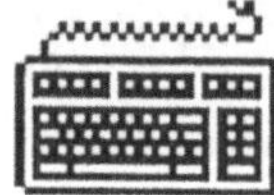

Tragen Sie in das Feld D13 den Wert 5,90 und in das Feld E13 den Wert 6,70 ein. Formatieren Sie beide Felder so, wie Sie eben die Felder D12 und E12 formatiert haben (2 Dezimalstellen). Tragen Sie in das Feld D14 den Wert 350 ein und in das Feld E14 den Wert 300. Diese Felder bedürfen keiner zusätzlichen Formatierung. Wenn Sie alles richtig gemacht haben, sieht Ihr Arbeitsblatt so wie in der nachfolgenden Abbildung aus.

```
 Datei Bearbeiten Layout Grafik Ausdruck Datenbank Zusätze Optionen Fenster   ↑↓
 D19: [B9]                                                                      7
 J      A            B          C    D       E        F        G          ↑
 1    ================================================================    End
 2    :       Gegenüberstellung der Kosten Diesel-/Benzin-KF2         :    ▲
 3    :------------------------------------------------------------:      ◄ ►
 4    :       Grunddaten          :      Werte                      :      ▼
 5    :---------------------------:--------------------------------:
 6    : Voraussichtl. Fahrleistung :      32.000 km/Jahr           :    Esc
 7    : Unterschied Ansch.Kosten   :       2.000 DM                :
 8    : Nutzungsdauer              :          4 Jahre              :    ◄┘
 9    :---------------------------:--------------------------------:
10    :       KF2-Daten           :      Diesel    Benzin          :    Del
11    :---------------------------:--------------------------------:
12    : Preise                    :       1,11      1,20  DM/Liter :    R
13    : Verbrauch                 :       5,90      6,70  L./100 km :
14    : Wartung/Inspektion        :        350       300  DM/15.000 km :  5
15    :---------------------------:--------------------------------:
16    : Summe Kosten              :                       DM/Jahr   :    WYS
17    : Wer ist günstiger ?       :           Diff.:                :
18    ================================================================    ZEI
19
20                                                                         ↓
 1AUTO.WQ1    [2] 16.06.91   14.10                                 BEREIT
```

5. Eingabe der Formeln

An dieser Stelle sollten Sie das bisher erstellte Arbeitsblatt wieder sichern. Erinnern Sie sich noch an die "schnelle Taste"? Drücken Sie STRG-s und wählen Sie Option **Ersetzen**. Das Arbeitsblatt ist damit gesichert, so daß wir uns ruhigen Gewissens den Formeln zuwenden können.

Kostenfaktoren

Welche Faktoren beeinflussen die Entscheidung, welche Fahrzeugart wirtschaftlicher ist? Zunächst einmal die Fahrleistung. Je mehr Sie fahren, desto eher werden Sie sich für einen Diesel entscheiden. Der Verbrauch ist geringer als beim Benziner und mit großer Wahrscheinlichkeit kostet auch ein Liter Diesel weniger als ein Liter Benzin.

Andererseits sind die Anschaffungskosten beim Diesel höher. Da wir eine Kostenbewertung auf Jahresbasis vornehmen wollen, müssen die höheren Anschaffungskosten auf die Nutzungsdauer verteilt werden. Bei einem höheren Anschaffungspreis von 2.000 DM entstehen für den Diesel bei einer vierjährigen Nutzungsdauer jährlich 500 DM zusätzliche Kosten.

Gleiches gilt für die Wartungs- und Inspektionskosten. Da die Wartungsintervalle beim Diesel in der Regel kürzer sind, ist auch hier beim Diesel mit höheren Kosten zu rechnen, z.B. muß man bei 15.000 Kilometern mit einem zusätzlichen Ölwechsel rechnen. Bei einer Fahrleistung von 30.000 Kilometern fallen insgesamt zwei zusätzliche Ölwechsel gegenüber dem Benzin-KFZ an.

Wie berechnen sich die Kosten des Diesels? Nehmen wir unsere Zahlen als Beispiel: *Kosten Diesel*

Anschaffungskosten:
  2.000 / 4 = 500 DM

Kraftstoff:
  32.000 * 1,11 * 5,90 / 100 = 2.095 DM

Wartung/Inspektion:
  350 * 32.000 / 15.000 = 746 DM

Die Dieselkosten setzen sich damit aus den erhöhten Anschaffungskosten, den Kraftstoff- und Wartungskosten zusammen. Wie kann man diesen Wert von Quattro Pro berechnen lassen? Es gibt zwei Möglichkeiten: Direkte Formeleingabe und Eingabe mit Pfeiltasten. Beginnen wir mit der direkten Formeleingabe.

Bewegen Sie den Cursor nach Feld D16. In dieses Feld wollen wir die Formel eingeben, die die Jahreskosten des Diesels berechnet. Die erhöhten Anschaffungskosten sind in Feld D7 gespeichert, und die Nutzungsdauer in Feld D8. Die Kosten berechnen sich demnach durch   *Direkte Formeleingabe*

  +D7 / D8

Die Kraftstoffkosten setzen sich wie folgt zusammen:

  *Fahrleistung * Preis * Verbrauch / 100*

In Quattro Pro umgesetzt heißt das:

*+D6 * D12 * D13 / 100*

Die Wartungskosten setzen sich schließlich wie folgt zusammen:

*Fahrleistung * Kosten pro 15.000 km / 15.0000*

In Quattro Pro umgesetzt heißt das:

*+D14 * D6 / 15000*

Bei der Formeleingabe müssen wir lediglich die drei Komponenten in das Feld D16 eingeben. Geben Sie die Formel so wie angegeben ein:

*+ D7 / D8 + D6 * D12 * D13 / 100 + D14 * D6 / 15000*

Sie müssen an den Anfang der Formel deshalb das Pluszeichen (+) setzen, damit Quattro Pro die Eingabe als Formel erkennen kann. Ansonsten hätte Quattro Pro angenommen, daß es sich um eine Texteingabe handelt.

Prüfung

Prüfen Sie, ob die Formel das richtige Ergebnis ermittelt hat! Wenn Sie die Ausgangsdaten so wie in der letzten Abbildung eingetragen haben, müßte als Ergebnis der Wert 3.342 DM angezeigt werden.

Zahlenfelder formatieren

Erinnern Sie sich noch, wie Zahlenfelder formatiert werden? Wir wollen die Felder D16 und E16 mit Tausenderpunkt und 2 Dezimalstellen anzeigen lassen. Belassen Sie den Cursor auf Feld D16.

```
Geben Sie ein                 Befehl

STRG-f                        Starten Formatierbefehl
S                             Option Separator
RETURN-Taste                  Bestätigen 2 Dez.stellen
Pfeiltaste rechts             Markieren D16..E16
RETURN-Taste                  Bestätigen des Befehls
```

Wir haben damit die Felder D16 und E16 formatiert. Wir müssen allerdings noch die Formel zur Ermittlung der Kosten des Benzin-KFZ's eingeben. Die Kosten setzen sich aus den Kraftstoff- und Wartungskosten zusammen.

Bei der Eingabe über Pfeiltasten werden die einzelnen Felder nicht direkt eingegeben, sondern mit den Pfeiltasten angesteuert und durch Eingabe eines Operators (Plus, Minus, Multiplikation, Division) bestätigt. Nach Bestätigung springt der Cursor wieder zur Ausgangsposition zurück, d.h. in das Feld, in das Sie die Formel eingeben wollen. Probieren Sie es aus!

Formeleingabe mit Pfeiltasten

Bewegen Sie den Cursor nach Feld E16 und vollziehen Sie die Befehlsfolge nach!

```
Geben Sie ein                    Befehl


+                                Einleiten Formel
10 x Pfeiltaste oben             Bewegen nach E6
1 x Pfeiltaste links             Bewegen nach D6
*                                Bestätigen
4 x Pfeiltaste oben              Bewegen nach E12
*                                Bestätigen
3 x Pfeiltaste oben              Bewegen nach E13
/100                             Bestätigen
+                                Einleiten 2. Formelteil
10 x Pfeiltaste oben             Bewegen nach E6
1 x Pfeiltaste links             Bewegen nach D6
*                                Bestätigen
2 x Pfeiltaste oben              Bewegen nach E14
/15000                           Bestätigen
RETURN-Taste                     Beenden Formeleingabe
```

Sie haben damit folgende Formel eingegeben:

*+D6 * E12 * E13 / 100 + D6 * E14 / 15000*

Diese Formel ermittelt die Kosten für ein Benzin-KFZ. Sie setzen sich aus Kraftstoff- und Wartungskosten zusammen. Wenn Sie die Formel richtig eingegeben haben, müßte als Ergebnis der Wert 3.212,80 DM angezeigt werden (bei den gleichen Ausgangsdaten).

In das Feld F17 soll die Differenz zwischen beiden Kosten angezeigt werden, die entsprechende Formel lautet: D16 - E16. Tragen Sie diese Formel in das Feld F17 ein und prüfen Sie, ob die Formel das richtige Ergebnis ermittelt! Wir benötigen den Wert, um Ihnen später in diesem Kapitel zwei weitere Befehle erklären zu können.

Formatieren Sie anschließend Feld F17 und wählen Sie eine Darstellung mit Tausenderpunkt ohne Dezimalstellen (STRG-f und Option **Separator**). Für den Fall, daß sich bei einem Feld mit dieser Formatierung ein negativer Wert ergibt, wird dieser Wert in Klammern dargestellt.

Die WENN-
Funktion

Quattro Pro verfügt über zahlreiche Tabellenfunktionen, mit denen Sie spezielle und schwierige Aufgaben auf elegante Art erledigen können. Im Verlaufe dieses Buches werden wir die am häufigsten eingesetzten Funktionen beschreiben und deren Arbeitsweise anhand von Beispielen erklären.

Funktionen werden in Quattro Pro durch das @-Zeichen eingeleitet. Die **WENN**-Funktion hat folgendes Format:

@WENN (Bedingung; Dannwert; Sonstwert)

Mit Hilfe der **WENN**-Funktion können Sie bestimmte Bedingungen abfragen. Wenn die Bedingung erfüllt ist, wird der **Dannwert** angezeigt, ansonsten der **Sonstwert**. **Dannwert** und **Sonstwert** können Zahlen, Formeln oder einfache Texte sein.

Wir wollen in unserem Beispiel die **WENN**-Funktion dazu verwenden, um zu prüfen, ob der Diesel oder der Benziner kostengünstiger ist. Bewegen Sie den Cursor nach Feld D17 und tragen Sie die **WENN**-Funktion wie folgt ein:

@WENN (F17>0; "Benzin "; "Diesel ")

Dieser Ausdruck bewirkt folgendes: Wenn der in Feld F17 gespeicherte Wert größer Null ist, wird der Text "Benzin" in das Feld D17 gestellt, ansonsten der Text "Diesel".

Wenn sich in Feld F17 ein negativer Wert ergibt, ist der Diesel günstiger, ansonsten der Benziner. Bei den vorgegebenen Ausgangsdaten müßte "Benzin" angezeigt werden.

Prüfung

Prüfen Sie, ob die **WENN**-Funktion auch im umgekehrten Fall den richtigen Wert ermittelt. Ändern Sie die Nutzungsdauer von 4 Jahre in 8 Jahre und drücken Sie die RETURN-Taste. In Feld D17 müßte "Diesel" angezeigt werden.

Machen Sie die Änderung wieder rückgängig, indem Sie erneut den Wert 4 eintragen.

Am Ende einer Beschreibung oder Übung werden wir auf die behandelten Befehle und Funktionen jeweils kurz noch einmal hinweisen. Jedesmal, wenn Sie dieses Zeichen am rechten bzw. linken Rand sehen, sollten Sie prüfen, ob Sie das Behandelte verstanden haben. Wenn Sie sich nicht ganz sicher sind, sollten Sie vielleicht noch einmal zu den entsprechenden Seiten springen und die Befehle wiederholen.

Nach Erstellung des ersten Arbeitsblattes sollten Sie wissen, wie man Texte, Zahlen und Formeln eingeben und anschließend formatieren kann. Wenn Sie einen Text eingeben, können Sie zwischen einer zentrierten bzw. links- oder rechtsbündigen Ausrichtung wählen. Für das Formatieren von Zahlen stehen eine ganze Reihe von Formaten zur Verfügung. Einige davon haben Sie in diesem Kapitel kennengelernt.

Formatieren

Sie sollten sich weiterhin merken, daß Sie für häufig eingesetzte Befehle "schnelle Tasten" einsetzen können, mit deren Hilfe Sie das Erstellen der Tabellen beschleunigen können.

"Schnelle Tasten"

Quattro Pro verfügt über zahlreiche Funktionen, die Sie zur Ermittlung spezieller Werte heranziehen können. In diesem Kapitel haben wir uns eine besonders wichtige Funktion herausgegriffen und beschrieben: Die **WENN**-Funktion. Sie werden im Verlaufe des Buches die wichtigsten Funktionen und deren Anwendung kennenlernen.

WENN-Funktion

Unser Arbeitsblatt ist fertiggestellt. Sie sollten das Arbeitsblatt daher einmal sichern (STRG-s und Option **Ersetzen**) und sich vielleicht einige Minuten erholen, bevor Sie mit der Beschreibung der weiteren Befehle fortfahren.

QP-TIPS

Am Ende jedes Kapitels werden wir innerhalb des Abschnitts "Quattro **Pro**-Tips" auf häufig eingesetzte Befehle und Funktionen eingehen.

Prüfen Sie, ob das erstellte Arbeitsblatt momentan mit den in der Abbildung auf Seite 5 verwendeten Ausgangsdaten arbeitet. Wenn nicht, ändern Sie entsprechend die Ausgangsdaten.

Nachdem Ihnen Ihr Kollege die Grundlagen der Arbeitsblatterstellung erklärt hat, haben Sie eine Reihe weiterer Fragen.

Die erste Frage lautet: Sie wissen nicht genau, wieviel Kilometer Sie im nächsten Jahr fahren werden - kann Quattro Pro berechnen, bei welcher Fahrleistung für beide Fahrzeugarten die gleichen Kosten anfallen?

Anders gefragt: Bei welcher Kilometerleistung lohnt sich die Anschaffung eines Diesels?

Nachfolgend werden wir den Befehl beschreiben, der diese Berechnung durchführt, sowie auf drei weitere Befehle eingehen.

QP-Tips

Weitere Befehle und Funktionen

1.   Berechnen von Grenzwerten

2.   Anfordern von Hilfen

3.   Einfügen/Löschen von Zeilen/Spalten

4.   Festlegen von Anfangsparametern

1. Berechnen von Grenzwerten

Beginnen wir mit der Ermittlung des Grenzwertes, bei dem für beide Fahrzeugarten die gleichen Kosten anfallen.

Eine verblüffende Funktion

Bewegen Sie den Cursor nach Feld F17. Dieses Feld speichert die Kostendifferenz zwischen beiden Fahrzeugarten. Vollziehen Sie die Befehlsfolge nach, Erklärungen folgen später:

```
Geben Sie ein                    Befehl

F3                               Sprung zur Menüzeile
Z                                Menü Zusätze
B                                Befehl Berechnen für
F                                Formel-Zelle
F17                              Formel-Zelle eingeben
RETURN-Taste                     Bestätigen Formel-Zelle
W                                Zielwert
0                                Zielwert eingeben (Null)
RETURN-Taste                     Bestätigen Zielwert
V                                Variablen-Zelle
D6                               Variablen-Zelle eingeben
RETURN-Taste                     Bestätigen Befehl
S                                Start
Z                                Zurück
```

Nachdem Sie die Befehlsfolge eingegeben haben, steht in Feld
F17 der Wert 0 und in Feld D6 steht die Fahrleistung, bei der für
beide Fahrzeugarten Kosten in gleicher Höhe anfallen.

Was haben wir soeben gemacht? Mit Hilfe der Befehlsfolge **Zusätze - Berechnen für** haben wir zunächst die Zelle festgelegt,
die einen bestimmten Wert erreichen soll (Befehl **Formel-Zelle**):
Die Kostendifferenz zwischen beiden Fahrzeugarten. Anschließend haben wir festgelegt, daß die Differenz 0 sein soll
(Befehl **Zielwert**). Schließlich haben wir D6 als **Variablen-Zelle**
angegeben. Quattro Pro berechnet daraufhin für Feld D6 den
Wert, der bewirkt, daß der zuvor angegebene Zielwert erreicht
wird. 

Bei den vorgegebenen Ausgangsdaten ergibt sich ein Wert von
43.190 km/Jahr.

Bewegen Sie den Cursor nach Feld D6 und tragen Sie den ursprünglichen Wert von 32000 ein. Dadurch ergibt sich wieder
zwischen Diesel und Benziner eine Kostendifferenz.

Ermitteln Sie nun für Feld D7 den Wert, für den beide Fahrzeugarten gleiche Kosten aufweisen. Anders ausgedrückt: Bei
welchem Unterschied in den Anschaffungskosten fallen für beide
Fahrzeugarten die gleichen Kosten an? 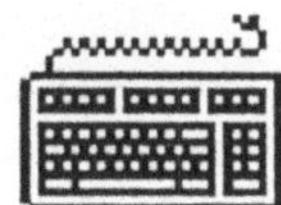

2. Anfordern von Hilfen

Quattro Pro bietet ein umfangreiches Hilfesystem an, um Informationen zu den verschiedensten Sachverhalten zu bekommen.

Hilfen zu Menüs und Befehlen

Drücken Sie die Funktionstaste F3, um in die Menüzeile zu kommen und öffnen Sie das Menü **Bearbeiten**. Das Menü **Bearbeiten** enthält eine Reihe von Befehlen, beginnend mit dem Befehl **Kopieren**. Nachdem Sie das Menü **Bearbeiten** geöffnet haben, befindet sich der Cursor auf dem Befehl **Kopieren**. Drücken Sie die Funktionstaste F1, um Informationen zu diesem Befehl zu erhalten.

Quattro Pro öffnet daraufhin das Hilfesystem. Am unteren Bildschirmrand sehen Sie eine Reihe weiterer Themen, zu denen Sie Hilfen anfordern können. Bewegen Sie den Cursor beispielsweise mit Hilfe der Pfeiltasten nach **Menü-Befehle** und drücken Sie die RETURN-Taste. Sie erhalten einen Überblick über die Menü-Befehle.

Hier bewegen Sie den Cursor auf **Hilfe-Übersicht** am unteren Bildschirmrand und drücken erneut die RETURN-Taste. Sie erhalten daraufhin einen Überblick über das Quattro Pro-Hilfesystem.

Drücken Sie die ESCAPE-Taste, um das Hilfemenü wieder zu verlassen. Nachdem Sie das Hilfemenü verlassen haben, befinden Sie sich wieder innerhalb des Menüs **Bearbeiten**, d.h. an der Stelle, wo Sie zuvor das Hilfesystem aktiviert haben.

Wenn Sie über eine Maus verfügen, können Sie das Hilfesystem aufrufen, indem Sie den Mauszeiger auf das Fragezeichen (?) am rechten oberen Bildschirmrand positionieren (rechts neben der Eingabezeile) und die linke Maustaste betätigen.

Hilfen zur WENN-Funktion

Wie ist vorzugehen, wenn Sie Informationen über die **WENN**-Funktion benötigen? Schließen Sie eventuell noch geöffnete Menüs und drücken Sie die Funktionstaste F1, um das Hilfesystem aufzurufen. Bewegen Sie den Cursor anschließend nach **Funktionen** und drücken Sie die RETURN-Taste.

Hier bewegen Sie den Cursor auf **Logische Funktionen** und drücken die RETURN-Taste. Es werden daraufhin die logischen Funktionen angezeigt. Am unteren Bildschirmrand sehen Sie, wie die **WENN**-Funktion aufgebaut ist.

Quattro Pro verfügt über ein umfangreiches Hilfesystem. Sie können das System nutzen, um sowohl grundsätzliche Informationen, als auch gezielte Informationen zu bestimmten Themen einzuholen. Wir haben an einigen Beispielen demonstriert, wie Sie zu diesen Informationen kommen können.

Sie sollten das Hilfesystem allerdings nicht mit einem Lernsystem (Tutorial) verwechseln. Sie können Quattro Pro nicht über das Hilfesystem erlernen, sondern "nur" zu Sachverhalten Erläuterungen einholen. Betrachten Sie beispielsweise die letzte Abbildung. Nehmen wir an, Sie hätten schon einmal mit der Funktion **ISTFOLGE** gearbeitet, wissen aber momentan nicht, ob die Funktion in einem speziellen Fall den Wert 0 oder 1 liefert. Die Information, die Quattro Pro Ihnen über das Hilfesystem anbietet, reicht aus, wenn Sie die Arbeitsweise der Funktion **ISTFOLGE** kennen. Wenn Ihnen die Funktion **ISTFOLGE** gänzlich unbekannt ist, kann Ihnen der Hilfetext vermutlich nur eingeschränkt weiterhelfen.

Eine Einschränkung

Im vierten Kapitel werden wir auf die Arbeitsweise der logischen Funktionen eingehen. Dann werden wir diesen Hilfetext noch einmal erläutern und - hoffentlich - mit "anderen Augen" betrachten.

3. Einfügen/Löschen von Zeilen/Spalten

Nehmen wir an, daß der Finanzminister für zukünftige Vorhaben mehr Geld benötigt. Seine Lösung: die Steuer muß erhöht werden. Ab sofort sollen Dieselfahrzeuge mit zusätzlichen 100 DM/Jahr besteuert werden.

Sie fragen daraufhin Ihren Kollegen, wie man denn diesen neuen Sachverhalt in das bestehende Arbeitsblatt einfügen kann?

Einfügen einer Zeile

Die Antwort ist kurz und präzise: "Wir fügen eine neue Zeile ein, tragen den neuen Wert ein und erweitern die Formel zur Ermittlung der Dieselkosten". Los geht's! Bewegen Sie den Cursor nach Feld A9 und vollziehen Sie die Befehlsfolge nach!

```
Geben Sie ein                    Befehl

F3                               Sprung in die Menüzeile
B                                Menü Bearbeiten
E                                Befehl Einfügen
Z                                Zeilen
RETURN-Taste                     Bestätigen des Befehls
```

Wir haben damit eine Leerzeile in unser Arbeitsblatt eingefügt. Belassen Sie den Cursor in Feld A9 und tragen Sie

:

ein. Tragen Sie ebenfalls in die Felder C9 und G9 den Doppelpunkt ein. In das Feld B9 tragen Sie bitte

Steuernachteil Diesel

ein. In das Feld D9 müssen wir leider - nach dem Willen unseres Finanzministers - den Wert

100

eintragen. Tragen Sie schließlich in das Feld E9

DM/Jahr

Erweitern der Formel

ein. Zum Schluß müssen wir noch die Formel zur Ermittlung der Dieselkosten erweitern. Bewegen Sie dazu den Cursor nach Feld D17.

Wenn sich der Cursor in Feld D17 befindet, sehen Sie in der Eingabezeile die bisherige Formel. Drücken Sie die Funktionstaste F2, um den Inhalt des Feldes D17 editieren zu können. Der Cursor springt an das Ende der Formel. Ergänzen Sie die Formel einfach um die Angabe

+D9

und drücken Sie die RETURN-Taste. Sie stellen fest, daß die Dieselkosten um eben diesen Betrag angestiegen sind.

Als Sie den Befehl **Einfügen** gewählt haben, wurden Sie gefragt, **was** Sie einfügen wollten: Zeilen oder Spalten. Sie haben den Befehl **Zeilen** gewählt. Um Spalten einzufügen, hätten Sie an dieser Stelle den Befehl **Spalten** wählen müssen.

Einfügen von Spalten

Wenn Sie innerhalb des Menüs **Bearbeiten** anstelle des Befehls **Einfügen** den Befehl **Löschen** wählen, werden Sie - analog der Vorgehensweise beim Einfügen - gefragt, ob Sie Zeilen oder Spalten löschen wollen. Anschließend müssen Sie mit Hilfe der Pfeiltasten oder der Maus den Zeilen- bzw. Spaltenbereich markieren, den Sie zu löschen beabsichtigen.

Löschen von Zeilen und Spalten

4. Festlegen von Anfangsparametern

Zu Beginn des Kapitels mußten wir für mehrere Spalten die Breite verändern, weil der von Quattro Pro voreingestellte Wert entweder zu klein oder zu groß war.

Es gibt ein Reihe von Anfangsparametern, die Quattro Pro beim Laden benötigt. Bewegen Sie den Cursor nach Feld H1. Drücken Sie anschließend die Funktionstaste F3 und öffnen Sie das Menü **Optionen**.

Wir werden in den nächsten Kapiteln auf die wichtigsten Befehle und deren Parameter eingehen. An dieser Stelle wollen wir lediglich aufzeigen, wie man den Anfangswert für die Spaltenbreite verändern kann.

Spaltenbreite

Wählen Sie aus dem geöffneten Menü **Optionen** den Befehl **Formate** aus. Quattro Pro zeigt daraufhin fünf Optionen an, beginnend mit **Darstellungsformat**. Wählen Sie Option **Spaltenbreite**. Folgende Meldung wird angezeigt:

Voreingestellte Spaltenbreite auf neuen Wert setzen [1..254]:

Geben Sie den Wert 3 ein und drücken Sie die RETURN-Taste. Sämtliche noch nicht bearbeiteten Spalten erhalten eine Breite von drei Zeichen. Drücken Sie zweimal die ESCAPE-Taste, um die geöffneten Menüs wieder zu schließen. Sie sehen, daß beispielsweise Spalte H eine Breite von 3 Zeichen hat.

Parameter speichern

Einer der Befehle des Menüs **Optionen** ist **Parameter speichern**. Wenn Sie Parameter geändert haben, können Sie die neuen Parameterwerte durch Aufruf des Befehls **Parameter speichern** sichern, so daß die neuen Werte erhalten bleiben. Wir wollen diesen Befehl an dieser Stelle jedoch nicht aufrufen, da wir auch weiterhin mit einer voreingestellten Spaltenbreite von 9 arbeiten wollen.

Das zweite Kapitel

In diesem Kapitel haben Sie die für das Erstellen von Arbeitsblättern grundlegenden Befehle kennengelernt, z.B. Verändern von Spaltenbreiten oder Eingeben von Texten, Zahlen oder Formeln.

Im nächsten Kapitel werden wir uns intensiv mit der Eingabe von Formeln befassen. Sie werden dabei erfahren, wie man relativ umfangreiche und komplexe Formeln auf einfache Art in Quattro Pro eingeben und für seine Berechnungen einsetzen kann. Auf die Unterschiede der absoluten und relativen Feldadressierung werden wir ebenso eingehen wie auf die Verwendung von Feldbezeichnungen, mit deren Hilfe Formeln "lesbarer" gestaltet werden können.

Sichern Sie abschließend noch einmal das Arbeitsblatt und verlassen Sie Quattro Pro über die "schnelle Taste" STRG-x, die der Befehlsfolge **Datei - Programmende** entspricht.

2. Formeln und Funktionen - ein Überblick

Die Befehle, die Sie im ersten Kapitel kennengelernt haben, reichen bereits aus, um eine Vielzahl von Arbeitsblättern zu erstellen. Viele Arbeitsblätter zeichnen sich jedoch dadurch aus, daß sie Formeln und Funktionen verschiedenster Art verwenden. Aus diesem Grund werden wir uns mit diesem Thema ausführlich beschäftigen. Insbesondere werden wir auf die Unterschiede der relativen und absoluten Feldadressierung innerhalb von Formeln eingehen.

Anstelle der Verwendung von Feldadressen, z.B. Feld A1, besteht die Möglichkeit, Feldern "sprechende" Namen zuzuweisen (= Feldbezeichnungen), z.B. den Namen *Fahrleistung* für ein Feld, das die voraussichtliche Fahrleistung eines Jahres speichert. Nach der Zuweisung des Namens kann das entsprechende Feld innerhalb von Formeln über den Namen angesprochen werden.

Feldbezeichnungen

In diesem Kapitel werden wir Ihnen ein Beispiel für diese Vorgehensweise geben. In späteren Kapiteln werden wir verstärkt von dieser Möglichkeit Gebrauch machen.

Schließlich werden wir ein Arbeitsblatt erstellen, damit Sie wieder Gelegenheit erhalten, innerhalb kleinerer Übungen selbst die zuvor an Beispielen beschriebenen Befehle auszuprobieren.

Das 2. Kapitel

Was wird im zweiten Kapitel besprochen?

1.   Formeleingaben mit relativer Feldadressierung

2.   Formeleingaben mit absoluter Feldadressierung

3.   Formeleingaben mit gemischter Feldadressierung

4.   Arbeiten mit Feldbezeichnungen - ein Beispiel

5.   Einführung in das Arbeiten mit Tabellenfunktionen

6.   Definieren eigener Tastenkürzel

7.   Dazu eine Übung - denn Übung macht den Meister

Vorbereitung

Starten Sie Quattro Pro. Sie sehen den leeren Bildschirm vor sich. In diesem Abschnitt sollen die Unterschiede bei der Formeleingabe besprochen werden. Vorbereitet werden soll die Übung, die uns im nächsten Abschnitt beschäftigen wird.

Was ist eine Formel?

Eine Formel ist eine Gleichung, die von Quattro Pro gelöst werden muß. Mit Hilfe von Formeln können Sie Zahlen addieren oder auch komplexe Berechnungen wie die Ermittlung von unternehmerischen Kennzahlen durchführen.

Eine Formel besteht aus Werten und Operatoren (z.B. + oder -). Werte können Zahlen oder Feldadressen sein, wobei in den angegebenen Feldern Zahlen gespeichert sein müssen.

Beispielsweise addiert die Formel

   +A1 + 5

den Wert 5 zum Wert, der momentan in Feld A1 gespeichert wird. Diese Formel können Sie grundsätzlich in jedes beliebige Feld des Arbeitsblattes eintragen, z.B. in Feld B1. Sie bewegen dazu den Cursor nach Feld B1 und tragen einfach obige Formel ein. Fortan speichert Feld B1 den um 5 erhöhten Wert von Feld A1. Das erste Pluszeichen (+) innerhalb der Formel vor A1 bedeutet, daß die Eingabe als Formel und nicht als Texteingabe behandelt wird.

Um spezielle Berechnungen zu ermöglichen, die von "normalen" Formeln nur schwierig oder gar nicht realisiert werden können, bietet Quattro Pro eine Reihe von Tabellenfunktionen an. Das Standardformat dieser Funktionen lautet:

@FunktionsName(Argument)

Funktionen werden durch das Sonderzeichen @ eingeleitet. Der **FunktionsName** legt fest, **was** zu tun ist, das **Argument** teilt Quattro Pro mit, **womit** dies zu tun ist. Wir werden in diesem Kapitel beispielsweise die Funktion

@SUMME(Bereich)

einsetzen, um die Werte bestimmter Felder zu addieren.

Tabellen-
funktionen

Funktionen erfüllen bestimmte Aufgaben. Diese können nach bestimmten Typen systematisiert werden. Es gibt beispielsweise Funktionen, die statistische Berechnungen durchführen (z.B. Ermittlung von Standardabweichung und Varianz). Andere Typen umfassen logische, mathematische oder finanzmathematische Funktionen. Darüber hinaus beziehen sich bestimmte Funktionen auf Zeichenketten oder Datenbanken.

Funktionstypen

In den nächsten Kapiteln werden wir uns jeweils eine Kategorie herausgreifen und diese anhand von Beispielen beschreiben. Kommen wir damit zum praktischen Teil dieses Kapitels.

Relative Feldadressierung

Betrachten Sie das nachfolgende Bild. Geben Sie die Werte so wie angegeben ein. Feld A4 soll die Formel

+A1+A2+A3

erhalten. Nachdem Sie die Formel eingegeben und die RETURN-Taste gedrückt haben, sehen Sie als Ergebnis den Wert 6.

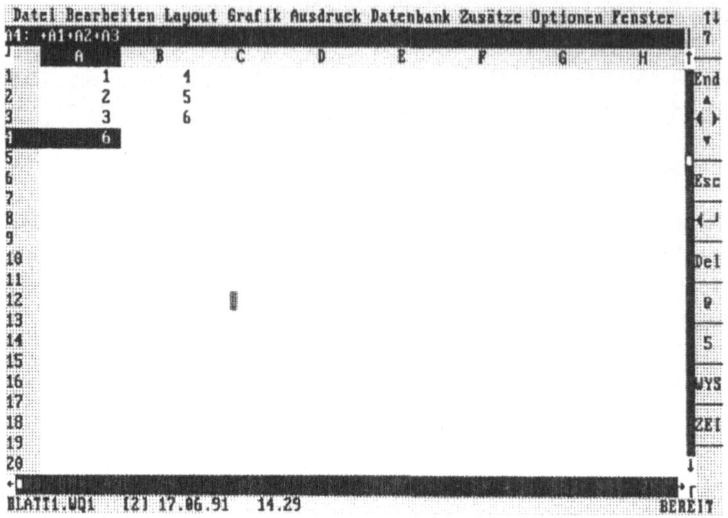

Als nächstes wollen wir die in Feld A4 eingegebene Formel nach
Feld B4 kopieren. Belassen Sie den Cursor auf Feld A4.

```
Geben Sie ein                      Befehl


STRG-k                             Starten Kopierbefehl
RETURN-Taste                       Bestätigen Quellbereich
Pfeiltaste rechts                  Bewegen nach Feld B4
RETURN-Taste                       Bestätigen Befehl
```

Wir haben damit die Formel aus Feld A4 nach Feld B4 kopiert.
Bewegen Sie den Cursor nach Feld B4 und betrachten Sie, welche
Formel in der Eingabezeile angezeigt wird:

$$+B1+B2+B3$$

Die ursprüngliche Formel bezog sich auf Werte der Spalte A.
Durch das Kopieren um eine Spalte nach rechts nimmt Quattro Pro
an, daß die neuen Zahlen ebenfalls in der nächsten Spalte gespeichert sind. Diese Annahme war hier genau richtig. Durch den Kopiervorgang haben wir lästige Schreibarbeit vermieden. Die
"Formeleingabe" wurde durch den Kopierbefehl realisiert.

Löschen   Kommen wir damit zur absoluten Feldadressierung. Löschen Sie
Bildschirminhalt   zuvor den Bildschirminhalt, indem Sie das Menü **Datei** öffnen und
                     den Befehl **Inhalt löschen - Ja** wählen.

```
Geben Sie ein                    Befehl

F3                               Sprung in die Menüzeile
D                                Menü Datei öffnen
I                                Befehl Inhalte löschen
J                                Ja
```

Sie sehen wieder den leeren Bildschirm.

Absolute Feldadressierung

Tragen Sie in das Feld A1 den Wert 5, in das Feld B1 den Wert 6 und in das Feld C1 den Wert 7 ein. Bewegen Sie anschließend den Cursor nach Feld A2 und geben Sie folgende Formel ein:

*+A1*C1*

Feld A2 ermittelt das Produkt der in den Feldern A1 und C1 gespeicherten Werte. Wenn Sie die Formel eingegeben haben, wird in Feld A2 der Wert 35 angezeigt.

Als nächstes soll in Feld B2 das Produkt

*B1 * C1*

ermittelt werden. Belassen Sie den Cursor in Feld A2 und führen Sie wieder den Kopiervorgang durch.

```
Geben Sie ein                    Befehl

STRG-k                           Starten Kopierbefehl
RETURN-Taste                     Bestätigen Quellbereich
Pfeiltaste rechts                Bewegen nach Feld B2
RETURN-Taste                     Bestätigen Befehl
```

Nach dem Kopiervorgang wird in Feld B2 der Wert 0 angezeigt. Was ist passiert? Betrachten Sie die Formel in Feld B2:

*+B1*D1*

Durch das Kopieren um eine Spalte nach rechts ergaben sich folgende Änderungen:

A1 ---> B1
C1 ---> D1

Da nur der Wechsel von A1 nach B1 beabsichtigt war (C1 sollte konstant bleiben), führte der Kopiervorgang nicht zum gewünschten Ergebnis.

Werte festhalten

Um bei Kopiervorgängen einen Wert innerhalb einer Formel festzuhalten, müssen Sie die Feldadressen in absoluter Form eingeben: Vor der jeweiligen Zeilen- und Spaltenangabe kennzeichnet das Dollarzeichen ($), daß dieser Wert bei Kopiervorgängen nicht verändert wird. Bewegen Sie den Cursor nach Feld A3 und geben Sie folgende Formel ein:

*+A1*$C$1*

Es ergibt sich der Wert 35. Nun wiederholen Sie den Kopiervorgang (belassen Sie den Cursor auf Feld A3).

```
Geben Sie ein                      Befehl


STRG-k                             Starten Kopierbefehl
RETURN-Taste                       Bestätigen Quellbereich
Pfeiltaste rechts                  Bewegen nach Feld B3
RETURN-Taste                       Bestätigen Befehl
```

In Feld B3 wird der Wert 42 angezeigt.

Wenn Sie Feldadressen in relativer Form (d.h. ohne Dollarzeichen) angeben, versucht Quattro Pro, bei Kopiervorgängen eine automatische Anpassung an die neuen Zeilen und Spalten vorzunehmen. In vielen Arbeitsblättern können Sie dadurch Ihren Schreibaufwand bei der Formeleingabe erheblich reduzieren. Stellen Sie sich als Beispiel ein Arbeitsblatt vor, das Werte aus den letzten 5 Jahren spaltenweise gegenüberstellt, also die Werte des ersten Jahres in Spalte A, die des zweiten Jahres in Spalte B usw. Formeln, die beispielsweise Zwischensummen berechnen, brauchen Sie nur in Spalte A einzugeben und anschließend in die anderen Spalten zu kopieren. Die Anpassung der Formeln wird von Quattro Pro übernommen. Im Gegensatz dazu wird bei absoluter Feldadressierung eine solche Anpassung nicht vorgenommen.

Neben der relativen und absoluten Feldadressierung gibt es Mischvarianten: Zeilenangabe relativ / Spaltenangabe absolut (oder umgekehrt). Dazu ein Beispiel.

Gemischte Feldadressierung

Löschen Sie zunächst wieder den Bildschirminhalt.

```
Geben Sie ein                     Befehl


F3                                Sprung in die Menüzeile
D                                 Menü Datei öffnen
I                                 Befehl Inhalte löschen
J                                 Ja
```

Sie sehen wieder den leeren Bildschirm. Geben Sie anschließend die Zahlen so wie in der Abbildung angegeben ein. Feld A4 soll die Formel

*+A1*C1*

erhalten. Nachdem Sie die Formel eingegeben und die RETURN-Taste gedrückt haben, sehen Sie als Ergebnis den Wert 7.

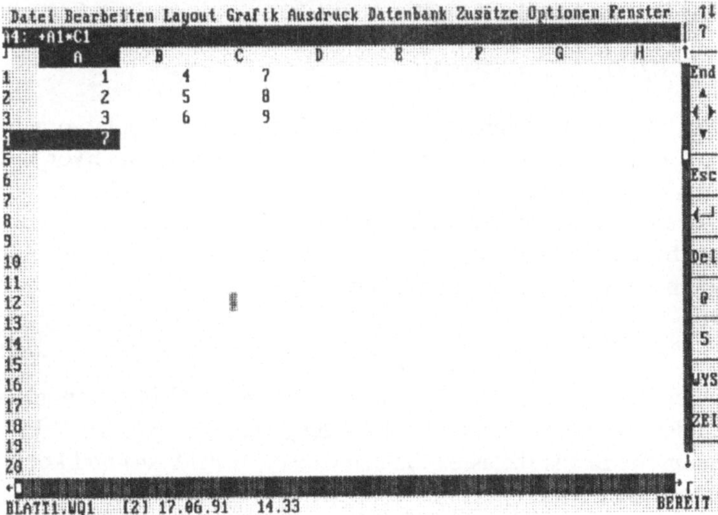

Kopieren Sie jetzt die Formel um eine Spalte nach unten (belassen
Sie den Cursor auf Feld A4).

```
Geben Sie ein                     Befehl


STRG-k                            Starten Kopierbefehl
RETURN-Taste                      Bestätigen Quellbereich
Pfeiltaste unten                  Bewegen nach Feld B2
RETURN-Taste                      Bestätigen Befehl
```

Die kopierte Formel in Feld A5 lautet

   *+A2*C2.*

Dies ist korrekt. Bewegen Sie den Cursor wieder nach Feld A4
und kopieren Sie die Formel um eine Spalte nach rechts!

```
Geben Sie ein                     Befehl


STRG-k                            Starten Kopierbefehl
RETURN-Taste                      Bestätigen Quellbereich
Pfeiltaste rechts                 Bewegen nach Feld B2
RETURN-Taste                      Bestätigen Befehl
```

Feld B4 speichert die Formel

   *+B1*D1*

Dies ist falsch. Während in diesem Beispiel der Kopiervorgang
nach unten (zeilenweise) korrekt war, führte der Kopiervorgang
nach rechts (spaltenweise) zu einem Fehler. Was ist also zu tun?
Wir müssen diesen Sachverhalt lediglich in unserer Ausgangsformel berücksichtigen. Bewegen Sie den Cursor nach Feld A4 und
geben Sie jetzt folgende Formel ein:

   +A1\$C1*

Durch das Dollarzeichen haben wir die Spalte C bei sämtlichen
Kopiervorgängen, die von Feld A4 ausgehen, "festgehalten". Probieren Sie es aus (belassen Sie den Cursor in Feld A4) und kopieren Sie die Formel wieder nach unten.

Geben Sie ein	Befehl
STRG-k	Starten Kopierbefehl
RETURN-Taste	Bestätigen Quellbereich
Pfeiltaste unten	Bewegen nach Feld B2
RETURN-Taste	Bestätigen Befehl

Betrachten Sie die Formel in Feld A5:

> +A2*$C2

Die Formel ist korrekt. Bewegen Sie den Cursor erneut nach Feld A4.

Geben Sie ein	Befehl
STRG-k	Starten Kopierbefehl
RETURN-Taste	Bestätigen Quellbereich
Pfeiltaste rechts	Bewegen nach Feld B5
RETURN-Taste	Bestätigen Befehl

Betrachten Sie die Formel in Feld B4:

> +B1*$C1

Auch diese Formel ist korrekt. Sie können nun weitere Kopiervorgänge durchführen. Belassen Sie den Cursor in Feld B4.

Geben Sie ein	Befehl
STRG-k	Starten Kopierbefehl
RETURN-Taste	Bestätigen Quellbereich
Pfeiltaste rechts	Bewegen nach Feld C4
Pfeiltaste unten	Bewegen nach Feld C5
RETURN-Taste	Bestätigen Befehl

Betrachten Sie die Formel in Feld C5:

> +C2*$C2

Vollziehen Sie den vorherigen Kopiervorgang nach:

> B4: +B1*$C1
> C5: +C2*$C2

Aus dem Wert "B1" wird durch das Bewegen des Cursors eine
Zeile nach unten und eine Spalte nach rechts der Wert "C2". Aus
dem Wert "$C1" wird durch das Bewegen des Cursors eine Zeile
nach unten und eine Spalte nach rechts der Wert "$C2". Das Be-
wegen des Cursors eine Spalte nach rechts bewirkte keine Änderung, da die Spaltenangabe absolut vorgenommen wurde.

Löschen Sie wieder den Bildschirminhalt!

Arbeiten mit Feldbezeichnungen

Sie sehen den leeren Bildschirm vor sich. Tragen Sie in das Feld
A1 den Wert 5 und in das Feld B1 den Wert 6 ein. Wir wollen
Feld A1 den Namen *Wert1* geben. Bewegen Sie den Cursor nach
Feld A1.

```
Geben Sie ein                     Befehl


F3                                Sprung zur Menüzeile
B                                 Menü Bearbeiten
N                                 Befehl Namen
B                                 Block benennen
Wert1                             Namen eingeben
RETURN-Taste                      Namen bestätigen
RETURN-Taste                      Bestätigen Befehl
```

Verwenden einer   Zunächst passiert einmal nichts. Wir haben lediglich Feld A1
Feldbezeichnung   einen Namen zugewiesen. Nun bewegen Sie den Cursor nach Feld
A2 und tragen Sie folgende Formel ein:

> *+Wert1+B1*

Feld A2 zeigt daraufhin den Wert 11 an. Was haben wir gemacht?
Wir haben einem Feld einen Namen zugewiesen und diesen Namen
innerhalb einer Formel eingesetzt?

Die Verwendung von Feldbezeichnungen ist immer dann zu empfehlen, wenn Felder bestimmte Sachverhalte speichern, z.B. Kreditbetrag, Zinssatz, Laufzeit. In Formeln, die möglicherweise an
ganz anderen Stellen im Arbeitsblatt eingegeben werden müssen,
brauchen Sie sich nicht mehr die Feldadresse zu merken, sondern
geben einfach den definierten Namen ein. Dies vereinfacht die
Formeleingabe.

Sie sollten sich merken, wie Feldbezeichnungen definiert und später in Formeln eingesetzt werden können. Die Verwendung von Feldbezeichnungen besitzt jedoch nicht nur bei der Erstellung des Arbeitsblattes Vorteile, sondern auch dann, wenn Sie das Arbeitsblatt später modifizieren wollen. Feldbezeichnungen erhöhen die Transparenz der Formeln. Die Formel

*+Kreditbetrag * Zins*

ist sicherlich verständlicher als eine Formel wie

*+A9 * D17.*

In diesem Kapitel werden wir auf die Verwendung von Feldbezeichnungen noch verzichten. In den folgenden Kapiteln werden wir allerdings verstärkt von dieser Möglichkeit Gebrauch machen.

Die Übung

Die nächste Abbildung zeigt das Arbeitsblatt, das wir erstellen wollen. Es handelt sich um die Verteilung der Kosten des Hauses in der Genscherallee 91. In diesem Haus wohnen die Familien Kohl, Vogel und Waigel, die eine gerechte Verteilung der angefallenen Kosten anstreben.

Nachdem Sie die ersten Schritte mit Quattro Pro gemeistert haben, wird es - im wesentlichen - Ihre Aufgabe sein, für die drei Familien eine gerechte Kostenverteilung vorzunehmen. Die Befehle dazu sind Ihnen bereits bekannt.

*Kosten-
verteilung*

Erinnern Sie sich noch an die einzelnen Schritte zur Erstellung des Arbeitsblattes in Kapitel 1?

Die Schritte

Schritte zur Arbeitsblatterstellung

1.	Einstellen der Spaltenbreiten

2.	Eingabe der Linien

3.	Eingabe der Texte

4.	Eingabe der Zahlen

5.	Eingabe der Formeln

Wir werden auch das Arbeitsblatt dieses Kapitels in diesen Schritten erstellen. Machen Sie sich zunächst keine Gedanken darüber, wenn Sie bestimmte Berechnungen innerhalb des Arbeitsblattes nicht verstehen. Bei der Eingabe der Formeln werden die einzelnen Rechenschritte ausführlich erläutert. Die nächste Abbildung zeigt das fertige Arbeitsblatt.

```
 Datei Bearbeiten Layout Grafik Ausdruck Datenbank Zusätze Optionen Fenster   ↑↓
 A1: [B1] \=                                                                    7
    A         B         C     D     E         F         G         H     I     ↑
 1  ============================================================================  End
 2  :              Hausabrechnung Genscherallee 91                      :        ▲
 3  :-----------------------------------------------------------------: :      ◄ ►
 4  :Grunddaten/Kosten         :    Kohl     Vogel     Waigel    Summe :        ▼
 5  :-------------------------:------------------------------------------:
 6  :        Tausendstel       :  302,64    350,80    346,56   1000,00 :      Esc
 7  :        Personenzahl      :       4         3         3     10,00 :
 8  :-------------------------:------------------------------------------:      ↵
 9  :      Gas     5.300,00    : 1603,99   1859,24   1836,77   5300,00 :
10  : Entwässerung   490,00    :  148,29    171,89    169,81    490,00 :      Del
11  : Müllabfuhr     408,00    :  163,20    122,40    122,40    408,00 :
12  : Rücklagen     1800       :  544,75    631,44    623,81   1800,00 :        P
13  : Haus-Strom     230,00    :   92,00     69,00     69,00    230,00 :
14  :            SUMMEN: :        2552,24   2853,97   2821,79   8228,00 :        5
15  :-------------------------:------------------------------------------:
16  :        Pauschale/Monat   :  200,00    240,00    220,00    660,00 :      WYS
17  :        Pauschale/Jahr    : 2400,00   2880,00   2640,00   7920,00 :
18  :        Vergütung         :    0,00     26,03      0,00           :      ZEI
19  :        Nachzahlung       :  152,24      0,00    181,79           :
20  ============================================================================  ↓
 2HAUS.WQ1   [1] 17.06.91    14.35                                    BEREIT
```

1. Einstellen der Spaltenbreiten

Wir benötigen für unser Arbeitsblatt folgende Spaltenbreiten:

Spalten A,D,I: 1

Spalte B: 14

Spalten C,E,F,G,H: 10

Sie haben den leeren Bildschirm vor sich. Richten Sie die Spaltenbreiten so ein, wie Sie es in Kapitel 1 gelernt haben. Die "schnelle Taste" ist STRG-b.

2. Eingabe der Linien

Die nächste Abbildung zeigt das Arbeitsblatt mit sämtlichen Linien. Geben Sie die Linien so wie in der Abbildung vorgegeben ein. Um Schreibarbeit zu reduzieren, sollten Sie dazu verstärkt den Kopierbefehl nutzen (STRG-k).

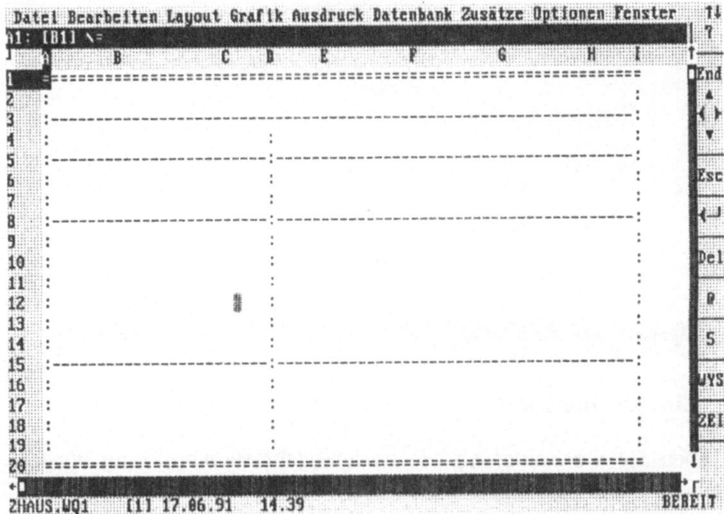

Zwischendurch sollten Sie das Arbeitsblatt sichern. Vergeben Sie den Dateinamen 2HAUS.WQ1. Die "schnelle Taste" ist STRG-s. Sie sollten diesen Sicherungsvorgang in lockeren Abständen wiederholen.

Zwischendurch sichern

3. Eingabe der Texte

Die nächste Abbildung zeigt das Arbeitsblatt mit Linien und Texten. Geben Sie die Texte so wie in der Abbildung vorgegeben ein.

```
 Datei Bearbeiten Layout Grafik Ausdruck Datenbank Zusätze Optionen Fenster  ↑↓
A1: [B1] \=                                                                    ?
     A        B         C      D      E       F          G        H    I    ↑───
1   ================================================================== □End
2   :            Hausabrechnung Genscherallee 91                 :       ▲
3   :----------------------------------------------------------- :      ◄│►
4   :Grunddaten/Kosten    :     Kohl    Vogel    Walgel    Summe :      ▼
5   :---------------------:-------------------------------------- :
6   :       Tausendstel   :                                      :     Esc
7   :       Personenzahl  :                                      :
8   :---------------------:-------------------------------------- :     ◄┘
9   :      Gas            :                                      :
10  : Entwässerung        :         ▋                            :     Del
11  : Müllabfuhr          :                                      :
12  : Rücklagen           :                                      :      ₽
13  : Haus-Strom          :                                      :
14  :              SUMMEN: :                                     :      5
15  :---------------------:-------------------------------------- :
16  :       Pauschale/Monat :                                    :     WYS
17  :       Pauschale/Jahr  :                                    :
18  :       Vergütung       :                                    :     ZEI
19  :       Nachzahlung     :                                    :
20  ================================================================== ↓
←□                                                              →└
2HAUS.WQ1    [1] 17.06.91   14.43                                  BEREIT
```

4. Eingabe der Zahlen

Geben Sie die Zahlen so wie in der nächsten Abbildung vorgegeben ein. Die schnelle Formatiertaste ist STRG-f. Formatieren Sie
die Werte in den Zeilen 6 und 16 in der Darstellung **Fest** mit 2
Dezimalstellen. Die Kostenwerte in Spalte C formatieren Sie bitte
in der Darstellung mit Tausenderpunkt und 2 Dezimalstellen. Die
Werte der Zeile 7 benötigen keine besondere Formatierung.

```
 Datei Bearbeiten Layout Grafik Ausdruck Datenbank Zusätze Optionen Fenster  ↑↓
A1: [B1] \=                                                                    ?
     A        B         C      D      E       F          G        H    I    ↑───
1   ================================================================== □End
2   :            Hausabrechnung Genscherallee 91                 :       ▲
3   :----------------------------------------------------------- :      ◄│►
4   :Grunddaten/Kosten    :     Kohl    Vogel    Walgel    Summe :      ▼
5   :---------------------:-------------------------------------- :
6   :       Tausendstel   :    302,64   350,80   346,56          :     Esc
7   :       Personenzahl  :       4        3        3            :
8   :---------------------:-------------------------------------- :     ◄┘
9   :      Gas        5.300,00 :                                 :
10  : Entwässerung     490,00 :        ▋                         :     Del
11  : Müllabfuhr       408,00 :                                  :
12  : Rücklagen          1,80 :                                  :      ₽
13  : Haus-Strom       230,00 :                                  :
14  :              SUMMEN: :                                     :      5
15  :---------------------:-------------------------------------- :
16  :       Pauschale/Monat : 200,00   240,00   220,00           :     WYS
17  :       Pauschale/Jahr  :                                    :
18  :       Vergütung       :                                    :     ZEI
19  :       Nachzahlung     :                                    :
20  ================================================================== ↓
←□                                                              →└
2HAUS.WQ1    [1] 17.06.91   14.59                                  BEREIT
```

5. Die Formeleingabe

Der interessanteste Teil der Erstellung unseres Arbeitsblattes betrifft die Formeleingabe. Bevor wir damit beginnen, sollen die einzelnen Rechenschritte erläutert werden.

Schlüsselgrößen

Die Eigentumsanteile, die innerhalb eines Hauses einer Wohnung zugeordnet werden, berechnen sich in Tausendstel-Einheiten. So hat Familie Kohl beispielsweise einen Eigentumsanteil am Haus von 302,64 Tausendstel. Die Verteilung der Kosten orientiert sich in vielen Fällen an den Tausendstel-Werten, z.B. ist man der Auffassung, daß die Kosten für die Entwässerung nach dieser Größe verteilt werden sollen.

Eine andere Schlüsselgröße ist die Zahl der in den jeweiligen Haushalten wohnenden Personen. So sollten beispielsweise die Kosten der Müllabfuhr nach diesem Wert verteilt werden.

Direkte Formeleingabe

Kommen wir damit zur ersten Formel. Bewegen Sie den Cursor nach Feld H6. In diesem Feld soll die Summe der einzelnen Tausendstel-Werte ermittelt werden. Hierbei handelt es sich nur um eine Kontrollrechnung, denn als Ergebnis muß sich der Wert 1000 ergeben. Tragen Sie in das Feld H6 folgende Formel ein:

    @SUMME(E6..G6)

Formeleingabe durch Pfeiltasten

Mit Hilfe der Funktion **@SUMME(Bereich)** können Sie die Werte mehrerer Felder addieren. Wenn der Wert 1000 angezeigt wird, haben Sie die Formel richtig eingegeben.

Nun bewegen Sie den Cursor nach Feld H7. Die Formel dieses Feldes wollen wir mit Hilfe der Pfeiltasten eingeben.

```
Geben Sie ein                Befehl


@summe(                      Einleiten Funktion
3 x Pfeiltaste links         Bewegen nach Feld E7
.                            Einleiten Markierung
2 x Pfeiltaste rechts        Markieren E7..G7
)                            Klammer zu
RETURN-Taste                 Bestätigen Befehl
```

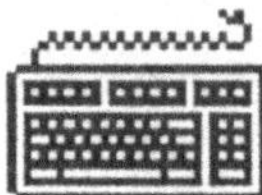

Als nächstes kopieren Sie bitte die Formel von Feld H7 in die Felder von H9 bis H14. Wenn Sie dies gemacht haben, werden in diesen Feldern zunächst Nullen angezeigt. Kopieren Sie die Formel weiterhin in die Felder H16 und H17. In Feld H16 müßte der Wert 660 angezeigt werden und in Feld H17 der Wert 0.

Bewegen Sie den Cursor nach Feld E9. Wie lassen sich die Gaskosten verteilen? Herr Kohl hat in der letzten Versammlung mit Nachdruck darauf hingewiesen, daß die Gaskosten ab sofort nach Tausendstel-Einheiten zu verteilen sind.

Belassen Sie den Cursor auf Feld E9 und tragen Sie die Formel wie folgt ein:

+E$6*$C9/$H$6

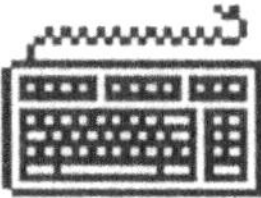

Nachdem Sie die Formel eingegeben haben, wird der Wert 1603,992 angezeigt. Dies zeigt, daß wir dieses und die weiteren Felder noch formatieren müssen. Formatieren Sie den Bereich von E9 bis H14 in der Darstellung **Fest** mit 2 Dezimalstellen (belassen Sie dazu den Cursor in Feld E9 und drücken Sie STRG-f, um den Kopierbefehl einzuleiten).

E$6

Bei der Feldangabe E$6 haben wir die Spalte in relativer Form angegeben. Wenn wir die Formel eine Spalte nach rechts kopieren, wird von Quattro Pro automatisch eine Anpassung vorgenommen: Aus E6 wird F6.

Die Zeilenangabe $6 haben wir deshalb in absoluter Form eingegeben, da wir die Formel auch nach unten (zeilenweise) kopieren wollen und sich die Formel trotz des Kopierens nach unten weiterhin auf die Tausendstel-Zeile beziehen muß.

$C9

Beim Wert $C9 mußten wir die Spaltenangabe C in absoluter Form angeben. Wenn wir die Formel in Feld E9 um eine Spalte nach rechts kopieren, darf sich die Spaltenangabe C nicht verändern. Durch die absolute Spaltenadressierung $C haben wir dies erreicht.

$H$9

Den Wert "$H$6" mußten wir deshalb in absoluter Form angeben, weil dieser sich auf keinen Fall nach Kopiervorgängen verändern darf.

Belassen Sie den Cursor in Feld E9 und kopieren Sie die Formel in die Felder F9 und G9. Bewegen Sie anschließend den Cursor wieder nach Feld E9 und kopieren Sie die Formel nach Feld E10. Bewegen Sie schließlich den Cursor nach Feld E10 und kopieren Sie die Formel in die Felder F10 und G10. Die nächste Abbildung zeigt den momentanen Stand des Arbeitsblattes.

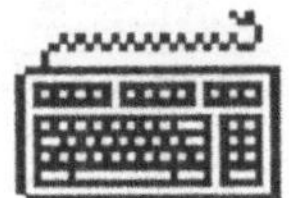

```
Datei Bearbeiten Layout Grafik Ausdruck Datenbank Zusätze Optionen Fenster   ↑↓
G10: (F2) [B10] +G$6+$C10/$H$6                                              │ ?
 │   A        B          C       D      E       F        G        H     I   ↑─
 1 │══════════════════════════════════════════════════════════════════════  End
 2 │ :           Hausabrechnung Genscherallee 91                        :    ▲
 3 │ :─────────────────────────────────────────────────────────────────:    ◄ ►
 4 │ :Grunddaten/Kosten       :     Kohl     Vogel    Waigel    Summe :      ▼
 5 │ :────────────────────────:─────────────────────────────────────:
 6 │ :        Tausendstel     :    302,64    350,80   346,56   1000,00 :    █Esc
 7 │ :        Personenzahl    :         4         3        3     10,00 :
 8 │ :────────────────────────:─────────────────────────────────────:       ←┘
 9 │ :        Gas    5.300,00 :   1603,99   1859,24  1836,77   5300,00 :
10 │ : Entwässerung    490,00 :    148,29 ║ 171,89   169,81     490,00 :     Del
11 │ : Müllabfuhr      408,00 :                                  0,00 :
12 │ : Rücklagen         1,80 :                                  0,00 :       @
13 │ : Haus-Strom      230,00 :                                  0,00 :
14 │ :              SUMMEN:   :                                  0,00 :       5
15 │ :────────────────────────:─────────────────────────────────────:
16 │ :        Pauschale/Monat :    200,00    240,00   220,00    660,00 :     WYS
17 │ :        Pauschale/Jahr  :                                  0,00 :
18 │ :        Vergütung       :                                       :     ZEI
19 │ :        Nachzahlung     :                                       :
20 │ ══════════════════════════════════════════════════════════════════════  ↓
ZHAUS.WQ1    [1] 17.06.91    15.03                                      BEREIT
```

Die Formeln sind richtig eingegeben, wenn Spalte C und Spalte H die gleichen Werte anzeigen, z.B. 5300 DM Gaskosten.

Kontrolle

Die Kosten der Müllabfuhr sollen nach der Personenzahl geschlüsselt werden. Tragen Sie in das Feld E11 folgende Formel ein:

+E$7*$C11/$H$7

Die Schlüsselgrößen - hier die Personenzahlen - sind in Zeile 7 gespeichert, daher der Wert E$7 in unserer Formel. Die Kosten der Müllabfuhr sind in Feld C11 gespeichert. Da wir die Spalte C "festhalten" müssen, ist es notwendig, die Spaltenangabe in absoluter Form vorzunehmen. Die Gesamtpersonenzahl ist in Feld H7 gespeichert. Da wir die Formel sowohl nach unten, als auch nach rechts kopieren wollen, mußten wir den Wert in der absoluten Form $H$7 eingeben.

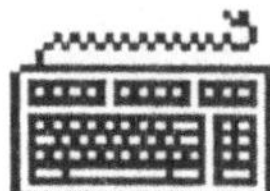

Kopieren Sie die Formel in Feld E11 in die Felder F11 und G11.
Kopieren Sie anschließend die Formeln der Felder E11 bis G11
zwei Zeilen nach unten in die Zeile 13, da wir auch die Stromko-
sten nach der Personenzahl schlüsseln wollen. Bei dieser Kosten-
art handelt es sich um den Stromverbrauch, den das Haus verursacht hat - Flur- und Außenbeleuchtung.

Jetzt fehlen nur noch die Rücklagen. Pro Tausendstel sollen 1,80
DM von jeder Familie aufgebracht werden. Die Formel, die Sie in
Feld E12 eingeben müssen, lautet:

$$+E\$6*\$C12$$

Kopieren Sie die Formel von Feld E12 in die Felder F12 und G12.
Es fehlen noch die Summen. Ermitteln Sie in Zeile 14 für jede
Familie die insgesamt anfallenden Kosten mit Hilfe der
@SUMME-Funktion.

Zeile 16 speichert die monatlich von den Familien gezahlten Pau-
schalen. In Spalte 17 sollen die Jahreswerte gespeichert werden.
Geben Sie die entsprechenden Formeln in den Feldern von E17 bis
E19 ein und formatieren Sie anschließend den Bereich von E16 bis
H19 in der Darstellung **Fest** mit 2 Dezimalstellen.

Kontrolle   Kontrollieren Sie anhand der Abbildung auf Seite 40, ob Quattro
Pro die richtigen Werte ermittelt hat.

WENN-Funktion   Für die Familien, die zuviel gezahlt haben, ergibt sich am Jahresende eine Vergütung; die anderen müssen eine Nachzahlung lei-
sten. Ob Familie Kohl eine Vergütung erhält, wollen wir mit Hilfe
der **WENN**-Funktion ermitteln. Bewegen Sie den Cursor nach
Feld E18 und tragen Sie folgende Formel ein:

$$@WENN(E17>E14;E17-E14;0)$$

Die Formel bewirkt folgendes: Wenn der in Feld E17 gespeicherte
Wert (= gezahlte Pauschale) größer als der in Feld E14 gespei-
cherte ist (= Summe Kosten), wird in Feld E18 die Differenz E17-
E14 eingestellt. Ansonsten erhält Feld E18 den Wert 0. Da Herr
Kohl mehr Ausgaben als Einnahmen zu verzeichnen hat, erhält er
keine Vergütung.

Kopieren Sie die Formel aus Feld E18 in die Felder F18 und G18. In der letzten Übung geben Sie bitte in Zeile 19 Formeln ein, die ermitteln, ob die Familien eine Nachzahlung leisten müssen. Falls nicht, soll wie in Zeile 18 der Wert 0 angezeigt werden. Am Ende des Kapitels finden Sie die Formel für Feld E19. Bevor Sie die Arbeit mit dem Arbeitsblatt beenden, sollten Sie anhand der Abbildung auf Seite 40 prüfen, ob Sie sämtliche Formeln korrekt eingegeben haben.

Sie haben in diesem Kapitel erfahren, warum man bei der Formeleingabe zwischen der absoluten und relativen Adressierung unterscheiden muß. Das Beispiel der Hausabrechnung bot Möglichkeiten, sämtliche Varianten einmal vorzustellen.

QP-TIPS

Wie schon in Kapitel 1 wollen wir auch am Ende des zweiten Kapitels auf interessante Befehle und Funktionen hinweisen.

QP-Tips

Weitere Befehle und Funktionen

1.   Sichere Dateneingabe

2.   Definieren eigener Tastenkürzel

1. Sichere Dateneingabe

Sie haben immer noch das Arbeitsblatt 2HAUS.WQ1 auf dem Bildschirm. Wie Sie festgestellt haben, besteht der kleinste Teil des Arbeitsblattes aus "echten" Zahlen, die - mehr oder weniger - häufig geändert werden. Der Rest umfaßt Linien, Texte und Formeln.

Insbesondere Formeln sollten vor unbeabsichtigter Änderung geschützt werden. Quattro Pro bietet zu diesem Zweck eine Reihe von Befehlen an, die wir gleich ausprobieren wollen.

Formelschutz

Der Befehl
Schutz

Es ist unwichtig, auf welchem Feld sich momentan der Cursor befindet. Öffnen Sie das Menü **Optionen** und wählen Sie den Befehl **Schutz**. Quattro Pro zeigt daraufhin die Optionen **Aktivieren** und **Deaktivieren** an. Wählen Sie Option **Aktivieren**. Schließen Sie das Menü durch Drücken der ESCAPE-Taste.

Versuchen Sie jetzt, den Inhalt eines beliebigen Feldes zu überschreiben. Sie erhalten den Hinweis *Geschützte(r) Zelle oder Block*, den Sie durch Drücken der ESCAPE-Taste bestätigen müssen.

In der Eingabezeile, rechts neben der Feldadresse, steht der Hinweis "GS", der besagt, daß das Feld, auf dem Sie sich momentan befinden, geschützt ist.

Aufheben
Block-Schutz

Es ist sinnvoll, Texte, Linien und Formeln auf diese Art zu schützen. Was machen wir jedoch mit den Zahlen? Bewegen Sie den Cursor nach Feld E6 und öffnen Sie das Menü **Layout**. Hier wählen Sie den Befehl **Block Schutz**. Quattro Pro bietet Ihnen daraufhin die Optionen **Aktivieren** und **Entfernen** an. Wählen Sie **Entfernen**, um den Schutz aufzuheben.

Schließlich werden Sie gefragt, welcher Block modifiziert werden soll. Markieren Sie mit den Pfeiltasten den Zahlenblock, d.h. den Bereich E6..G7. Durch Drücken der RETURN-Taste bestätigen Sie den Befehl. Sie können fortan die Zahlen in diesen Feldern wieder ändern. Probieren Sie es aus! Ändern Sie die Personenzahl einer Familie.

Bewegen Sie anschließend den Cursor nach Feld C9. Auch den Schutz des zweiten Zahlenblocks wollen wir entfernen. Öffnen Sie das Menü **Layout** und wählen Sie die Befehlsfolge **Block Schutz - Entfernen**. Als Bereich markieren Sie bitte die Felder C9..C13. Nach Drücken der RETURN-Taste haben Sie den Schutz für den Zahlenblock aufgehoben.

Wenn sich der Cursor auf einem ungeschützten Feld befindet, wird in der Eingabezeile der Hinweis U angezeigt.

Was haben wir soeben gemacht? Wir haben zunächst das gesamte Arbeitsblatt über die Befehlsfolge **Optionen - Schutz** geschützt. Anschließend haben wir für bestimmte Felder über die Befehlsfolge **Layout - Block Schutz** den Schutz wieder aufgehoben. Diese Felder speichern die Zahlen, die für die Verteilung der Kosten benötigt werden. Die weiteren Felder bleiben geschützt, so daß Sie hier keine Änderungen vornehmen können.

Es gibt einen weiteren Befehl, der das Arbeiten mit ungeschützten Feldern unterstützt. Bewegen Sie den Cursor nach Feld A1 und öffnen Sie das Menü **Datenbank**. Wählen Sie hier den Befehl **Eingabemaske**. Quattro Pro verlangt daraufhin von Ihnen eine Eingabe:

Der Befehl Eingabemaske

Block mit ungeschützten Zellen: A1..A1

Markieren Sie mit den Pfeiltasten das gesamte Arbeitsblatt, d.h. den Bereich A1..I20, und drücken Sie die RETURN-Taste. Der Cursor springt in das Feld E6, dem ersten ungeschützten Feld des zuvor markierten Bereiches.

Betätigen Sie jetzt einige Male - vielleicht zehnmal - die Pfeiltaste rechts, um zu erkennen, was eigentlich passiert ist. Sie gelangen über die Pfeiltasten nur noch in die ungeschützten Felder!

Sie können nicht versehentlich in Felder springen, die Formeln oder Texte speichern. Dadurch wird eine sichere Dateneingabe erreicht!

Durch Drücken der ESCAPE- oder RETURN-Taste beenden Sie den Befehl, und der Cursor springt wieder zu der Stelle, wo Sie den Befehl aufgerufen haben.

Wenn Sie über einen Farbbildschirm verfügen, können Sie die ungeschützten Zellen optisch hervorheben. Öffnen Sie dazu das Menü **Optionen** und wählen Sie den Befehl **Bildschirmfarben**. Quattro Pro zeigt daraufhin eine Reihe von Optionen an, aus der Sie die Option **Arbeitsblatt** auswählen. Anschließend wird gezeigt, welche Komponenten des Arbeitsblattes farblich variiert werden können, z.B. **Umrahmung**, **Beschriftung**, **Zellen** usw. Wählen Sie die Option **Ungeschützte Zellen**.

Bildschirm-farben

Quattro Pro zeigt daraufhin sämtliche Varianten an. Sie können mit Hilfe der Pfeiltasten andere Varianten festlegen. Drücken Sie einige Male die Pfeiltasten und wählen Sie eine Variante aus, die Ihnen gefällt. Drücken Sie die RETURN-Taste, um den Befehl zu beenden.

Quattro Pro zeigt nach einigen Sekunden erneut die Optionen für den Fall an, daß Sie weitere "Farbexperimente" durchführen wollen. Da wir aber jetzt nicht experimentieren wollen, drücken Sie bitte so oft die ESCAPE-Taste, bis sämtliche Menüs wieder geschlossen sind.

Die ungeschützten Felder werden fortan in der Farbe angezeigt, die Sie soeben festgelegt haben. Mit Hilfe der Befehlsfolge **Optionen - Bildschirmfarben** können Sie Ihren Quattro Pro-Bildschirm farblich individuell gestalten. Es wäre müßig, Ihnen sämtliche Varianten vorzustellen. Sie sollten daher selbst in einer stillen Stunde "Farbexperimente" durchführen und eine Farbzusammenstellung wählen, die Ihnen am besten gefällt.

Speichern der neuen Farben

Nachdem Sie einige Bildschirmfarben geändert haben, müssen Sie noch innerhalb des Menüs **Optionen** den Befehl **Parameter speichern** wählen, damit die Änderungen auch erhalten bleiben. Wenn Sie die Änderungen nicht beibehalten wollen, sollten Sie den Befehl nicht wählen. Beim nächsten Aufruf von Quattro Pro sind dann wieder die ursprünglichen Farben aktiviert.

2. Eigene Tastenkürzel

Sie können für häufig benutzte Befehle eigene Tastenkürzel definieren. Nehmen wir an, Sie möchten dem Befehl **Optionen - Schutz** die "schnelle Taste" STRG-c zuordnen. Sie gehen wie folgt vor:

Ein Beispiel

Definieren eigener Tastenkürzel

1.   Öffnen Sie das Menü **Optionen**

2.   Bewegen Sie den Cursor zum Befehl **Schutz**

3.   Drücken Sie gleichzeitig die Tasten STRG u. RETURN

4.   Drücken Sie gleichzeitig die Tasten STRG und c

Das auf diese Art definierte Kürzel wird fortan neben dem Befehl
im Menü angezeigt. Schließen Sie durch Drücken der ESCAPE-
Taste das Menü.

Drücken Sie STRG-c (Tastenkürzel können nur im BEREIT-Modus - angezeigt am rechten Rand der Statuszeile - aufgerufen
werden). Es werden unmittelbar die Optionen **Aktivieren** und
Deaktivieren angezeigt. Wählen Sie **Deaktivieren**.

*Eigene
"schnelle
Tasten"*

Falls Sie die definierten Kürzel zur weiteren Verwendung speichern möchten, müssen Sie die Befehlsfolge **Optionen - Parameter speichern** wählen.

*Speichern der
Tastenkürzel*

Wie kann man Tastenkürzel wieder löschen? Falls Sie ein Kürzel
löschen möchten, müssen Sie den Cursor zum entsprechenden
Befehl bewegen und die Tastenkombination STRG-RETURN
drücken. Durch anschließendes zweimaliges Betätigen der
ENTF-Taste bestätigen Sie den Löschvorgang.

*Löschen von
Tastenkürzeln*

Auf diese Art können Sie auch von Quattro Pro vergebene
Tastenkürzel löschen und anschließend neu vergeben.

Das dritte Kapitel

Nachdem wir uns in diesem Kapitel intensiv mit der Eingabe von
Formeln beschäftigt und die Unterschiede der relativen und absoluten Feldadressierung beschrieben haben, werden wir uns im
nächsten Kapitel den Befehlen zuwenden, die der optischen
Aufbereitung von Arbeitsblättern dienen. Weiterhin werden Sie
die Befehle kennenlernen, die Sie beim Ausdrucken von Arbeitsblättern benötigen.

@WENN(E14>E17;E14-E17;0)

3. Gestalten und Ausdrucken von Arbeitsblättern

Nachdem Sie ein Arbeitsblatt erstellt haben, möchten Sie sicherlich das optische Erscheinungsbild verbessern. Die für die "kosmetische Aufbereitung" von Arbeitsblättern erforderlichen Befehle werden Sie in diesem Kapitel kennenlernen. Darüber hinaus werden wir uns mit weiteren Tabellenfunktionen beschäftigen und diese anhand von Beispielen erläutern. Schließlich werden wir die Befehle für das Ausdrucken von Arbeitsblättern beschreiben.

Das 3. Kapitel

Was wird im dritten Kapitel besprochen?

1.   Datums- und Uhrzeitfunktionen

2.   Die Layout-Befehle

3.   Das Ausdrucken von Arbeitsblättern

4.   Setzen von Anfangsparametern

5.   Die Tabellenfunktion @**VVERWEIS**

Datums- und Uhrzeitfunktionen

Es ist sinnvoll, ein Arbeitsblatt um eine Datums- und/oder Uhrzeitangabe zu ergänzen, damit beispielsweise bei Druckausgaben der Stand des Arbeitsblattes festgehalten wird. Zu diesem Zweck stellt Quattro Pro eine Reihe von Tabellenfunktionen zur Verfügung, die wir in diesem Abschnitt beschreiben werden.

Starten Sie Quattro Pro. Sie sehen den leeren Bildschirm vor sich. Vergrößern Sie die Breite der Spalte A auf 20 Zeichen.

Die Funktion
@HEUTE

Bewegen Sie den Cursor nach Feld A1 und tragen Sie folgende Funktion ein:

> *@HEUTE*

Die Funktion **@HEUTE** liefert als Ergebnis den numerischen Wert des Systemdatums Ihres PC's. Als Ergebnis wird eine fünfstellige Zahl angezeigt, die jedoch zu einer Datumsangabe umgewandelt werden kann. Sie müssen dazu das Feld A1 entsprechend formatieren. Belassen Sie den Cursor auf Feld A1.

```
Geben Sie ein              Befehl

STRG-f                     Starten Formatierbefehl
D                          Option Datum/Uhrzeit
1                          1. Option
RETURN-Taste               Bestätigen Befehl
```

Das Datum wird daraufhin in der Form

> *TT-MMM-JJ*

angezeigt. Nun bewegen Sie den Cursor nach Feld A2. Tragen Sie auch in dieses Feld die Funktion

> *@HEUTE*

ein. Es wird wieder die fünfstellige Zahl angezeigt. Formatieren Sie anschließend Feld A2, diesmal mit der zweiten Option. Das Datum wird in der Form

> *TT-MMM*

angezeigt.

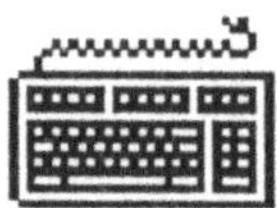

Tragen Sie in die Felder A3 bis A5 die Funktion **@HEUTE** ein und wiederholen Sie den Formatiervorgang für Feld A3 mit der dritten Option, Feld A4 mit der vierten Option und Feld A5 mit der fünften Option. Wir haben damit das Datum in fünf Varianten dargestellt. Sie sollten selbst entscheiden, welche Variante Ihnen am besten gefällt.

Die Funktion
@JETZT

Kommen wir damit zur Uhrzeit. Tragen Sie in das Feld A7 die Funktion

> *@JETZT*

ein. Die Funktion **@JETZT** ergibt die fortlaufende Nummer, die dem aktuellen Datum und der Uhrzeit entspricht. Durch Formatieren wird die Nummer in eine Uhrzeitanzeige gebracht. Belassen Sie den Cursor auf Feld A7.

```
Geben Sie ein                    Befehl

STRG-f                           Starten Formatierbefehl
D                                Option Datum/Uhrzeit
U                                Option Uhrzeit
1                                1. Option
RETURN-Taste                     Bestätigen Befehl
```

Tragen Sie in die Felder A8 bis A10 ebenfalls die Funktion **@JETZT** ein und weisen Sie den einzelnen Feldern Uhrzeitformate zu: Die zweite Variante für Feld A8, die dritte Variante für Feld A9 und die vierte Variante für Feld A10.

Es gibt einen weiteren Befehl im Zusammenhang mit der Darstellung von Datum und Uhrzeit. Öffnen Sie das Menü **Optionen** und wählen Sie den Befehl **International**. Hier wählen Sie die Option **Uhrzeit**.

Trennzeichen Uhrzeit

Sie können festlegen, ob Sie zwischen der Stunden-, Minuten- und Sekundenangabe einen Doppelpunkt, einen Punkt, ein Komma oder die Buchstaben *h*, *m* und *s* haben möchten. Wählen Sie den Doppelpunkt. Nachdem Sie die RETURN-Taste gedrückt haben, werden zwischen Stunden-, Minuten und Sekundenangaben Doppelpunkte angezeigt.

Für den Fall, daß Sie zuvor mit einer anderen Option, z.B. dem Punkt als Trennzeichen, gearbeitet haben, und die neue Option beibehalten wollen, müssen Sie innerhalb des Menüs **Optionen** den Befehl **Parameter speichern** wählen.

Parameter speichern

Auch für die Angabe des Datums gibt es vier Varianten. Öffnen Sie das Menü **Optionen** und wählen Sie den Befehl **International**. Hier wählen Sie Option **Datum**. Quattro Pro zeigt vier Varianten an. Sie können zwischen dem Schrägstrich (/) in den Darstellungsarten MM/TT/JJ und TT/MM/JJ und dem Punkt (.) oder Bindestrich (-) als Trennzeichen wählen. Wählen Sie Option C, d.h. den Punkt als Trennzeichen.

Trennzeichen Datum

Nachdem Sie die Menüs geschlossen haben, müßte Ihr Bildschirm
so wie in der folgenden Abbildung aussehen. Die Festlegung der
Trennzeichen wirkt sich bei der Datumsangabe nur bei den Varianten 4 und 5 aus.

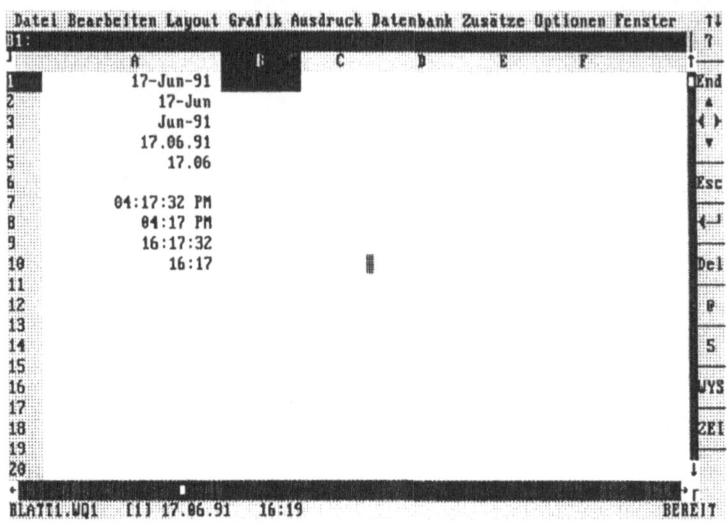

Eingabe eines   Bewegen Sie den Cursor nach Feld B1 und vergrößern Sie die
Datums   Breite der Spalte auf 20 Zeichen. Geben Sie in das Feld B1 das
                    Datum

    11.12.1991

ein. Sie erhalten den Hinweis *Ungültige Zell- oder Blockadresse.*
Bestätigen Sie den Fehlerhinweis durch Drücken der ESCAPE-Taste. Was ist passiert? Nachdem Sie Ihre Eingabe mit einer Zahl
eingeleitet haben, erwartete Quattro Pro die Eingabe eines Zah-
lenwertes. Durch die zwei Punkte in Ihrer "Zahl" wurde Quattro
Pro verwirrt und es kam zu einer Fehlersituation. Wie können Sie
ein Datum eingeben?

STRG-d   Drücken Sie die ESCAPE-Taste, um in den BEREIT-Modus zu
                    gelangen. Drücken Sie anschließend STRG-d. Am unteren rechten
                    Rand des Bildschirms (Statuszeile) sehen Sie den Hinweis DA-
                    TUM. Quattro Pro erwartet jetzt von Ihnen die Eingabe eines Da-
                    tums. Geben Sie erneut das Datum 11.12.1991 ein. Die Eingabe
                    wird jetzt akzeptiert.

Wie Sie im letzten Kapitel erfahren haben, können Sie die von Quattro Pro voreingestellten Tastenkürzel löschen und neu vergeben, mit einer Ausnahme: Das Tastenkürzel STRG-d, das zur Datumseingabe verwendet wird, kann nicht verändert werden.

In Feld B1 wird das Datum 11.12.91 angezeigt. Bewegen Sie den Cursor nach Feld B2. Tragen Sie in dieses Feld

Die Funktion
@JAHR

    @JAHR(B1)

ein. Die Funktion **@JAHR** ergibt die Jahresangabe für die angegebene Datumzahl. Das Ergebnis liegt zwischen 0 (1900) und 199 (2099). Die Datumzahl ist ein numerischer Wert zwischen 0 und 73050,999 und entspricht einer Datums- und Uhrzeitangabe.

Ermitteln Sie in den Feldern B3 und B4 anhand der Funktionen **@MONAT(Datumzahl)** und **@TAG(Datumzahl)** die Monatsbzw. Tagesangabe aus dem Feld B1, analog der Vorgehensweise mit der Jahresangabe. In Feld B3 wird der Wert 12 und in Feld B4 der Wert 11 angezeigt.

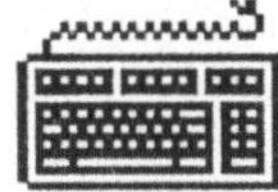

Als nächstes wollen wir uns den aktuellen Monat in Feld B5 anzeigen lassen. Tragen Sie in dieses Feld folgende Funktion ein:

Die Funktion
@MONAT

    @MONAT(@JETZT)

In Feld B5 wird der aktuelle Monat als Zahl angezeigt. Die Funktionen **@MONAT**, **@TAG** und **@JAHR** benötigen als Argument die Datumzahl. Die Datumzahl kann entweder einer der Funktionen **@HEUTE** oder **@JETZT** entnommen werden, oder ein Bezug auf ein Feld sein, das ein gültiges Datum speichert.

Quattro Pro verfügt auch zur Ermittlung von Stunden-, Minuten- und Sekundenangaben über entsprechende Tabellenfunktionen. Bewegen Sie den Cursor nach Feld B7 und tragen Sie die Funktion

Die Funktion
@STUNDE

    @STUNDE(@JETZT)

ein. Es wird die aktuelle Stundenzahl angezeigt (nicht die vollständige Uhrzeit). Die Funktionen **@MINUTE** und **@SEKUNDE** arbeiten analog.

Die bisher vorgestellten Funktionen ermitteln anhand der Datumzahl die entsprechenden Datum- bzw. Uhrzeitwerte. Es besteht auch die Möglichkeit für den umgekehrten Weg: Ermittlung der Datumzahl anhand eines Datums oder einer Uhrzeit.

Die Funktion
@DATUM

Bewegen Sie den Cursor nach Feld B8 und tragen Sie folgende Funktion ein:

> *@DATUM(91;12;11)*

Die Funktion
@DATUMWERT

Es wird die Datumzahl 33583 angezeigt. Während die Funktion **@DATUM** drei Argumente benötigt, kommen wir bei der Funktion **@DATUMWERT** mit einem Argument aus. Bewegen Sie den Cursor nach Feld B9 und tragen Sie die Funktion

> *@DATUMWERT(B1)*

ein. Feld B1 speichert weiterhin das Datum 11.12.91.

Ein Exkurs

Interpunktion

Die Funktion **@DATUM** nehmen wir zum Anlaß, auf einen Befehl hinzuweisen, der im Zusammenhang mit Funktionen, die beim Aufruf mehrere Argumente benötigen, von Bedeutung ist. Wählen Sie die Befehlsfolge **Optionen - International - Interpunktion**. Quattro Pro öffnet daraufhin ein Dialogfenster und zeigt 8 von A - H durchnumerierte Varianten an.

Sie können mit diesem Befehl angeben, ob Zahlenwerte mit einem Tausenderpunkt oder Tausenderkomma angezeigt werden, bzw. Dezimalstellen mit einem Punkt oder einem Komma eingeleitet werden.

Trennen von
Argumenten

Weiterhin können Sie festlegen, durch welches Zeichen Funktionsargumente getrennt werden: Semikolon, Punkt oder Komma. Quattro Pro arbeitet mit folgender Logik: Ein Semikolon als Trennzeichen ist immer richtig. Wenn Sie zuvor ein anderes Zeichen, z.B. den Punkt, festgelegt haben, ändert Quattro das eingegebene Semikolon automatisch in einen Punkt. Es entsteht keine Fehlersituation.

Wenn Sie den Punkt als Trennzeichen angegeben haben, dürfen Sie beim Aufruf einer Funktion den Punkt und das Semikolon, aber kein Komma verwenden.

Wenn Sie das Komma als Trennzeichen verwendet haben, führt folgender Aufruf der Funktion **@DATUM** zu einem Fehler:

@DATUM(92.12.11)

Sie sollten es bei der Voreinstellung (Option D) belassen, also Tausenderpunkt, Dezimalkomma und Semikolon als Trennzeichen für Funktionsargumente.

Ende des Exkurses

Die Funktionen **@ZEIT(Stunde;Minute;Sekunde)** und **@ZEITWERT(Uhrzeit)** arbeiten analog zu den Funktionen **@DATUM** und **@DATUMWERT**. Bewegen Sie den Cursor nach Feld B10 und tragen Sie die Funktion

@ZEIT(18;20;15)

Weitere Funktionen

Es wird die fortlaufende Uhrzeitnummer angezeigt, die der über die drei Argumente spezifizierten Uhrzeit entspricht.

Es gibt sicherlich nicht viele Anwendungssituationen, die eine Darstellung von Datum und Uhrzeit in dieser Form rechtfertigen. Die Ausführungen sollten hier der vollständigen Beschreibung der Datums- und Uhrzeitfunktionen dienen.

Gibt es Möglichkeiten, eine vierstellige Jahresangabe zu realisieren, z.B. 1991 oder 1992? Bewegen Sie den Cursor nach Feld B12 und tragen Sie folgende Formel ein:

Vollständige Jahresangabe

```
@FOLGE(19;0)&@FOLGE(@JAHR(@HEUTE);0)
```

Sobald Sie die Formel korrekt eingegeben haben, zeigt Feld B12 die aktuelle Jahresangabe in vierstelliger Form. Die Formel enthält zwei Komponenten, die wir noch nicht besprochen haben.

Die Funktion **@FOLGE(X;N)** wandelt die Zahl **X** in eine Zeichenkette um, wobei **X** auf mit **N** angegebenen Dezimalstellen gerundet wird. Beispielsweise ergibt die Anweisung

Die Funktion @FOLGE

@FOLGE(37,4;3)

die Zeichenkette 37,400.

In obigem Beispiel wird die Zahl 19 und die Jahresangabe, die durch

@FOLGE(@JAHR)

festgelegt wird, in eine Zeichenkette umgewandelt. Damit haben
wir zwei Zeichenketten definiert.

Der Verbindungs- Mit Hilfe des Verbindungsoperators & können Sie Zeichenketten
operator & miteinander verbinden. In unserem Beispiel wird die Zeichenkette
19 mit der zur Zeichenkette umgewandelten aktuellen Jahresangabe verknüpft.

Wenn Sie ein Arbeitsblatt erstellen, sollten Sie immer daran den-
ken, es für den Anwender "lesbar" zu gestalten. In diesem Abschnitt haben Sie erfahren, wie Sie ein Arbeitsblatt um eine Da-
tums- und/oder Uhrzeitangabe ergänzen können. Die entsprechenden Funktionen wurden beschrieben und deren Arbeitsweise anhand von Beispielen erläutert.

Die nächste Abbildung zeigt das Arbeitsblatt, das wir in diesem
Kapitel - wieder in Übungsform - erstellen werden. Dieses Arbeitsblatt verwendet Feldbezeichnungen, enthält relativ umfangreiche Formeln und zwei Beispiele für die Anwendung finanzmathematischer Funktionen. Nachdem das Arbeitsblatt erstellt ist, werden wir mit Hilfe der zum Menü **Layout** gehörenden Befehle ein
wenig an seinem Erscheinungsbild experimentieren. Um die
Layout-Befehle besser nachvollziehen zu können, sollten Sie das
Arbeitsblatt wie vorgegeben erstellen.

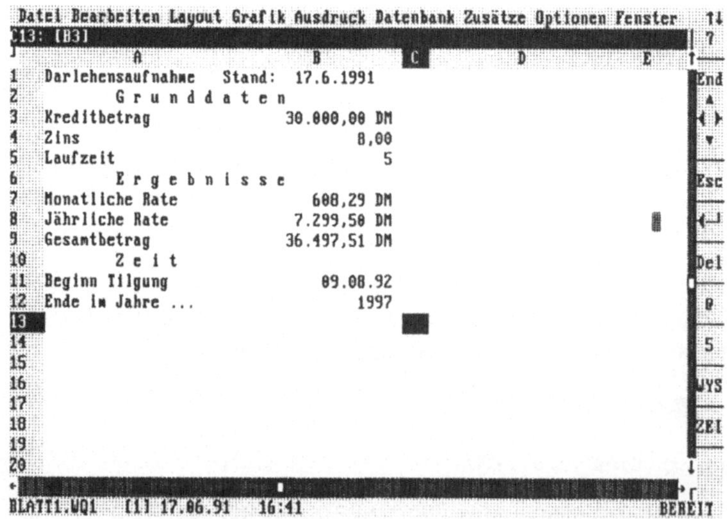

Die Übung

Zur Finanzierung diverser Anschaffungen möchte Herr Kohl bei
der kundenfreundlichen Bank *Wucherer & Söhne* einen Kleinkredit aufnehmen. Um im voraus zu erfahren, mit welcher monatlichen und jährlichen Belastung die Aufnahme verbunden ist, stellen Sie Ihm ein entsprechendes Arbeitsblatt zur Verfügung.

Die Erstellung des Arbeitsblattes wird diesmal in 5 Schritten erfolgen.

Die Schritte

Erstellung des Arbeitsblattes

1.   Einstellen der Spaltenbreiten

2.   Eingabe der Texte und Zahlenwerte

3.   Definieren der Feldbezeichnungen

4.   Eingabe der Formeln und Funktionen

5.   Verändern des Layouts

1. Einstellen der Spaltenbreiten

Richten Sie für die Spalten A, B und D eine Breite von 20 und
für die Spalte C eine Breite von 3 Zeichen ein.

2. Eingabe der Texte und Zahlenwerte

Geben Sie die in Spalte A beginnenden Texte so wie in der
vorherigen Abbildung ein. Tragen Sie anschließend in das Feld
B3 den Wert 30000, in das Feld B4 den Wert 8 und in das Feld
B5 den Wert 5 ein.

Feld B3 soll eine Formatierung erhalten, die wir bislang noch
nicht besprochen haben. Bewegen Sie den Cursor nach Feld B3
und vollziehen Sie die Befehlsfolge nach.

*Währungs-
format*

Geben Sie ein	Befehl
STRG-f	Einleiten Formatierbefehl
W	Format Währung
RETURN-Taste	Bestätigen 2 Dez.stellen
RETURN-Taste	Bestätigen Block-Vorschlag

Währungstext Es gibt im Zusammenhang mit dem Währungsformat einen Befehl, den Sie kennen müssen. Öffnen Sie das Menü **Optionen** und wählen Sie den Befehl **International**. Hier wählen Sie die Option **Währung**.

Sie können einen beliebigen Text eingeben, z.B. "Dollar" für die amerikanische, "Lire" für die italienische, "Pfund" für die britische oder "Rubel" für die russische Währung. Dieser Text wird nach Wahl des Währungsformats mit angezeigt. In den meisten Fällen werden Sie sicherlich Bedarf für den Text " DM" haben. Nachdem Sie einen Text eingegeben bzw. den vorhandenen durch Drücken der RETURN-Taste bestätigt haben, erhalten Sie eine weitere Auswahl: Soll der Text als Präfix oder als Suffix angezeigt werden. Wenn Sie " DM" eingegeben haben, wird es sinnvoll sein, hier die Option **Suffix** zu wählen.

Schließen Sie die Dialogfenster und formatieren Sie Feld B4 in der Darstellung **Fest** mit zwei Dezimalstellen. Feld B5 bedarf keiner zusätzlichen Formatierung.

3. Definieren der Feldbezeichnungen

In diesem Kapitel sollen bei der Eingabe von Formeln Feldbezeichnungen verwendet werden. Zuvor müssen die Feldbezeichnungen definiert werden. Bewegen Sie den Cursor nach Feld B3 und vollziehen Sie die Befehlsfolge nach. Das Feld soll die Bezeichnung *Kreditbetrag* erhalten.

```
Geben Sie ein                      Befehl

F3                                 Sprung zur Menüzeile
B                                  Menü Bearbeiten
N                                  Namen
B                                  Block benennen
kreditbetrag                       Namen eingeben
RETURN-Taste                       Bestätigen des Befehls
RETURN-Taste                       Vorschlag B3 bestätigen
```

Wir haben damit Feld B3 den "sprechenden" Namen *Kreditbe-*   *Kreditbetrag*
trag zugewiesen. Diesen Namen können wir später innerhalb von
Formeln verwenden.

Als nächstes wollen wir Feld B4 den Namen *Zins* zuweisen. Be-   *Zins*
wegen Sie den Cursor nach Feld B4.

```
Geben Sie ein                      Befehl

F3                                 Sprung zur Menüzeile
B                                  Menü Bearbeiten
N                                  Namen
B                                  Block benennen
zins                               Namen eingeben
RETURN-Taste                       Bestätigen des Befehls
RETURN-Taste                       Vorschlag B4 bestätigen
```

Wir haben damit Feld B4 den Namen *Zins* zugewiesen.

Wir benötigen weitere Feldbezeichnungen. Ordnen Sie

Feld B5 den Namen *Laufzeit*,

Feld B7 den Namen *Rate* und

Feld B8 den Namen *Jahresrate*

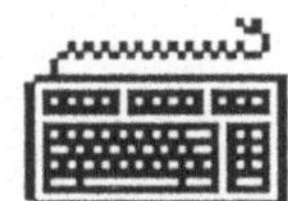

zu. Für den Fall, daß Sie nicht sicher sind, ob Sie die Namen in-
folge eines Schreibfehlers korrekt eingegeben haben, gibt es folgende Prüfmöglichkeit:

Kontrolle

Drücken Sie die Funktionstaste F5. Die Funktionstaste F5 leitet den Sprungbefehl ein. Quattro Pro erwartet von Ihnen die Feldadresse, zu der anschließend der Cursor springt. Geben Sie den zuvor definierten Namen ein. Wenn der Cursor in das erwartete Feld springt, haben Sie den Namen korrekt eingegeben.

Sie können auch über die Befehlsfolge **Bearbeiten - Namen - Block benennen** prüfen, welche Feldbezeichnungen vergeben worden sind.

4. Eingabe der Formeln und Funktionen

Der interessanteste Teil der Arbeitsblatterstellung betrifft wieder die Eingabe der Formeln und Funktionen. Die Eingabe der folgenden Formel ist eine Konzentrationsarbeit. Die Formel ist relativ umfangreich und unübersichtlich. Es soll das heutige Datum in der Form

Stand: TT.MM.19JJ

angezeigt werden. Bewegen Sie den Cursor nach Feld B1 und geben Sie die Formel ein:

```
+"Stand:   "&
@FOLGE(@TAG(@HEUTE);0)&"."&@FOLGE(@MONAT(@HEUTE);0)&
".19"&@FOLGE(@JAHR(@HEUTE);0)
```

Es werden 6 Zeichenketten miteinander verbunden. Die erste besteht aus dem Text "Stand: ", die zweite enthält die Tagesangabe, es folgt der die Tages- und Monatsangabe trennende Punkt, die vierte enthält die Monatsangabe, es folgt der Text ".19". Schließlich folgt die Jahresangabe.

Annuität

Bewegen Sie den Cursor nach Feld B7. In diesem Feld soll die monatlich zu zahlende Rate (= Annuität), die sich aus den Größen *Kreditbetrag*, *Laufzeit* und *Zins* ergibt, ermittelt werden. Diese über die gesamte Laufzeit konstante Rate setzt sich aus einem Tilgungs- und einem Zinsanteil zusammen, wobei im Verlauf der Tilgungsdauer der Zinsanteil immer mehr abnimmt (die Restschuld wird nach jeder Ratenzahlung geringer), während der Tilgungsanteil gleichermaßen steigt. Am Ende der Laufzeit ist das Darlehen vollständig getilgt.

Folgende Formel liegt der Berechnung der Annuität zugrunde:

$$\text{RATE} = \frac{(\text{Kreditbetrag} * \text{Zins}/100/12\ )}{(1 - (1 + \text{Zins}/100/12)^{(-\text{Laufzeit}*12)})}$$

Geben Sie in das Feld B7 folgende Formel ein:

```
(Kreditbetrag*Zins/100/12)/(1-(1+Zins/100/12)^(-Laufzeit*12))
```

Bei den in der Abbildung vorgegebenen Ausgangsdaten ergibt sich für Feld B7 ein Wert von etwa 608,29. Obige Formel funktioniert nur, wenn Sie in dem Arbeitsblatt Felder mit den Bezeichnungen *Kreditbetrag*, *Zins* und *Laufzeit* definiert haben.

Dem Feld B7 selbst hatten Sie den Namen *Rate* zugewiesen. Diesen Namen können wir in weiteren Formeln verwenden.

Im Gegensatz zu den bisher in diesem Buch verwendeten Formeln brauchten wir die Formel in Feld B7 nicht durch das Pluszeichen (+) einzuleiten. Auch die öffnende Klammer sowie das Sonderzeichen @, welches das erste Zeichen der Tabellenfunktionen darstellt, leiten eine Formeleingabe ein.

Einleiten von Formeln

Die jährliche Rate (Feld B8) ergibt sich durch Multiplikation der monatlichen Rate mit dem Wert 12. Der Gesamtbetrag (Feld B9) ergibt sich aus der Jahresrate multipliziert mit der Laufzeit. Geben Sie die entsprechenden Formeln in die Felder B8 und B9 ein. Verwenden Sie - soweit möglich - die definierten Feldbzeichnungen. Vergleichen Sie Ihr Ergebnis mit dem aus der vorgegebenen Abbildung.

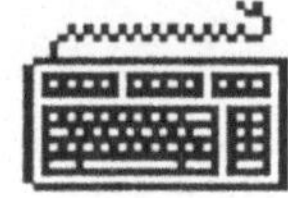

Formatieren Sie darüber hinaus die Felder B7..B9 in dem gleichen Format, wie Sie zuvor Feld B3 formatiert haben (Währungsformat).

Tragen Sie in das Feld B11 das Datum 9.8.1992 ein. Können Sie sich noch an die "schnelle Datumstaste" erinnern? Durch Drücken von STRG-d leiten Sie die Eingabe eines Datums ein.

STRG-d

Feld B12 soll das Jahr speichern, an dem das Ende der Tilgung erreicht ist. Das Ermitteln der Jahresangabe ist nicht unbedingt einfach. Der Gültigkeitsbereich für die Darstellung der Jahreszahlen erstreckt sich von 0 für das Jahr 1900 bis 199 für das Jahr 2099. Für das Jahr 1999 ergibt sich der Wert 99 und für das Jahr 2000 der Wert 100. Wie können wir realisieren, daß sich anhand des Wertes 99 die Jahresangabe 1999 und anhand des Wertes 100 die Jahresangabe 2000 ergibt? Tragen Sie in das Feld B12 die Formel

@JAHR(B11)+LAUFZEIT+1900

ein. Wenn Sie die Formel korrekt eingegeben haben, erscheint die vierstellige Jahresangabe.

Die Funktion   Feld B7 ermittelt die monatliche Rate (= Annuität) über die An-
@ANNUITÄT   nuitätenformel. Die Formel ist relativ komplex und deren Herleitung nicht einfach. Quattro Pro bietet eine Reihe von finanzmathematischen Tabellenfunktionen an, die den Einsatz eigener Formeln überflüssig machen. Die Ermittlung der monatlichen Rate wird beispielsweise von der Tabellenfunktion

@ANNUITÄT(Zins;Laufzeit;Betrag;Endwert;Typ)

Endwert   ermittelt. Während die ersten Parameter bereits in unserer Ausgangsformel verwendet wurden, stellen die Parameter *Endwert* und *Typ* zwei interessante Ergänzungen dar: *Endwert* gibt den Wert an, der nach Ende der Tilgung erreicht ist. Nehmen wir an, Sie möchten nicht den vollen Kreditbetrag tilgen, sondern nur einen Teil. Die dann fällige Restschuld kann über *Endwert* festgelegt werden. Wenn Sie auf die Angabe von *Endwert* verzichten, nimmt Quattro Pro einen Wert von 0 an, d.h. Quattro Pro geht davon aus, daß Sie den vollen Kreditbetrag tilgen.

Typ   Das Argument *Typ* legt fest, wann die Zahlungen erfolgen (0 am Monatsende und 1 zu Monatsbeginn). Auch auf die Angabe von *Typ* kann verzichtet werden. In einem solchen Fall nimmt Quattro Pro an, daß die Zahlungen am Monatsende erfolgen.

Bewegen Sie den Cursor nach Feld D7 und tragen Sie die Funktion

*@ANNUITÄT((Zins/100)/12;Laufzeit*12;Kreditbetrag)*

ein. Werden die Ratenzahlungen monatlich vorgenommen, stellt *Laufzeit* die Anzahl der Monate dar, über die das Darlehen getilgt wird; *Laufzeit* ist in unserem Arbeitsblatt eine Jahresangabe. Aus diesem Grund muß einerseits der Zins zur Ermittlung des Monatszinses durch 12 dividiert und andererseits die Laufzeit mit 12 multipliziert werden.

Wenn Sie die Formel korrekt eingegeben haben, ermittelt die Funktion bei gleichen Ausgangsdaten den Wert -608,29. Das Minuszeichen zeigt, daß Zahlungen geleistet werden müssen. Für den Fall, daß Sie den negativen Wert "unschön" finden, bietet Quattro Pro die Tabellenfunktion **@ABS** an: Die Funktion

Die Funktion
@ABS

   @ABS(X)

errechnet den absoluten Betrag (vorzeichenunabhängig) von X, z.B. ergibt

   @ABS(-100)

den Wert 100. Um den negativen Wert in Feld D7 zu eliminieren, müssen wir um die vorhandene Formel die Funktion **@ABS** plazieren:

   *@ABS(@ANNUITÄT((Zins/100)/12;Laufzeit*12;Kreditbetrag))*

Sie können die Formel neu eingeben oder editieren. Wenn Sie das Editieren vorziehen, gehen Sie wie folgt vor (der Cursor befindet sich in Feld D7).

```
Geben Sie ein                Befehl


F2                           Starten Editiervorgang
POS1-Taste                   Sprung an den Beginn
@abs(                        Funktion eingeben
ENDE-Taste                   Sprung an das Ende
)                            Klammer zu eingeben
RETURN-Taste                 Bestätigen Befehl
```

Fortan wird der Wert positiv angezeigt. Tragen Sie in das Feld D8 den Wert 2 ein.

Die Funktion   Quattro Pro stellt eine Reihe von finanzmathematischen Funktio-
@ZINSBETRAG   nen zur Verfügung, deren Anwendungsmöglichkeiten bisweilen
                  nicht einfach zu verstehen sind. Wir möchten an dieser Stelle nur
                  noch die Anwendung einer weiteren Funktion beschreiben und für
                  den Fall, daß Sie spezielle finanzmathematische Berechnungen
                  durchführen wollen, auf das Handbuch verweisen. Die Funktion

@ZINSBETRAG(Zins;Periode;Laufzeit;Betrag;Endwert;Typ)

ermittelt für eine bestimmte Periode den Zinsanteil der Rate. Die
Rate setzt sich aus einem Zins- und einem Tilgungsanteil zusammen. Nach Zahlung einer Rate wird die Restschuld geringer, so
daß der Zinsanteil sinkt. Gleichermaßen steigt der Tilgungsanteil.
Wenn Sie ermitteln möchten, wie hoch der Zinsanteil in einer bestimmten Periode ist, können Sie die Funktion **@ZINSBETRAG**
einsetzen. Tragen Sie in das Feld D9 folgende Formel ein:

*@ZINSBETRAG((Zins/100)/12;D8;Laufzeit*12;Kreditbetrag)*

In das Feld D8 hatten Sie zuvor den Wert 2 eingetragen. Demnach
ermittelt die Funktion den Zinsbetrag, der im zweiten Monat gezahlt werden muß. Das Minuszeichen zeigt wieder, daß Sie eine
Zahlung leisten müssen. Geben Sie in Feld D8 andere Werte ein.
Wenn Sie beispielsweise den Wert 3 eingeben, werden Sie feststellen, daß der Zinsbetrag etwas geringer geworden ist.

Probieren Sie aus, was passiert, wenn Sie einen ungültigen Wert
eingeben, z.B. den Wert 61 bei einer 5jährigen Laufzeit oder den
Wert 121 bei einer 10jährigen Laufzeit: Es entsteht eine Fehlersituation, weil die eingetragene Periodenzahl außerhalb des gültigen Bereiches liegt.

Nachdem das Arbeitsblatt fertiggestellt ist, werden wir im nächsten Abschnitt an seinem optischen Erscheinungsbild experimentieren.

5. Verändern des Layouts

Zunächst soll für die Befehlsfolge **Layout - Linien** eine "schnelle
Taste" definiert werden. Dieser Befehl setzt um einen angegebenen
Feldbereich durchgezogene Linien. Öffnen Sie das Menü **Layout**
und bewegen Sie den Cursor auf den Befehl **Linien**.

Wir wollen die "schnelle Taste " STRG-i definieren. Für den Fall, daß Sie STRG-i inzwischen für einen anderen Befehl vergeben haben, löschen Sie bitte wieder die Tastenkombination STRG-i, damit wir sie im folgenden verwenden können.

Der Cursor befindet sich auf dem Befehl **Linien**. Drücken Sie gleichzeitig STRG-RETURN. Anschließend drücken Sie gleichzeitig STRG-i. Sie haben damit für den Befehl **Linien** die "schnelle Taste" STRG-i definiert. Probieren Sie es aus! Schließen Sie sämtliche Menüs durch Betätigen der ESCAPE-Taste, bewegen Sie den Cursor nach Feld A1 und drücken Sie die Tastenkombination STRG-i.

STRG-i

In der Eingabezeile sehen Sie, daß Sie jetzt einen Block angeben müssen. Markieren Sie mit Hilfe der Pfeiltasten den Bereich A1..B12 und drücken Sie die RETURN-Taste. Quattro Pro öffnet daraufhin ein Dialogfenster und fragt, wo die Linie gezeichnet werden soll. Wählen Sie die Option **Außen**.

Schließlich werden Sie gefragt, ob Sie eine einfache, eine doppelte oder eine dicke Linie zeichnen wollen. Die Option **Keine** wird verwendet, um zu einem späteren Zeitpunkt eine bereits vorhandene Linie wieder zu entfernen. Wählen Sie Option **Doppelt**. Quattro Pro zeichnet daraufhin um das gesamte Arbeitsblatt eine doppelte Linie.

Linienart

Schließen Sie sämtliche Menüs durch mehrmaliges Drücken der ESCAPE-Taste. Quattro Pro befindet sich wieder im BEREIT-Modus. Als nächstes soll oberhalb und unterhalb der Zeile 2 eine einfache Linie gezeichnet werden. Bewegen Sie den Cursor nach Feld A2.

```
Geben Sie ein                Befehl


STRG-i                       Starten Befehl Linien
Pfeiltaste rechts            Markieren Bereich A2..B2
RETURN-Taste                 Bestätigen Markierung
O                            Option Oben
E                            Einfache Linie
U                            Option Unten
E                            Einfache Linie
Z                            Zurück
```

Wir haben damit oberhalb und unterhalb der zweiten Zeile eine Linie eingefügt.

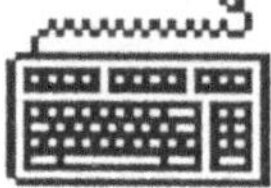

Fügen Sie gleichermaßen oberhalb und unterhalb der Zeilen 6 und 10 eine Linie ein. Bewegen Sie dazu den Cursor jeweils zur Ausgangsposition A6 bzw. A10 und verwenden Sie die gleiche Befehlsfolge wie bei Zeile 2. Die nächste Abbildung zeigt den momentanen Stand des Arbeitsblattes.

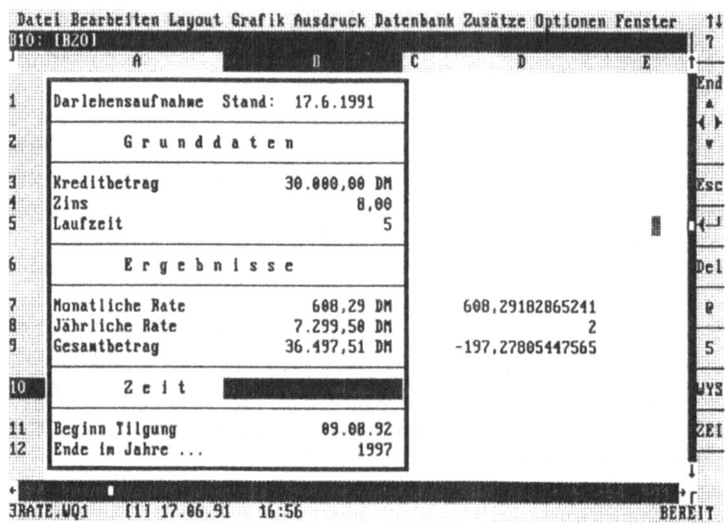

Der Befehl
Hintergrundfarbe

Nachdem Sie die Linien gezogen haben, stellen Sie fest, daß das Arbeitsblatt nun viel übersichtlicher als vorher ist. Als nächstes wollen wir das wichtigste Feld des Arbeitsblattes besonders hervorheben: Die monatliche Rate, die in Feld B7 gespeichert ist, stellt den entscheidenen Wert der Kreditaufnahme dar. Aus diesem Grund soll das Feld B7 markiert werden.

Bewegen Sie den Cursor nach Feld B7 und öffnen Sie das Menü **Layout**. Hier wählen Sie den Befehl **Hintergrundfarbe**. Quattro Pro zeigt daraufhin die Optionen **Keine**, **Gemischt** und **Voll** an. Wählen Sie Option **Voll**. Anschließend werden Sie nach dem Block gefragt, der geändert werden soll. Drücken Sie einfach die RETURN-Taste, um den Vorschlag B7..B7 zu bestätigen.

Feld B7 wird fortan hervorgehoben. Wenn Sie über einen Farbbildschirm verfügen, wird Ihnen möglicherweise die Farbe nicht gefallen; bei einem Mono-Bildschirm werden Sie unter Umständen gar keine Änderung erkennen können.

Quattro Pro bietet die Möglichkeit, die Farbe hervorgehobener Felder zu variieren. Öffnen Sie dazu das Menü **Optionen** und wählen Sie den Befehl **Bildschirmfarben**.

Ändern der Farbdarstellung

Hier wählen Sie die Option **Arbeitsblatt**. Schließlich wählen Sie die Option **Schatten**. Nun können Sie mit Hilfe der Pfeiltasten eine Farbvariante auswählen, die Ihnen am besten gefällt. Sie müssen dazu den sich bewegenden Pfeil auf die entsprechende Variante plazieren und die RETURN-Taste drücken. Nachdem Sie die RETURN-Taste gedrückt haben, aktiviert Quattro Pro den zuletzt eingegebenen Befehl, in der Annahme, daß Sie weitere Komponenten des Arbeitsblattes farblich verändern wollen. Dies trifft jedoch nicht zu, so daß Sie bitte durch mehrmaliges Drücken der ESCAPE-Taste die geöffneten Menüs wieder schließen.

Wenn Sie beabsichtigen, in einem Arbeitsblatt umfangreiche Berechnungen durchzuführen, benötigen Sie möglicherweise eine Reihe von Hilsfeldern für die Speicherung von Zwischenwerten. Diese "Hilfszahlen" könnten Sie in eine bestimmte Spalte "packen" und diese Spalte anschließend unsichtbar machen. Die Werte dieser Spalte stehen dann für Berechnungen zur Verfügung, werden aber, um das optische Erscheinungsbild zu entlasten, nicht angezeigt.

Spalten verbergen

Bewegen Sie den Cursor nach Feld D1 und öffnen Sie das Menü **Layout**. Wählen Sie den Befehl **Spalten Verbergen**. Quattro Pro bietet Ihnen daraufhin die Optionen **Verbergen** und **Anzeigen** an. Wählen Sie Option **Verbergen**. Schließlich werden Sie gefragt, welche Spalten zu verbergen sind: Drücken Sie die RETURN-Taste, um Spalte D zu bestätigen. Die in Spalte D gespeicherten Werte stehen zwar immer noch zur Verfügung, werden aber nicht mehr angezeigt.

Sie haben in diesem Abschnitt ein Beispiel für das Definieren einer eigenen "schnellen Taste" erhalten. Anschließend wurden die Befehle besprochen, mit deren Hilfe Sie ein Arbeitsblatt optisch verändern können. Sie sollten von diesen Möglichkeiten bei der Erstellung eigener Arbeitsblätter reichlich Gebrauch machen.

Sichern Sie zwischendurch Ihre Datei durch Drücken von STRG-s und Wählen der Option **Ersetzen**.

Ausdrucken des Arbeitsblattes

Inzwischen haben Sie einige Arbeitsblätter erstellt und die wichtigsten Befehle ausprobiert. Nachfolgend wird beschrieben, wie Sie Arbeitsblätter ausdrucken können.

Ausdrucken

Schritte beim Drucken eines Arbeitsblattes

1.   Festlegen Druckbereich

2.   Festlegen Ausgabeziel

3.   Layout- und Formatvariationen

4.   Festlegen von Schriftarten

1. Festlegen Druckbereich

Bewegen Sie den Cursor nach Feld A1. Öffnen Sie das Menü **Ausdruck** und wählen Sie den Befehl **Block**. Quattro Pro fragt Sie daraufhin:

Welchen Block des Arbeitsblattes drucken:

Hier legen Sie den zu druckenden Bereich fest. Markieren Sie mit Hilfe der Pfeiltasten den Bereich A1..C13 und drücken Sie die RETURN-Taste. Der soeben markierte Bereich wird rechts neben dem Befehl Block angezeigt: A1..C13.

2. Festlegen Ausgabeziel

Wählen Sie den Befehl **Ausgabeziel**. Sie können zwischen fünf Zielen wählen. Die erste Option **Drucker** wird nicht das gewünschte Ergebnis bringen, da wir in unserem Arbeitsblatt durchgezogene Linien verwendet haben. Der normale Schnell-Ausdruck ist dafür ungeeignet. Auch die Optionen **Datei** und **Binär-Datei** interessieren uns momentan nicht.

Quattro Pro verfügt über die Möglichkeit, sich die Ausgabe vor dem Druckvorgang auf dem Bildschirm anzusehen. Dies wollen wir jetzt ausprobieren. Wählen Sie Option **Bildschirm-Voranzeige**. Diese Option wird daraufhin rechts neben dem Befehl **Ausgabeziel** angezeigt.

Ausgabe auf dem Bildschirm

Wenn Sie bei der Installation von Quattro Pro einen Druckertyp definiert haben, können Sie den Druckvorgang starten, indem Sie den Befehl **Druck starten** wählen. Das Arbeitsblatt wird daraufhin in Miniaturformat auf dem Bildschirm angezeigt. Drücken Sie das Pluszeichen (+), um die Darstellung zu vergrößern. Sie können jetzt überprüfen, ob Ihnen die Druckausgabe gefällt. Drücken Sie die ESCAPE-Taste, um die Bildschirmanzeige zu beenden.

Starten Druckvorgang

Ausgabe auf dem Drucker

Ändern Sie das Ausgabeziel. Rufen Sie den Befehl **Ausgabeziel** auf und wählen Sie die Option **Grafik-Drucker**. Wenn Sie an Ihrem PC einen Drucker angeschlossen haben, können Sie den Druckvorgang starten, indem Sie den Befehl **Druck starten** wählen.

3. Layout- und Formatvariationen

In diesem Abschnitt sollen einige Möglichkeiten beschrieben werden, wie man die Druckausgabe variieren kann. Wählen Sie die Befehlsfolge **Ausdruck - Layout**. Belassen Sie den Cursor auf dem Befehl **Kopfzeile** und drücken Sie die Funktionstaste F1. Durch Drücken von F1 fordern Sie von Quattro Pro Informationen zum aktuellen Befehl an.

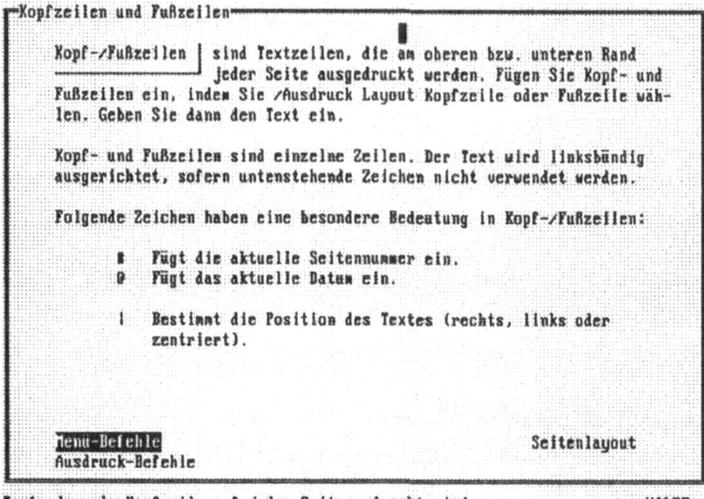

Wir wollen nicht jeden Quattro Pro-Befehl detailliert erläutern; insbesondere das Ausprobieren von Druck-Befehlen ist sehr mühselig und zeitaufwendig, zumal viel davon abhängt, welchen Drucker Sie angeschlossen haben. Aus diesem Grund sollen hier lediglich die wichtigsten Druck-Befehle kurz umrissen werden. Das Experimentieren bleibt Ihnen überlassen. Drücken Sie die ESCAPE-Taste, um das Hilfesystem wieder zu verlassen.

Bei umfangreicheren Arbeitsblättern ist es sinnvoll, selbst zu entscheiden, wo Quattro Pro einen Seitenumbruch vornimmt. Mit Hilfe des Befehls **Umbruch** können Sie festlegen, wo ein Seitenumbruch erfolgen soll.

Umbruch

Über diesen Befehl wird ein Block, der ausgedruckt werden soll, proportional vergrößert oder verkleinert. Wählen Sie diesen Befehl einmal aus und tragen Sie als Skalierungsfaktor den Wert 50 ein. Wiederholen Sie anschließend den Druckvorgang. Sie stellen fest, daß das Arbeitsblatt nur noch in der halben Größe ausgedruckt wird.

Skalierung proportional

Mit Hilfe des Befehls **Länge & Ränder** können Sie die Seitenlänge (z.B. 72 Zeilen), sowie den linken, oberen, rechten und unteren Rand festlegen.

Länge & Ränder

Der Befehl **Maßeinheit** legt die Maßeinheiten der Druckausgabe fest, in den meisten Fällen werden Sie die Maßeinheit *Zeilen/Zeichen* verwenden.

Maßeinheit

Der Befehl **Seitenformat** legt fest, ob im Hoch- oder Querformat gedruckt werden soll. Die Einstellung **Querformat** funktioniert nur, wenn Sie zuvor als Ausgabeziel die Option **Grafik-Drucker** gewählt haben.

Seitenformat

Mit diesem Befehl lassen sich vor der eigentlichen Druckausgabe Steuerzeichen an den Drucker übergeben. Mit diesen Steuerzeichen können Sie bestimmte Funktionen, z.B. Einstellen der Schmalschrift, des Druckers aktivieren. Die Steuerzeichen müssen Sie Ihrem Druckerhandbuch entnehmen.

Initialisierung

Da Sie in Quattro Pro zahlreiche Schriftarten in verschiedenen Größen auswählen können, werden sich für einen Einsatz dieses Befehls nicht viele Anwendungssituationen ergeben.

Mit diesem Befehl können Sie Änderungen an den voreingestellten Werten wieder rückgängig machen.

Rücksetzen

Nachdem Sie Parameter geändert haben und die Änderungen beibehalten wollen, müssen Sie den Befehl **Parameter speichern** wählen. Quattro Pro sichert die zuletzt verwendeten Parameter.

Parameter speichern

Dieser Befehl zeigt sämtliche Einstellungen, die über den Befehl **Parameter speichern** gesichert worden sind, auf dem Bildschirm an.

Werte

Wir haben damit sämtliche **Layout**-Befehle kurz besprochen. Wählen Sie jetzt aus dem geöffneten Menü **Ausdruck** den Befehl **Format**. Quattro Pro bietet die beiden Optionen **Wie dargestellt** und **Formeln** an.

Format

Wenn ein Arbeitsblatt über umfangreiche und komplizierte Formeln verfügt, ist es sinnvoll, diese zu Kontrollzwecken über den Drucker auszugeben. Um dies zu realisieren, müssen Sie an dieser Stelle die Option **Formeln** wählen. Wenn Sie später wieder zur normalen Ausgabe zurückkehren wollen, müssen Sie den Befehl **Format** erneut aufrufen und die Option **Wie dargestellt** wählen.

Exemplare

Mit diesem Befehl geben Sie an, wieviele Kopien gedruckt werden sollen. Der Vorgabewert ist bei jedem Druckvorgang 1.

Papier einstellen

Wählen Sie den Befehl **Papier einstellen**. Es werden die Optionen **Zeilenvorschub**, **Seitenvorschub** und **Anpassen** angezeigt. Mit Hilfe dieser Optionen können Sie das Druckerpapier positionieren; die Option **Zeilenvorschub** transportiert das Papier um eine Zeile, **Seitenvorschub** an den Anfang der nächsten Seite weiter.

Die Option **Anpassen** setzt die aktuelle Zeilenzahl auf 1. Während der Druckausgabe zählt Quattro Pro die gedruckten Zeilen und löst einen Seitenvorschub aus, wenn die über den Befehl **Länge & Ränder** festgelegte Seitenlänge erreicht ist. Wenn Sie zuvor bereits ein Arbeitsblatt ausgedruckt haben, besteht die Möglichkeit, daß der Zeilenzähler bereits einen bestimmten Wert erreicht hat. Durch Wahl der Option **Anpassen** ist sichergestellt, daß der Zeilenzähler wieder auf 1 zurückgesetzt wird, so daß kein vorzeitiger Seitenvorschub erfolgen kann.

Angepaßt drucken

Über diesen Befehl wird der auszudruckende Bereich automatisch verkleinert, so daß auf möglichst wenige Seiten paßt. Die Qualität des Ausdrucks ist insbesondere bei diesem Befehl von der Qualität und der Auflösungskapazität des Druckers abhängig.

Grafik-Druck

Der Befehl **Grafik-Druck** löst das Ausdrucken einer Grafik aus. Mit diesem Befehl werden wir uns im fünften Kapitel bei der Besprechung von Grafiken ausführlich beschäftigen.

4. Festlegen von Schriftarten

Öffnen Sie das Menü **Layout** und wählen Sie den Befehl
Schriftbild. Sie können zwischen 8 Schriftarten auswählen. Wir
wollen an dieser Stelle eine Schriftart verändern. Wählen Sie den
Befehl **Editieren**. Sie werden anschließend gefragt, welche der
acht Schriftarten editiert werden soll. Wählen Sie eine beliebige,
z.B. die dritte, Schriftart aus.

Festlegen kursive Schrift

Sie können zwischen den Optionen **Schriftart**, **Punktgröße**, **Attribute** und **Farbe** wählen. Nehmen wir an, Sie möchten die kursive Schrift einstellen. Wählen Sie den Befehl **Attribute**. Sie
können daraufhin zwischen verschiedenen den Optionen **Fett**,
Kursiv und **Unterstrichen** wählen. Bewegen Sie den Cursor zur
Option **Kursiv** und drücken Sie die RETURN-Taste. Sie schalten
damit die kursive Schrift ein (bzw. aus, wenn sie zuvor einge-
schaltet war). Wählen Sie **Z**, um das Dialogfenster wieder zu
schließen.

Schriftart zuordnen

Als nächstes wollen wir der ersten Zeile unseres Arbeitsblattes
die veränderte Schrift zuordnen. Bewegen Sie den Cursor nach
Feld A1.

```
Geben Sie ein                 Befehl


F3                            Sprung zur Menüzeile
L                             Menü Layout
I                             Schriftbild
3                             3. Schrift
Pfeiltaste rechts             Markieren A1..B1
RETURN-Taste                  Bestätigen Befehl
```

Wir haben den Feldern A1 und B1 die veränderte Schriftart 3 zugewiesen. Änderungen am Bildschirm sind jedoch nicht sichtbar.
Um die Änderungen sehen zu können, müssen Sie entweder das
Arbeitsblatt mit dem Ausgabeziel **Grafik-Drucker** ausdrucken
oder sich das Arbeitsblatt über die **Bildschirm-Voranzeige** anzeigen lassen.

Bildschirm- Voranzeige

Öffnen Sie das Menü **Ausdruck** und wählen Sie den Befehl **Ausgabeziel**. Hier wählen Sie Option **Bildschirm-Voranzeige** und
starten den Druck über die Option **Druck starten**. Das Arbeitsblatt wird in Miniaturformat angezeigt. Drücken Sie das Pluszeichen (+), um das Anzeigebild zu vergrößern. Sie erkennen, daß
die erste Zeile kursiv angezeigt wird.

Nachdem man eine Schriftart zum Editieren ausgewählt hat, können eine neue Schriftart, eine andere Punktgröße sowie verschiedene Attribute, z.B. fett oder kursiv, festgelegt werden. Anschließend können über die Befehlsfolge **Layout - Schriftbild** die Felder festgelegt werden, die in der neuen/veränderten Schriftart ausgedruckt werden sollen.

Neue Schrift-art wählen

Verändern Sie die Schriftart 4. Öffnen Sie dazu das Menü **Layout** und geben Sie den Befehl **Schriftbild** ein. Hier wählen Sie den Befehl **Editieren**. Sie können jetzt die vierte Schriftart auswählen. Wählen Sie **Schriftart** und legen Sie die Schrift **Old English** fest.

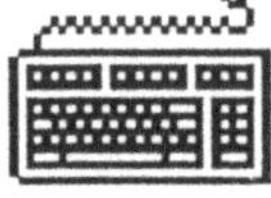

Es sollen den drei Überschriften *Grunddaten*, *Ergebnisse* und *Zeit* die neudefinierte Schriftart 4 zugeordnet werden. Sie müssen dazu den Cursor in die jeweiligen Zeilen bewegen und den Zeilen über die Befehlsfolge **Layout - Schriftbild** die vierte Schriftart zuordnen. Geben Sie schließlich das Arbeitsblatt über die Ausgabeziele **Grafik-Drucker** und **Bildschirm-Voranzeige** aus. Wie gefällt Ihnen die Schriftart **Old English**?

QP-TIPS

Nachdem Sie den Hauptteil des Kapitels bewältigt und sich ein wenig von den "Strapazen" erholt haben, werden wir uns am Ende des Kapitels wieder Befehlen und Funktionen zuwenden, die häufig benötigt werden.

QP-Tips

Weitere Befehle und Funktionen

1.   Die Funktion **@VVERWEIS**

2.   Setzen von Anfangsparametern (2. Teil)

3.   Sprung zum Betriebssystem

1. Die Funktion @VVERWEIS

Nehmen wir an, der Zinssatz läßt sich anhand des Kreditbetrages und der Laufzeit ableiten, und zwar nach folgendem Schema:

```
Kreditbetrag:                        Laufzeit:

10.000 - 19.999 DM: 3,0 %            1 - 3 J. : 3,0 %
20.000 - 39.999 DM: 3,5 %            4 - 5 J. : 3,5 %
40.000 - 59.999 DM: 4,0 %            6 - 7 J. : 4,0 %
60.000 - 80.000 DM: 4,5 %
```

Der Zinssatz ergibt sich durch Addition der Einzelzinssätze, z.B. bei einer Laufzeit von 5 Jahren (3,5 %) und einem Kreditbetrag von 50.000 DM (4,0 %) ergibt sich ein Zins von 7,5 %.

Um Berechnungen dieser Art durchzuführen, bietet Quattro Pro die Tabellenfunktionen **@VVERWEIS** und **@HVERWEIS** an. Hier soll die Funktion **@VVERWEIS** besprochen werden.

Bewegen Sie den Cursor nach Feld A14 und tragen Sie die Zahlen so wie in der Abbildung vorgegeben ein.

Die Funktion

@VVERWEIS(X;Block;Spalte)

gibt anhand eines vorgegebenen Wertes den in **Spalte** stehenden Wert zurück. Bewegen Sie den Cursor nach Feld B18 und tragen Sie folgende Formel ein:

@VVERWEIS(Kreditbetrag;A14..B17;1)

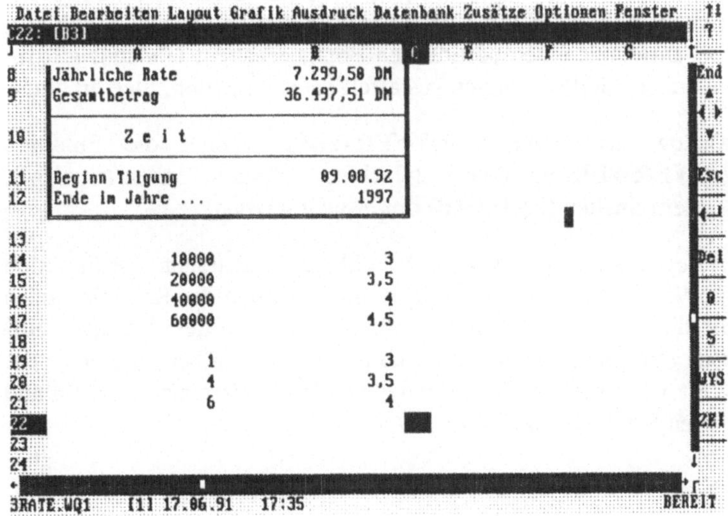

Nun passiert folgendes: Die Funktion durchsucht vertikal die erste Spalte nach dem Kreditbetrag im angegebenen Block A14 bis B17 und gibt den in Spalte B gespeicherten Wert zurück. Wenn Sie für **Spalte** den Wert 0 eingeben, wird der gefundene Wert selbst zurückgegeben.

Bei einem Kreditbetrag von beispielsweise 15.000 DM wird der Wert 3, bei einem Kreditbetrag von 40.000 der Wert 4 zurückgegeben.

Die erste Spalte (Indexspalte) von **Block** enthält die Werte oder Texte, die durchsucht werden. Wenn Quattro Pro eine Übereinstimmung mit **X** findet, bleibt es in dieser Zeile stehen. Wird keine Übereinstimmung gefunden, bleibt es beim Wert stehen, der **X** am nächsten kommt, jedoch nicht größer ist als **X**.

Das letzte Argument teilt mit, wie viele Spalten rechts von der ersten Spalte sich der gesuchte Wert befindet.

Fehler Folgende Angaben führen zu einem Fehler: **Spalte** ist kleiner Null oder größer als die Zahl der Spalten in **Block** oder **X** ist kleiner als der kleinste Wert in der ersten Spalte von **Block**.

Wenn Sie beispielsweise einen Kreditbetrag von 5.000 DM eingeben, entsteht eine Fehlersituation.

Gestaffelte   Wozu kann die Funktion **@VVERWEIS** eingesetzt werden? Viele
Werte   Unternehmen setzen Rabatt- oder Provisionsstaffeln ein, um bestimmte Umsätze oder Provisionshöhen zu honorieren. Beispielsweise könnte ein Kunde, der über 50.000 DM Umsatz erzielt hat, am Jahresende einen bestimmten Bonus erhalten. Gleiches gilt für Vertreter, die Provisionen gestaffelt nach Verkaufszahlen erhalten.

Die Funktion   Analog zur Funktion **@VVERWEIS** arbeitet die Funktion
@HVERWEIS   **@HVERWEIS** mit dem Unterschied, daß nicht Zeilen (vertikal), sondern Spalten (horizontal) durchsucht werden.

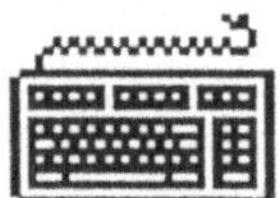

Bewegen Sie den Cursor nach Feld B22 und tragen Sie Funktion **@VVERWEIS** für die Laufzeit ein (am Ende des Kapitels finden Sie die Lösung). Der sich ergebende Wert variiert je nach Laufzeit. Für eine Laufzeit von 5 Jahren ergibt sich beispielsweise der Wert 3,5. Bewegen Sie anschließend den Cursor nach Feld B4 und tragen Sie die Formel

+B18+B22

ein. Fortan wird der Zins nicht mehr eingegeben, sondern ergibt sich aus *Kreditbetrag* und *Laufzeit*. Je höher der Kreditbetrag und je länger die Laufzeit, desto höher wird der Zins.

2. Setzen von Anfangsparametern

Aus Kapitel 1 ist Ihnen bekannt, daß man bestimmten Parametern Ausgangswerte zuordnen kann. Wir haben dies am Beispiel der Spaltenbreite erklärt. Quattro Pro gibt eine Spaltenbreite von 9 Zeichen vor. Wenn Sie mit dieser Voreinstellung nicht zufrieden sind, können Sie einen anderen Wert festlegen.

Im zweiten Kapitel haben Sie ein wenig mit den Bildschirmfarben experimentiert. Sie können Ihren Quattro Pro-Bildschirm farblich individuell gestalten. So besteht beispielsweise die Möglichkeit, Farbänderungen am Menü, an der Umrahmung, an Eingabezellen usw. vorzunehmen.

In diesem Kapitel haben wir Anfangsparameter in bezug auf Währungs-, Interpunktions-, Datums- und Uhrzeitformate gesetzt.

In diesem Abschnitt werden weitere Parameter beschrieben. Sie sollten sich jeweils überlegen, wie Sie die Parameter für Ihre eigenen Zwecke verwenden wollen.

Öffnen Sie das Menü **Optionen** und wählen Sie **Weitere Parameter**. Als erste Option wird **Rückgängig** angezeigt. Wählen Sie diese Option durch Drücken der RETURN-Taste. Stellen Sie **Aktivieren** ein.   *Rückgängig*

Mit **Rückgängig** können Sie den jeweils letzten Arbeitsschritt rückgängig machen. Der Befehl kann über die "schnelle Taste" ALT-F5 aufgerufen werden. Dazu zwei Beispiele:

Bewegen Sie den Cursor nach Feld A10. Dieses Feld speichert den Text "Zeit". Löschen Sie den Feldinhalt durch Drücken der ENTF-Taste (DEL-Taste). Drücken Sie anschließend ALT-F5, um den Löschvorgang wieder rückgängig zu machen.   *1. Beispiel*

2. Beispiel

Wenn das erste Beispiel funktioniert hat, sollten Sie sich vielleicht noch an ein zweites Beispiel wagen: Öffnen Sie das Menü **Datei** und wählen Sie den Befehl **Inhalt löschen**. Für den Fall, daß Sie zuvor Änderungen eingegeben haben, werden Sie gefragt, ob die Änderungen zu verwerfen sind. Wählen Sie Option **Ja**. Sie sehen den leeren Bildschirm vor sich. Drücken Sie jetzt die Tastenkombination ALT-F5. Der letzte Befehl **(Inhalt löschen)** ist wieder rückgängig gemacht.

Änderung speichern

Um die neue Einstellung festzuhalten, müssen Sie das Menü **Optionen** öffnen und den Befehl **Parameter speichern** wählen. Fortan ist die "schnelle Taste" ALT-F5 aktiviert. Durch das Aktivieren von **Rückgängig** wird die Arbeitsgeschwindigkeit von Quattro Pro geringfügig reduziert. Da die Reduzierung jedoch kaum feststellbar ist, sollten Sie den **Rückgängig**-Modus in jedem Fall beibehalten.

Statuszeile

Öffnen Sie das Menü **Optionen** und wählen Sie den Befehl **Weitere Parameter**. Hier wählen Sie den Befehl **Datum/Uhrzeit**. Sie können festlegen, ob Quattro Pro in der Statuszeile Datum und Uhrzeit anzeigen soll. Wenn Sie auf die Angabe verzichten möchten, müssen Sie die Option **Ohne** wählen. Ansonsten können Sie zwischen der Standardangabe und dem über den Befehl **International** festgelegten Format wählen.

Formate

Öffnen Sie das Menü **Optionen** und wählen Sie den Befehl **Formate**. Sie erhalten die Optionen **Darstellungsformat, Ausrichtung, Nullen verbergen** und **Spaltenbreite** angezeigt.

Nullen verbergen

Als Darstellungsformat ist **Allgemein** voreingestellt. Sie können hier ein beliebiges Format eingeben, z.B. **Fest, Währung, Separator**. Unter **Ausrichtung** legen Sie fest, ob Eingaben normalerweise zentriert, bzw. links- oder rechtsbündig ausgerichtet werden sollen. Wir wollen den Befehl **Nullen verbergen** ausprobieren. Wählen Sie den Befehl und setzen Sie die Option **Ja**. Schließen Sie durch Drücken der ESCAPE-Taste sämtliche Menüs. Bewegen Sie den Cursor nach Feld E1 und tragen Sie eine Null ein. Die Null wird nicht angezeigt.

Wozu ist das gut? Stellen Sie sich vor, Sie müßten für ein Jahr bestimmte Monatswerte in Ihr Arbeitsblatt eingeben. Die Formeln (z.B. Zwischensummen) sind bereits für das gesamte Arbeitsblatt eingetragen. Werte sind jedoch nur bis zum aktuellen Monat eingetragen, so daß für die weiteren Monate in den Feldern, die Formeln enthalten, Nullen angezeigt werden. Durch den soeben gesetzten Modus **Nullen verbergen** wird die Anzeige der Nullen unterdrückt.

Öffnen Sie das Menü **Optionen** und wählen Sie den Befehl **Neuberechnung**. Hier können Sie festlegen, wann Quattro Pro Ihr Arbeitsblatt neu berechnet.   *Neuberechnung*

Nach jeder Änderung im Arbeitsblatt werden grundsätzlich sämtliche Formeln neu durchkalkuliert. Bei umfangreicheren Arbeitsblättern wird dadurch die Arbeitsgeschwindigkeit reduziert. Nachdem Sie den Befehl **Neuberechnen** aktiviert haben, wählen Sie den Befehl **Modus**: Es gibt drei Möglichkeiten für die Neuberechnung von Arbeitsblättern:

Im Modus **Manuell** führt Quattro Pro nach Eingaben in das Arbeitsblatt keine Neuberechnungen durch. Sie können Neuberechnungen selbst durch Drücken der Funktionstaste F9 veranlassen. Bei umfangreicheren Arbeitsblättern können Sie dadurch während der Dateneingabe Zeit sparen.   *F9*

Im Modus **Hintergrund** werden Formeln während der Eingabe berechnet. Dies kann zu Verzögerungen führen, wenn das Arbeitsblatt umfangreiche Formeln enthält.

Im Modus **Automatisch** wird das Arbeitsblatt nach jeweils einer Feldeingabe neu berechnet. Weitere Eingaben können bei laufender Berechnung nicht erfolgen.

Zu empfehlen ist der von Quattro Pro vorgegebene Modus **Hintergrund**. Wenn das Arbeitsblatt größer wird und umfangreichere Formeln enthält, sollten Sie sich überlegen, den Modus **Manuell** zu wählen. Neuberechnungen des Arbeitsblattes erfolgen dann nur noch, wenn Sie die Funktionstaste F9 betätigen.

Nur das aktuelle Feld wird unabhängig vom Modus nach erfolgter Eingabe oder Änderung immer neu berechnet.   *Ausnahme*

Quattro Pro speichert diesen Parameter nur im Zusammenhang mit dem Arbeitsblatt. Wenn Sie ein anderes Arbeitsblatt aufrufen, wird der zuletzt im Zusammenhang mit diesem Arbeitsblatt benutzte Modus aktiviert.

Verzeichnis

Normalerweise liest Quattro Pro die Arbeitsblattdateien aus dem aktuellen Quattro Pro-Verzeichnis Ihrer Festplatte. Sie können dieses Verzeichnis über die Befehlsfolge **Optionen - Anfangsparameter - Verzeichnis** ändern.

Wenn Sie ein neues Verzeichnis festgelegt haben, sucht Quattro Pro die Arbeitsblätter in diesem und nicht mehr im Quattro Pro-Verzeichnis. Das Definieren eines neuen Verzeichnisses ist zu empfehlen, wenn Sie Ihre Festplatte besser organisieren wollen. Im Quattro Pro-Verzeichnis befinden sich die Systemdateien und in einem anderen Verzeichnis die Daten.

Temporäres Verzeichnis

Wenn Sie für eine bestimmte Arbeit nicht mit dem voreingestellten Verzeichnis arbeiten wollen, können Sie mit Hilfe der Befehlsfolge **Datei - Verzeichnis** kurzfristig ein anderes Verzeichnis festlegen. Wenn Sie Quattro Pro verlassen und später wieder starten, wird erneut das über **Optionen - Anfangsparameter** festgelegte Verzeichnis benutzt.

3. Sprung zur Betriebssystemebene

Sie können zwischendurch Quattro Pro verlassen und zur Betriebssystemebene springen. Wählen Sie die Befehlsfolge **Datei - Hilfsprogramme - Betriebssystem**. Sie können jetzt entweder einen DOS-Befehl eingeben oder durch Drücken der RETURN-Taste in das Betriebssystem springen.

Sie können jetzt beliebige DOS-Befehle eingeben. Durch Eingabe von EXIT gelangen Sie zurück nach Quattro Pro.

Das vierte Kapitel

Im dritten Kapitel haben Sie die Befehle für die optische Aufbereitung und für das Ausdrucken von Arbeitsblättern kennengelernt.

Wenn die Anwendungen umfangreicher und komplexer werden, reicht mitunter ein Arbeitsblatt nicht mehr aus, um sämtliche Daten in vernünftiger Weise erfassen und speichern zu können.

Im vierten Kapitel werden wir uns mit den Befehlen beschäftigen, die das Arbeiten mit mehreren Arbeitsblättern ermöglichen. Insbesondere werden Sie erfahren, wie man Daten zwischen einzelnen Arbeitsblättern austauschen kann.

@VVERWEIS(Laufzeit;A19..B21;1)

4. Arbeiten mit mehreren Arbeitsblättern

Stellen Sie sich vor, Sie müssen Daten, die bereits in verschiedenen Arbeitsblättern gespeichert sind, für eine Sonderauswertung in einem weiteren Arbeitsblatt zusammenfassen. Quattro Pro bietet verschiedene Möglichkeiten, mehrere Arbeitsblätter miteinander zu verknüpfen und Daten zwischen den einzelnen Arbeitsblättern auszutauschen.

Was wird im vierten Kapitel besprochen?

Das 4. Kapitel

1. Bewegen zwischen geladenen Arbeitsblättern

2. Austausch von Daten über Formeln

3. Logische Operatoren

4. Logische Funktionen

5. Mathematische Funktionen

6. Dateischutz durch Paßworteingabe

Ein vorsichtiger Einstieg

Starten Sie Quattro Pro. Sie haben den leeren Bildschirm vor sich. In der Statuszeile (linker unterer Bildschirmrand) sehen Sie den aktuellen Dateinamen: BLATT1.WQ1. Rechts daneben sehen Sie die Angabe

[1].

Diese besagt, daß wir momentan das erste Arbeitsblatt bearbeiten.

Wir wollen als nächstes das in Kapitel 1 erstellte Arbeitsblatt 1AUTO.WQ1 laden. Öffnen Sie das Menü **Datei** und wählen Sie den Befehl **Öffnen**. Entweder geben Sie den Dateinamen ein oder Sie bewegen den Cursor auf den Dateinamen und drücken die RETURN-Taste.

Nachdem Sie die RETURN-Taste gedrückt haben, lädt Quattro Pro das in der Datei 1AUTO.WQ1 gespeicherte Arbeitsblatt. In der Statuszeile sehen Sie den Dateinamen 1AUTO.WQ1 sowie die aktuelle Arbeitsblattnummer [2].

Fenster wählen
ALT-0

Es sind damit 2 Arbeitsblätter in den Hauptspeicher geladen worden. Drücken Sie die Tastenkombination ALT-0 (ALT-Null). Sie werden gefragt, ob Sie nach 1AUTO.WQ1 oder nach BLATT1.WQ1 springen wollen. Bewegen Sie den Cursor nach BLATT1.WQ1 und drücken Sie die RETURN-Taste. Sie sehen wieder den leeren Bildschirm von BLATT1.WQ1 vor sich.

Die "schnelle Taste" ALT-0 entspricht der Befehlsfolge **Fenster - Fenster wählen**. Da das Arbeiten mit "schnellen Tasten" eleganter ist, werden wir - soweit möglich - auf das umständlichere Verfahren der "normalen Befehlseingabe" verzichten.

ALT-Zahl

Wenn Sie darüber informiert sind, welches Arbeitsblatt welcher Nummer zugeordnet ist, können Sie durch einfaches Drücken von *ALT-Zahl* zu diesem Arbeitsblatt springen. Wenn Sie momentan mit dem ersten Arbeitsblatt arbeiten, drücken Sie ALT-2 (ansonsten ALT-1). Sie springen in das jeweils andere Arbeitsblatt.

Laden Sie jetzt ein drittes Arbeitsblatt. Geben Sie die Befehlsfolge **Datei - Öffnen** ein und laden Sie das in Kapitel 2 erstellte Arbeitsblatt 2HAUS.WQ1. Damit haben Sie 3 Dateien in den Arbeitsspeicher Ihres PC's geladen.

Laden Sie schließlich die im dritten Kapitel erstellte Datei 3RATE. Öffnen Sie das Menü **Datei** und wählen Sie den Befehl **Öffnen**. Wählen Sie 3RATE.WQ1 aus, und drücken Sie die RETURN-Taste. Damit sind 4 Dateien im Arbeitsspeicher geladen.

Workspace

Nehmen wir an, daß die geladenen Dateien inhaltlich zusammengehören, und Sie nicht jedesmal die Dateien einzeln laden wollen. Quattro Pro bietet als Lösung das Festlegen einer Arbeitsfläche an (Workspace).

Zuvor sollten wir jedoch unserem "Arbeitsblatt" BLATT1.WQ1 einen vernünftigen Namen geben. Wechseln Sie nach BLATT1.WQ1. Sie sehen den leeren Bildschirm vor sich. Drücken Sie STRG-s. Dadurch leiten Sie den Befehl **Datei - Speichern** ein. Geben Sie den Namen 4GELD ein und drücken Sie die RETURN-Taste. Sie haben damit die Arbeitsblätter 1AUTO, 2HAUS, 3RATE und 4GELD geladen.

Diese 4 Dateien sollen unter einer Arbeitsfläche gespeichert werden. Öffnen Sie das Menü **Datei** und wählen Sie den Befehl **Zustand**. Sie erhalten die Optionen **Speichern** und **Wiederherstellen** angezeigt. Drücken Sie die Funktionstaste F1, um zu diesem Befehl Hilfsinformationen zu erhalten.

*Der Befehl
Datei - Zustand*

```
┌Arbeitsflächen speichern und wiederherstellen──────────────────┐
│                                                                │
│   Zustand │ Die Anordnung von Fenstern und Dateien in Quattro Pro wird
│   ────────┘   auch Arbeitsfläche genannt. Dazu gehören die Position und
│   Größe aller Fenster sowie die in jedem Fenster geladenen Dateien. Diese
│   Kombination kann in einer Datei gespeichert werden.          │
│                                                                │
│   Um eine Arbeitsfläche zu speichern, wählen Sie /Datei Zustand und ge-
│   ben dann einen Dateinamen an. Quattro Pro speichert danach die Anordnung
│   aller geöffneten Fenster und die jeweils in diesen Fenstern geladenen
│   Dateien ab. (Daten in den Fenstern werden jedoch nicht gesichert, des-
│   halb sollten Sie zuvor /Datei Speichern o. Speichern Unter verwenden).
│                            ■                                   │
│   Eine gespeicherte Arbeitsfläche kann mit /Datei Zustand Wiederherstellen
│   geladen werden. Wählen Sie einen Dateinamen aus der Dateiliste, danach
│   lädt Quattro Pro die in dieser Datei gespeicherten Arbeitsfläche.
│                                                                │
│   Sie können Quattro Pro auch zusammen mit einer Arbeitsfläche von der Kom-
│   mandozeile aus laden, indem Sie Q und den Dateinamen angeben (Q MÄRZ).
│                                                                │
│   Menü-Befehle                                 Dateien speichern│
│   Datei-Befehle                                                │
└────────────────────────────────────────────────────────────────┘
Aktuelle Anordnung von Fenstern und Dateien speichern           HILFE
```

Die Anordnung mehrerer Arbeitsblätter kann unter einer Arbeitsfläche gespeichert werden. Sie geben den Namen der Arbeitsfläche ein und Quattro Pro legt eine Datei mit den Informationen an, welche Arbeitsblätter zur Arbeitsfläche gehören.

Probieren Sie es aus! Schließen Sie das Hilfefenster und wählen Sie die Option **Speichern**. Sie werden nach dem Namen der Arbeitsfläche gefragt. Geben Sie den Namen 4FENSTER ein und drücken Sie die RETURN-Taste.

*Speichern einer
Arbeitsfläche*

Laden der
Arbeitsfläche

Arbeitsflächen erhalten die Erweiterung WSP (Workspace). Verlassen Sie Quattro Pro durch Drücken von STRG-x. Bestätigen Sie gegebenenfalls den Hinweis mit **Ja**, wenn Sie eine Datei zuvor speichern wollen. Sie befinden sich auf Betriebssystemebene. Starten Sie Quattro Pro. Öffnen Sie anschließend das Menü **Datei** und wählen Sie den Befehl **Zustand**. Hier wählen Sie die Option **Wiederherstellen**. Geben Sie den Namen 4FENSTER.WSP ein. Quattro Pro lädt daraufhin die zuvor unter dieser Arbeitsfläche gespeicherten Arbeitsblätter.

Was haben wir bisher gemacht? Wir haben mehrere Arbeitsblätter in den Arbeitsspeicher unseres PC's geladen. Sie haben erfahren, wie Sie zwischen den einzelnen Arbeitsblättern hin- und herschalten können. Weiterhin haben Sie den Befehl kennengelernt, der die geladenen Arbeitsblätter unter einem Namen zusammenfaßt. Zuletzt haben wir über die Befehlsfolge **Datei - Zustand - Wiederherstellen** die Arbeitsfläche wieder aufgerufen.

Die Übung

Auch in diesem Kapitel sollen die Quattro Pro-Befehle nicht über einen "Trockenkurs" vermittelt werden, sondern im Rahmen einer Übung. Nehmen wir an, Ihr Nachbar - Herr Kohl - erwägt den Kauf einer Eigentumswohnung als Renditeobjekt, ist aber nicht sicher, ob er die zusätzliche Kostenbelastung tragen kann. Sie bieten an, Ihm eine vereinfachte Berechnung in Form eines Arbeitsblattes vorzustellen.

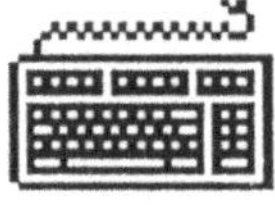

Die nächste Abbildung zeigt das vollständige Arbeitsblatt. Geben Sie das Arbeitsblatt wie vorgegeben ein. Die Texte sind weitgehend zentriert auszurichten, den Zahlen ist bis auf die Felder *Zins* und *Steuer* das Währungsformat mit 2 Dezimalstellen zuzuordnen. Spalte A soll eine Breite von 32 Zeichen, Spalte B von 18 Zeichen und Spalte C von 3 Zeichen erhalten (die Formeln werden wir später ausführlich behandeln).

```
 Datei Bearbeiten Layout Grafik Ausdruck Datenbank Zusätze Optionen Fenster   ↑↓
 C14: [B3]                                                                     ↑ ?
 J              A                        B              C    D        E        ↑───
                                                                              End
 1          Kauf Renditeobjekt - ja oder nein                                  ▲
                                                                              ◄ ►
 2              O b j e k t d a t e n                                          ▼

 3          Anschaffungskosten            140.000,00 DM       Anschaffung     Esc
 4          Darlehenszins (Prozent)               9,17        Zins
 5          Mieteinnahmen / Jahr           8.400,00 DM        Miete           ◄─┘
 6          Steuersatz in Prozent                   30        Steuer
 7          Netto-Gehalt / Monat           3.050,00 DM        Netto           Del
 8          Monatl. Rate bei 1% Tilgung    1.186,50 DM        Rate
 9          Monatl. Steuereffekt             180,95 DM        Effekt           0
 10         Monatliche Kosten                305,55 DM        Monat
                                                                               5
 11           W e i t e r e   K o s t e n
                                                                              UYS
 12        Hausverwaltung + Kleinkredit      806,72 DM                        
 13                     Auto                 267,73 DM                        ZEI
 14        Netto-Gehalt - Gesamtkosten     1.669,99 DM                        
                                                                               ↓
 GELD.WQ1    [5] 18.06.91    16:48                                      BEREIT
```

Die Felder B3 bis B10 sollen über Bezeichnungen angesprochen
werden. Dazu müssen Sie den einzelnen Feldern über die Befehlsfolge **Bearbeiten - Namen - Block benennen** einen Namen
zuweisen. Die jeweiligen Namen sind rechts neben den Feldern
in Spalte D aufgeführt. Feld B3 soll beispielsweise den Namen
Anschaffung, Feld B4 den Namen *Zins* usw. erhalten.

*Feld-
bezeichnungen*

Wenn Ihnen hierbei ein Fehler unterläuft, können die Formeln,
die später eingegeben werden, nicht funktionieren. Bevor Sie mit
der Formeleingabe beginnen, sollten Sie kontrollieren, ob Sie die
Feldbezeichnungen korrekt vergeben haben. Sie können dazu
beispielsweise die Funktionstaste F5 drücken (Sprungbefehl) und
die jeweiligen Feldbezeichnungen eingeben. Wenn der Cursor in
das vorgesehene Feld springt, wurde die Feldbezeichnung korrekt eingegeben.

Kontrolle

Nachdem Sie die Spaltenbreiten festgelegt, die Texte und Zahlen
eingegeben und formatiert, die Namen vergeben und die Linien
gezeichnet haben, können wir uns jetzt der Formeleingabe zuwenden.

Formeleingabe

Bewegen Sie den Cursor nach Feld B8. Dieses Feld soll die monatliche Rate bei Berücksichtigung von 1% Tilgung speichern. Geben Sie folgende Formel ein:

(Anschaffung(Zins+1)/100)/12*

Monatliche Rate

Die Anschaffungskosten werden mit dem um 1 Prozent erhöhten Darlehenszins multipliziert: (Zins+1)/100. Die Division durch 12 ist deshalb erforderlich, weil wir die monatliche Rate ermitteln wollen.

Interessant für Ihren Nachbarn ist der Betrag, den er letztendlich beim Finanzamt steuermindernd angeben kann. Folgende Komponenten sind zu berücksichtigen:

Steuereffekt

Zwei Prozent Abschreibungen (auf die Anschaffungskosten), die Schuldzinsen und die Miete. Während die Abschreibungen und die Schuldzinsen steuermindernd wirken, stellen die Mieten zusätzliche Einnahmen dar und müssen versteuert werden.

Bewegen Sie den Cursor nach Feld B9 und tragen Sie die Formel

```
(Anschaffung*0,02+Anschaffung*Zins/100-Miete)*Steuer/1200
```

ein. *Anschaffung*0,02* ermittelt den jährlichen Abschreibungsbetrag, *Anschaffung*Zins/100* die zu zahlenden Zinsen und *Miete* enthält die anfallenden Mieten. Der sich ergebende Betrag kann beim Finanzamt als steuermindernd angegeben werden.

Erstattung

Welchen Betrag erhält Herr Kohl daraufhin vom Finanzamt erstattet? Entscheidend ist dabei der durchschnittliche Steuersatz, der vom Gehalt und der Steuerklasse abhängt. Je höher der Steuersatz, d.h. je mehr Steuern gezahlt worden sind, desto höher ist der Steuereffekt. Wir haben in unserem Beispiel für Herrn Kohl einen Steuersatz von 30 Prozent unterstellt. Der steuermindernde Betrag muß mit 30 Prozent (d.h. 30/100) multipliziert werden. Um den monatlichen Betrag zu ermitteln, muß darüber hinaus der Wert durch 12 dividiert werden (Steuer/1200).

Monatliche Kosten

Bewegen Sie den Cursor nach Feld B10 und tragen Sie die Formel für die monatlichen Kosten ein:

+RATE-MIETE/12-EFFEKT

Der monatlichen Rate müssen die monatliche Miete (Miete/12) und der Steuereffekt gegenübergestellt werden. Der sich ergebende Wert stellt die Kosten dar, die für Ihren Nachbarn nach Kauf der Eigentumswohnung monatlich anfallen.

In den vorherigen Kapiteln haben wir uns bereits mit verschiedenen Kostenfaktoren beschäftigt: das Auto (ob Diesel oder Benziner) verursacht Kosten, ebenso die Hausverwaltung und der Kleinkredit.

Um diese Werte nicht jedesmal den anderen Arbeitsblättern "manuell" entnehmen zu müssen, bietet Quattro Pro die Möglichkeit, über einen entsprechenden Formelverweis direkt auf die anderen Arbeitsblätter zuzugreifen und die Werte dem aktuellen Arbeitsblatt zur Verfügung zu stellen.

Die erste Verknüpfung

Bewegen Sie den Cursor nach Feld B12 und tragen Sie folgende Formel ein (Erklärungen folgen später):

+[2haus]e16+[2haus]e19/12+[3rate]rate

Wir unterstellen, daß die benötigten Werte in den Feldern E16, E19 und *Rate* gespeichert sind. Beachten Sie, daß Sie eckige Klammern verwenden müssen. Quattro Pro übernimmt unmittelbar die in den Feldern E16 und E19 gespeicherten Werte von 2HAUS.WQ1 sowie den unter der Feldbezeichnung *Rate* gespeicherten Wert aus 3RATE.WQ1 in unser Arbeitsblatt und ermittelt im gleichen Schritt die Summe aus diesen drei Werten. Für den Fall, daß *Rate* in 3RATE.WQ1 nicht definiert ist, entsteht allerdings eine Fehlersituation.

Hausverwaltung und Rate

Die Kosten für das Auto hängen davon ab, ob man sich für ein Benzin- oder Diesel-KFZ entschieden hat. Wir unterstellen, daß das Auto mit den geringeren Kosten gekauft wird. Da wir nicht genau wissen, welche Fahrzeugart günstiger ist, müssen wir die Übernahme der Kosten mit Hilfe der **WENN**-Funktion durchführen.

Fahrtkosten

Schalten Sie zum Arbeitsblatt 1AUTO.WQ1. Prüfen Sie, welche Felder die Summe der Kosten speichern. Wir unterstellen bei der nächsten Formel, daß die Werte in den Feldern D16 (Summe Diesel) und E16 (Summe Benzin) gespeichert sind. Wenn die Werte in Ihrem Arbeitsblatt in anderen Feldern gespeichert sind, müssen Sie anstelle der Felder D16 und E16 Ihre Felder in der nächsten Formel einsetzen.

Springen Sie zurück nach 4GELD und bewegen Sie den Cursor nach Feld B13. Tragen Sie die Formel

```
@WENN([1AUTO]D16>[1AUTO]E16;[1AUTO]E16/12;[1AUTO]D16/12)
```

ein. Die **WENN**-Funktion prüft zunächst, ob der im Arbeitsblatt 1AUTO.WQ1 gespeicherte Wert in Feld D16 größer ist als der Wert in Feld E16. Anschließend wird der günstigere Wert übernommen und durch 12 dividiert, um die monatlich anfallenden Kosten zu ermitteln.

Schließlich müssen Sie noch die Formel für Feld B14 eingeben:

+NETTO-MONAT-B12-B13

Der in Feld B14 ermittelte Wert stellt den Geldbetrag dar, der Ihrem Nachbarn nach Berücksichtigung der im Arbeitsblatt aufgeführten Kostenfaktoren "zum Leben" bleibt. Dieser Betrag sollte Grundlage seiner Entscheidung sein, ob er das Renditeobjekt kaufen soll oder nicht.

Wozu Verknüpfungen?

Vorteile

Sie können die Eingabe von Informationen auf ein Minimum reduzieren. Da die Ausgangsformeln automatisch aktualisiert werden, können Sie sicher sein, daß sämtliche Daten immer auf dem neuesten Stand sind.

Anstatt mit einem großen und unübersichtlichen Arbeitsblatt zu arbeiten, lassen sich Informationen auf mehrere Blätter sinnvoll verteilen und später auf einfache Art zusammenfassen.

Für den Fall, daß Ihre Hauptspeicherkapazität zu einem Engpaß wird und für ein großes Arbeitsblatt nicht ausreicht, können Sie Verknüpfungen zu nicht geladenen Arbeitsblättern herstellen und damit den Hauptspeicher entlasten.

Formalismus

Der einzige Unterschied zwischen einer Verknüpfung von Arbeitsblättern und einer "normalen" Formel besteht darin, daß in der Verknüpfung auch der Name eines Arbeitsblattes in eckigen Klammern aufgeführt wird. Der Name des Arbeitsblattes kann aus maximal vier Komponenten bestehen, z.B.:

[D:\DATEN\1AUTO.WQ1]

Zunächst wird der Laufwerksbuchstabe aufgeführt (z.B. D:). Es folgen das Verzeichnis (z.B. \DATEN\), in dem das Arbeitsblatt gespeichert ist sowie der Dateiname (z.B. 1AUTO) und die Dateinamenerweiterung (z.B. WQ1). In vielen Fällen reicht die Angabe des Dateinamens aus, z.B.:

[1AUTO]

Der Verweis auf die zu extrahierenden Felder kann über die Angabe von Feldbereichen (z.B. Feld D16) oder durch Feldbezeichnungen (z.B. *Rate*) erreicht werden. Verknüpfungen können auch als Argumente innerhalb von Tabellenfunktionen verwendet werden, wie das letzte Beispiel mit der **WENN**-Funktion gezeigt hat.

Problematischer ist es, wenn Sie Verknüpfungen zu allen geöffneten Dateien herstellen möchten. Mit dem 3D-Verknüpfungs-Code (*) anstelle eines Dateinamens verweisen Sie auf die entsprechenden Werte in allen Arbeitsblättern. So addiert beispielsweise die Anweisung   *3D-Verknüpfung*

@SUMME([*]D16)

aus sämtlichen geöffneten Arbeitsblättern die in Feld D16 gespeicherten Werte. Der Einsatz von 3D-Verknüpfungen sollte nur nach sorgfältiger vorheriger Planung erfolgen. Sie müssen einerseits sicherstellen, daß Feld D16 in allen Blättern die gleiche Bedeutung hat und andererseits ist zu gewährleisten, daß nur die relevanten Arbeitsblätter geöffnet sind.

Laden eines verknüpften Arbeitsblattes

Sichern Sie das Arbeitsblatt (STRG-s) und verlassen Sie Quattro Pro (STRG-x). Rufen Sie anschließend Quattro Pro durch

Q 4GELD

auf. Bevor Sie Ihre Arbeit beginnen können, werden Sie gefragt:

Verknüpfte Dateien öffnen

Bezüge aktualisieren

Nicht aktualisieren

Öffnen der
Dateien

Die erste Option lädt automatisch alle unterstützenden Arbeitsblätter, in unserem Fall die Arbeitsblätter 1AUTO, 2HAUS und 3RATE. Falls eines der Arbeitsblätter Verweise auf weitere Arbeitsblätter enthält, werden auch diese geladen.

Bezüge
aktualisieren

Mit **Bezüge aktualisieren** können Sie auf nicht geladene Arbeitsblätter zugreifen. Dieser Vorgang benötigt weniger Hauptspeicherplatz als das Laden von Arbeitsblättern. Wenn Sie diese Option gewählt haben und später dennoch ein Arbeitsblatt laden möchten, können Sie dazu die Befehlsfolge **Zusätze - Verknüpfungen - Öffnen** verwenden.

Bezüge nicht
aktualisieren

Die Option **Nicht aktualisieren** ersetzt die Verknüpfung mit nicht geladenen Arbeitsblättern durch den Wert NV (Nicht verfügbar). Man spart dadurch die Zeit, die der PC für das Aktualisieren der Verknüpfungen benötigt. Wenn Sie später die Verknüpfungen aktualisieren möchten, können Sie die Befehlsfolge **Zusätze - Verknüpfungen - Aktualisieren** verwenden.

Sie sollten auf die Wahl dieser Option verzichten. Der Zeitverlust, der durch das Aktualisieren der Verknüpfungen entsteht, ist so gering, daß man den Nachteil, nicht aktualisierte Werte im Arbeitsblatt zu haben, nicht in Kauf nehmen sollte.

Sie sollten sich merken, daß man auf einfache Art auf Daten eines anderen Arbeitsblattes zugreifen kann. Sie müssen dazu lediglich den Dateinamen in eckigen Klammern vor der jeweiligen Feldangabe plazieren. Sie können Daten eines anderen Arbeitsblattes innerhalb von Formeln oder Tabellenfunktionen verwenden, wobei Feldangaben (z.B. Feld D16) und Feldbezeichnungen verwendet werden dürfen.

Wenn Sie die unterstützenden Arbeitsblätter nicht laden möchten, können Sie zu Beginn festlegen, daß die Bezüge aktualisiert werden. Für den Fall, daß die Arbeitsblätter geladen sind, werden Änderungen automatisch in allen verknüpften Arbeitsblättern übernommen.

QP-TIPS

Dadurch, daß das Hauptthema dieses Kapitels - Verknüpfen von Arbeitsblättern - mit relativ wenig Aufwand abgewickelt werden konnte, besteht die Möglichkeit, den **QP-Tips** einen größeren Platz einzuräumen. Sie werden auch in diesem Kapitel eine Reihe nützlicher Befehle und Funktionen kennenlernen, die Ihnen weitere Möglichkeiten bei der Gestaltung eigener Arbeitsblätter eröffnen werden.

QP-Tips

Weitere Befehle und Funktionen

1.   Operatoren

2.   Die Befehle des Menüs **Bearbeiten**

3.   Logische Funktionen

4.   Mathematische Funktionen

5.   Paßworteingabe

1. Operatoren

Schließen Sie sämtliche Arbeitsblätter, so daß Sie den leeren Quattro Pro-Bildschirm vor sich haben.

Es gibt drei Arten von Operatoren: arithmetische Operatoren, Vergleichsoperatoren und logische Operatoren.

Arithmetische Operatoren sind uns im bisherigen Verlauf dieses Buches des öfteren begegnet, z.B. Plus (+), Minus (-), Multiplikation (*), Division (/) und Potenzierung (^). Diese Operatoren bedürfen keiner zusätzlichen Erklärung.

Arithmetische Operatoren

Ebenso haben wir bereits Erfahrungen mit Vergleichsoperatoren gesammelt, z.B. Gleich (=), Kleiner gleich (<=), Ungleich (<>), Kleiner (<), Größer (>) oder Größer gleich (>=). Wir haben einige dieser Operatoren innerhalb von **WENN**-Funktionen eingesetzt, um zwei Werte vergleichen zu können. Da die Einsatzmöglichkeiten dieser Operatoren klar sind, erübrigen sich an dieser Stelle weitere Erklärungen.

Vergleichsoperatoren

Logische   Der Einsatz der logischen Operatoren #UND#, #ODER# und
Operatoren   #NICHT# kann einfach, aber auch sehr komplex sein. Da der ge-
                 zielte Einsatz logischer Operatoren hilft, die Gestaltung von Ar-
                 beitsblättern überaus variabel zu gestalten, wollen wir uns mit die-
                 sen Operatoren ausführlich befassen.

Einige   Im ersten Schritt unserer Untersuchung wollen wir uns einige klei-
Beispiele   nere Beispiele ansehen. Sie haben immer noch den leeren Bild-
                 schirm vor sich. Tragen Sie in das Feld A1 den Wert 2, in das
                 Feld B1 den Wert 10 und in das Feld C1 den Wert 15 ein. Bewe-
                 gen Sie den Cursor anschließend nach Feld A2 und geben Sie fol-
                 gende Formel ein:

@WENN(A1<4#UND#B1<=A1;"Wahr";"Falsch")

Logisches Und   Die **WENN**-Funktion fragt zwei Bedingungen ab: (1) Ist der in
                 Feld A1 gespeicherte Wert kleiner 4 **und** (2) ist der in Feld B1 ge-
                 speicherte Wert kleiner gleich dem in Feld A1 gespeicherten Wert.
                 Wenn beide Bedingungen erfüllt sind, gibt die **WENN**-Funktion
                 "Wahr" zurück, ansonsten "Falsch". Nachdem Sie die Formel ein-
                 gegeben haben, wird der Wert "Falsch" zurückgegeben, da die
                 zweite Bedingung nicht erfüllt ist.

                 Der logische Ausdruck

#UND# (LISTE)

                 ergibt "Wahr", wenn *alle* in LISTE angeführten Werte "Wahr"
                 sind. Im Gegensatz dazu ergibt der logische Ausdruck

#ODER# (LISTE)

Logisches   "wahr", wenn mindestens einer der Werte in der Liste "Wahr" ist.
Oder   Probieren wir es aus! Bewegen Sie den Cursor nach Feld A3 und
                 geben Sie die Formel

@WENN(A1<4#ODER#B1<=A1;"Wahr";"Falsch")

                 ein. Sie stellen fest, daß hier der Wert "Wahr" zurückgegeben
                 wird. Als nächstes wollen wir eine etwas komplexere Formel ein-
                 geben. Die **WENN**-Funktion soll folgendes abfragen:

(1) Feld A1 < 10   und   Feld B1 < 100

(2) Feld C1 < 10

Wenn eine der Bedingungen erfüllt ist, soll der Wert "Wahr" zurückgegeben werden. Bewegen Sie den Cursor nach Feld A4 und tragen Sie folgende Formel ein:

```
@WENN((A1<10#UND#B1<100)#ODER#C1<10;"Wahr";"Falsch")
```

Es ergibt sich der Wert "Wahr", weil die erste Bedingung

A1 < 10 UND B1 < 100

erfüllt ist. Bei der Formulierung umfangreicherer logischer Ausdrücke sollten Sie Klammern verwenden, um die einzelnen Teile besser voneinander trennen zu können. In obiger Formel gehören die beiden durch #UND# verbundenen Ausdrücke zusammen, also haben wir beide in Klammern gesetzt.

Mit Hilfe des Operators #NICHT# können Sie einen logischen Wert von "Wahr" nach "Falsch" (und umgekehrt) verändern. Dazu ein Beispiel. Bewegen Sie den Cursor nach Feld A5 und geben Sie die Formel

@WENN(#NICHT#(A1<10);"Wahr";"Falsch")

Bevor Sie die RETURN-Taste drücken, überlegen Sie bitte, ob sich "Wahr" oder "Falsch" ergibt. Drücken Sie die RETURN-Taste. War Ihre Vermutung richtig? Wenn der in Feld A1 gespeicherte Wert kleiner 10 ist, ergibt sich für Feld A5 der Wert "Falsch".

Logisches Nicht

Feld A1 speichert weiterhin den Wert 2, Feld B1 den Wert 10 und Feld C1 den Wert 15. Bewegen Sie den Cursor nach Feld A6 und tragen Sie die folgende Formel ein. Versuchen Sie wieder, bevor Sie die Formeleingabe durch Drücken der RETURN-Taste bestätigen, selbst zu klären, welcher der Werte "Wahr" oder "Falsch" sich ergeben wird. Wenn Sie den richtigen Wert ermittelt haben, dürften Sie das Arbeiten mit logischen Operatoren verstanden haben!

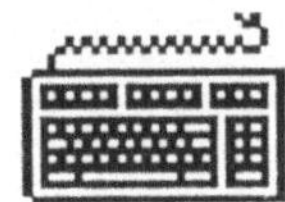

@WENN(A1 > = 2#UND#(#NICHT#(B1 > 11#ODER#C1 < 14));
"Wahr";"Falsch")

Haben Sie den richtigen Wert ermittelt? Herzlichen Glückwunsch! Falls Sie sich im Umgang mit logischen Operatoren noch nicht sicher fühlen, wird Ihnen das nächste Beispiel den Einsatz der Operatoren innerhalb einer Anwendung noch einmal verdeutlichen.

Eine Anwendung

Löschen Sie über die Befehlsfolge **Datei - Inhalt löschen - Ja** den Bildschirminhalt. Sie sehen wieder den leeren Bildschirm vor sich. Das Arbeiten mit logischen Operatoren mag Ihnen im ersten Augenblick etwas theoretisch erscheinen, es gibt jedoch zahlreiche Möglichkeiten, diese Operatoren sinnvoll einzusetzen.

Das nächste Beispiel stellt einen Auszug aus einer größeren Anwendung dar. Diese Anwendung befaßt sich mit der Tilgung eines Darlehens. Mit Hilfe logischer Operatoren soll ermittelt werden, ob für ein bestimmtes Jahr das Ende der Tilgungszeit erreicht ist.

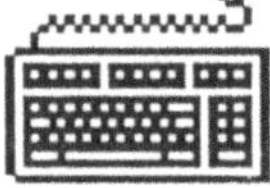

Die nächste Abbildung zeigt den Auszug aus der Anwendung. Richten Sie für Spalte A eine Breite von 30 Zeichen und für die Spalten und B und C je eine Breite von 15 Zeichen ein. Geben Sie anschließend die Texte in der vorgegebenen Ausrichtung ein (Felder A1 bis A15 sowie die Felder B5 und C5).

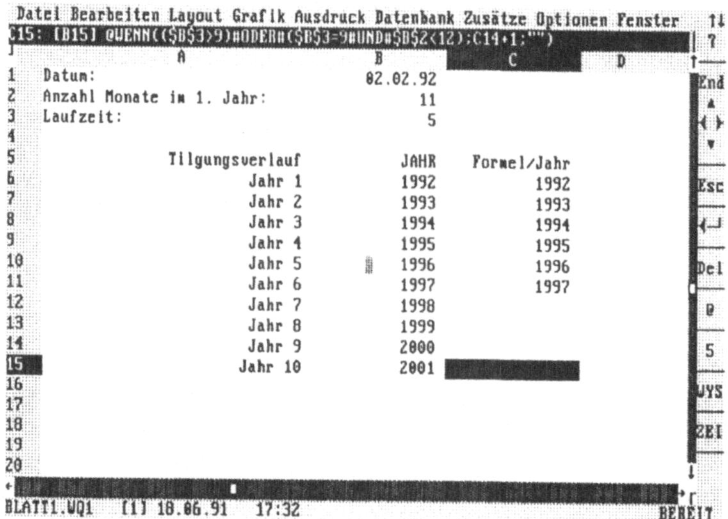

Tragen Sie in das Feld B1 das Datum 2.2.92 ein. Sie erinnern sich an die "schnelle Datumstaste" STRG-d. Nachdem Sie die Taste gedrückt haben, können Sie ein Datum eingeben. In das Feld B2 tragen Sie die Formel

13-@MONAT(B1)

ein. Die Formel ermittelt die Anzahl Monate, in denen Sie im ersten Jahr nach Darlehensabschluß tilgen müssen. Bei einem Darlehensabschluß im Oktober müssen Sie beispielsweise im ersten Jahr für die 3 Monate Oktober, November und Dezember tilgen. Bei einem Abschluß im Februar müssen Sie im ersten Jahr insgesamt 11 Monate tilgen.

In das Feld B3 tragen Sie den Wert 5 ein. Bewegen Sie den Cursor nach Feld B6. Hier tragen Sie die Formel

1900+@JAHR(B1)

ein. Bewegen Sie anschließend den Cursor nach Feld C6 und tragen Sie ebenfalls Formel

1900+@JAHR(B1)

ein, so daß in beiden Feldern der Wert 1992 angezeigt wird. Es gibt jetzt zwei Möglichkeiten für die Darstellung der weiteren Jahre.

Für Spalte B wählen wir die einfachere Art. Bewegen Sie den Cursor nach Feld B7 und tragen Sie die Formel

+B6+1

ein. Daraufhin wird der Wert 1992 angezeigt. Die Formel in Feld B7 kopieren Sie nun bitte bis in Zeile 15. Belassen Sie den Cursor in Feld B7.

```
Geben Sie ein                    Befehl


STRG-k                           Einleiten Kopierbefehl
RETURN-Taste                     Bestätigen Quellbereich
.                                Punkt eingeben
8 x Pfeiltaste unten             Markieren Bereich B7..B15
RETURN-Taste                     Bestätigen Befehl
```

Daraufhin wird bis zum Jahr 2001 die jeweilige Jahresangabe angezeigt. Was ist, wenn die Tilgungszeit vorher beendet ist? Dann sieht die jetzige Anzeige relativ unglücklich aus. Eine elegantere Lösung müßte ermitteln, ob das Tilgungsende erreicht ist, und die Anzeige von weiteren Jahresangaben unterdrücken.

Unterdrücken
Anzeige

Das Problem　　　Unser Problem besteht darin, daß wir die Laufzeit des Darlehens nicht von vornherein kennen. Wir haben in unserem Beispiel eine 5jährige Laufzeit unterstellt, wobei Berechnungen allerdings für insgesamt 6 Jahre durchgeführt werden müssen:

o　　für die Monate Februar bis Dezember im ersten Jahr,

o　　für die folgenden vier Jahre sowie

o　　für den Monat Januar im letzten Jahr.

Bei einem Tilgungsbeginn im Jahre 1992 ist das Tilgungsende im Januar 1997 erreicht. Die nachfolgenden Jahre dürften dann nicht mehr angezeigt werden.

Die Lösung　　　Bewegen Sie den Cursor nach Feld C7: Berechnungen für das zweite Jahr müssen durchgeführt werden, wenn entweder die Laufzeit größer 1 ist, oder wenn bei einer einjährigen Laufzeit die Anzahl Tilgungsmonate im ersten Jahr kleiner 12 ist, d.h. wenn im ersten Jahr weniger als 12 Ratenzahlungen anfallen. Tragen Sie in das Feld C7 folgende Formel ein:

```
@WENN(($B$3>1)#ODER#($B$3=1#UND#$B$2<12);C6+1;"")
```

Wenn Sie die Formel richtig eingegeben haben, wird der Wert 1993 angezeigt. Als nächstes kopieren Sie die Formel von Feld C7 nach Feld C8 (der Cursor befindet sich in Feld C7).

```
Geben Sie ein                    Befehl

STRG-k                           Einleiten Kopierbefehl
RETURN-Taste                     Bestätigen Quellbereich
Pfeiltaste unten                 Bewegen nach Feld C8
RETURN-Taste                     Bestätigen Zielbereich
```

2 Jahre
Laufzeit　　　Die Formel in Feld C8 muß allerdings noch geringfügig geändert werden: Berechnungen fallen im dritten Jahr an, wenn entweder die Laufzeit größer 2 ist, oder wenn bei einer zweijährigen Laufzeit die Anzahl Tilgungsmonate im ersten Jahr kleiner 12 ist. Dann erfolgen die letzten Ratenzahlungen im dritten Jahr. Ändern Sie die Formel in Feld C8 wie folgt: Drücken Sie F2 und überschreiben Sie die Angabe "1" durch die Angabe "2", der Rest bleibt gleich.

```
@WENN(($B$3>2)#ODER#($B$3=2#UND#$B$2<12);C7+1;"")
```

Nun geben Sie in Feld B3 den Wert 1 ein. Bei einer einjährigen Laufzeit ist die Tilgung im dritten Jahr in jedem Fall beendet, so daß die Anzeige des dritten Jahres in Feld C8 verschwinden müßte. Wenn Sie die Laufzeit auf 2 erhöhen, wird das dritte Jahr wieder angezeigt.

3 Jahre Laufzeit

Wiederholen wir diesen Vorgang noch einmal für das vierte Jahr. Kopieren Sie die Formel von Feld C8 nach Feld C9. Bewegen Sie anschließend den Cursor nach Feld C9 und ändern Sie die Jahresangabe von "2" nach "3":

4 Jahre Laufzeit

```
@WENN(($B$3>3)#ODER#($B$3=3#UND#$B$2<12);C8+1;"")
```

Erst ab einer 3jährigen Laufzeit wird das vierte Jahr angezeigt. Wiederholen Sie diesen Vorgang für die folgenden Jahre. Kopieren Sie jeweils die Formel eine Zeile nach unten und ändern Sie die Jahresangabe. Feld C10 müßte beispielsweise folgende Formel speichern:

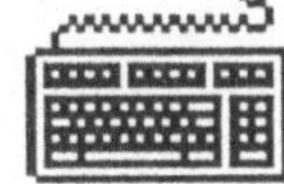

```
@WENN(($B$3>4)#ODER#($B$3=4#UND#$B$2<12);C9+1;"")
```

Betrachten Sie noch einmal die letzte Abbildung. Der Cursor befindet sich in Feld C15. In der Eingabezeile sehen Sie die Formel für das 10. Jahr:

```
@WENN(($B$3>9)#ODER#($B$3=9#UND#$B$2<12);C14+1;"")
```

Nachdem Sie die Formeln bis zum 10. Jahr eingegeben haben, prüfen Sie, ob Ihre Formeln auch funktionieren: Variieren Sie die Laufzeitangabe. Modifizieren Sie auch das Datum, indem Sie als Startmonat den Januar eingeben, so daß im ersten Tilgungsjahr 12 Ratenzahlungen erfolgen.

Wir haben das Erscheinungsbild des Arbeitsblattes dadurch verbessern können, daß die Jahre, in denen keine Tilgung erfolgt, nicht mehr angezeigt werden. Dies konnten wir durch Verwendung logischer Operatoren innerhalb von **WENN**-Funktionen erreichen. Sie haben damit ein Beispiel kennengelernt, in dem durch Einsatz logischer Operatoren eine Verbesserung des optischen Erscheinungsbildes erreicht werden konnte.

Wir haben in diesem Beispiel die Formeleingabe auf eine Laufzeit von 10 Jahren begrenzt. Es ist jedoch leicht einzusehen, daß man bei einer vollständigen Anwendung die Laufzeit auf 20 oder mehr Jahre erweitern kann.

Speichern

Zum guten Schluß sollten Sie das Arbeitsblatt speichern. Vergeben Sie den Dateinamen 4OPER.WQ1.

2. Die Befehle des Menüs Bearbeiten

In diesem Abschnitt wollen wir uns mit den Befehlen aus dem Menü **Bearbeiten** beschäftigen.

Kopieren zwischen Arbeitsblättern

Wir haben bereits einige Male den Kopierbefehl verwendet (STRG-k). Selbstverständlich können Sie in Quattro Pro auch Feldinhalte zwischen verschiedenen Arbeitsblättern kopieren. Dazu ein Beispiel.

Sie haben immer noch das Arbeitsblatt mit den logischen Operatoren auf dem Bildschirm. Laden Sie zusätzlich das Arbeitsblatt 1AUTO (Befehlsfolge **Datei - Öffnen**). Durch Drücken von ALT-1 bzw. ALT-2 können Sie zwischen beiden Arbeitsblättern hin- und herspringen. Bewegen Sie den Cursor innerhalb des Arbeitsblattes 1AUTO auf ein beliebiges Textfeld, z.B. speichert Feld B4 den Text *Grunddaten*, wenn Sie im ersten Kapitel das Arbeitsblatt wie vorgegeben erstellt haben.

Starten Sie den Kopierbefehl (STRG-k) und drücken Sie die RE-TURN-Taste, um den Quellbereich zu bestätigen. Anschließend können Sie durch Drücken von *ALT-Zahl* in ein anderes Arbeitsblatt springen. Springen Sie in das Arbeitsblatt mit den Operatoren und bewegen Sie den Cursor zu einem beliebigen leeren Feld. Drücken Sie die RETURN-Taste, um den Zielbereich zu bestätigen. Quattro Pro verzweigt nach Drücken der RETURN-Taste wieder zum Arbeitsblatt 1AUTO. Wechseln Sie erneut nach 4OPER. Durch den letzten Kopiervorgang haben Sie den Inhalt eines Feldes aus 1AUTO in ein Feld des Arbeitsblattes 4OPER kopiert.

Wir haben inzwischen einige Male den Kopierbefehl verwendet. Im zweiten Kapitel haben Sie erfahren, welche Bedeutung die Art der Feldadressierung (relativ oder absolut) auf das Ergebnis des Kopiervorganges hat. Die kopierte Formel wurde automatisch angepaßt. Was ist, wenn Sie nicht die Formel, sondern nur den Wert eines Feldes kopieren wollen?

Der Befehl Werte kopieren

Sie können mit Hilfe der Befehlsfolge **Bearbeiten - Werte kopieren** Quattro Pro veranlassen, nur die jeweiligen Werte eines Feldes und nicht die Formel in ein anderes Feld zu kopieren. Dazu ein Beispiel. Sie haben das Arbeitsblatt 1AUTO.WQ1 auf dem Bildschirm. Bewegen Sie den Cursor in das Feld, das über eine Formel die für ein Benzin-KFZ anfallenden Kosten ermittelt hat (entweder Feld E16 oder E17, je nachdem, ob Sie in Kapitel 1 sämtliche Übungen durchgeführt haben oder nicht). Den Wert - und nur den Wert - dieses Feldes wollen wir in ein anderes Feld kopieren.

Belassen Sie den Cursor in diesem Feld. Öffnen Sie das Menü **Bearbeiten** und wählen Sie den Befehl **Werte kopieren**. Bestätigen Sie durch Drücken der RETURN-Taste den vorgeschlagenen Quellbereich. Anschließend werden Sie gefragt:

Zielbereich angeben:

Bewegen Sie den Cursor zu einem leeren Feld, z.B. nach Feld F10, und drücken Sie die RETURN-Taste. Es wurde nur der Wert und nicht die vollständige Formel kopiert.

Der Befehl Versetzen

Zusätzlich zur Möglichkeit, Feldinhalte zu kopieren, können Sie diese über die Befehlsfolge **Bearbeiten - Versetzen** auch innerhalb des Arbeitsblattes verschieben. Diesen Befehl können Sie über die "schnelle Taste" STRG-v aufrufen. Probieren Sie es aus!

Bewegen Sie den Cursor innerhalb des Arbeitsblattes 1AUTO.WQ1 zum Feld D4. Dieses Feld speichert den Text "Werte". Wir wollen den Text nach Feld E4 versetzen: Drücken Sie STRG-v, um den Befehl einzuleiten.

Wie beim Kopierbefehl müssen Sie zunächst den Quellbereich festlegen. Drücken Sie die RETURN-Taste, um den vorgeschlagenen Quellbereich zu bestätigen. Anschließend werden Sie nach dem Zielbereich gefragt. Bewegen Sie den Cursor um eine Spalte nach rechts und drücken Sie die RETURN-Taste. Feld E4 speichert den Text "Werte", während Feld D4 leer ist.

Sie können selbstverständlich auch - analog zum Kopierbefehl - Feldinhalte zwischen verschiedenen Arbeitsblättern versetzen.

Der Befehl
Block löschen

Wenn Sie einen Feldbereich löschen wollen, können Sie die Befehlsfolge **Bearbeiten - Block löschen** verwenden. Dieser Befehl kann über die "schnelle Taste" STRG-l aufgerufen. Bevor wir diesen Befehl ausprobieren, sollten Sie vorher testen, ob der Befehl **Rückgängig** aktiviert ist. Mit diesem Befehl können Sie die zuletzt vorgenommene Änderung im Arbeitsblatt wieder rückgängig machen.

Öffnen Sie das Menü **Optionen** und wählen Sie den Befehl **Weitere Parameter**. Daraufhin wird angezeigt, ob der Befehl **Rückgängig** aktiviert ist oder nicht. Wenn **Aktivieren** angezeigt wird, können Sie den Befehl **Rückgängig** einsetzen.

Wir gehen davon aus, daß Sie den Befehl **Rückgängig** aktiviert haben. Es ist unerheblich, wo sich momentan der Cursor befindet. Drücken Sie STRG-l, um den Befehl **Block löschen** aufzurufen. Sie werden gefragt:

Welchen Block modifizieren:

ALT-F5

Markieren Sie einen beliebigen Block, z.B. zwei Zeilen nach unten und zwei Spalten nach rechts, und drücken Sie die RETURN-Taste. Sie haben den markierten Feldbereich gelöscht. **Jetzt Vorsicht!** Machen Sie keinerlei Experimente, sondern drücken Sie die Tastenkombination ALT-F5. Diese Tastenkombination führt den Befehl **Rückgängig** aus. Die gelöschten Felder "sind wieder da".

DEL-Taste

Über die Befehlsfolge **Bearbeiten - Block löschen** können Sie beliebige Feldbereiche löschen. Wenn Sie nur den Inhalt eines Feldes löschen wollen, brauchen Sie einfach nur die DEL-Taste (ENTF-Taste) drücken und der Feldinhalt ist gelöscht. Probieren Sie es an einem beliebigen Feld aus! Holen Sie sich den Inhalt anschließend durch Drücken von ALT-F5 wieder zurück.

Maus

Sie können den Inhalt eines Feldes auch löschen, indem Sie den Mauszeiger zum Mausfeld **Del** bewegen und die linke Maustaste betätigen.

Mit Hilfe der Befehle **Einfügen** und **Löschen** können Sie an der aktuellen Cursorposition Zeilen oder Spalten einfügen bzw. löschen. Ein Beispiel für diese Befehle haben wir im ersten Kapitel besprochen: In unser Arbeitsblatt 1AUTO.WQ1 mußten wir eine Zeile einfügen, weil unser Finanzminister eine Steuererhöhung für Diesel-KFZ's beschlossen hat.

Öffnen Sie das Menü **Datei** und wählen Sie den Befehl **Inhalt löschen**. Sie werden gefragt, ob Sie die Änderungen verwerfen wollen oder nicht. Wählen Sie **Ja** oder **Nein**, je nachdem, ob Sie die zuletzt durchgeführten Änderungen am Arbeitsblatt speichern wollen oder nicht.

Sie sehen den leeren Bildschirm vor sich und der Cursor befindet sich in Feld A1. Vollziehen Sie Befehlsfolge nach.

```
Geben Sie ein                   Befehl


F3                              Sprung Menüzeile
B                               Menü Bearbeiten
F                               Befehl Füllen
a1..a15                         Zielbereich eingeben
RETURN-Taste                    Bestätigen Zielbereich
5                               Startwert eingeben
RETURN-Taste                    Bestätigen Startwert
3                               Schrittwert eingeben
RETURN-Taste                    Bestätigen Schrittwert
37                              Stopwert eingeben
RETURN-Taste                    Stopwert bestätigen
```

Sie sehen daraufhin eine Zahlenfolge, beginnend in Feld A1 mit dem Wert 5 und endend in Feld A11 mit dem Wert 35. Haben Sie die Arbeitsweise dieses Befehls verstanden? Wenn Sie Fragen haben, können Sie jederzeit entsprechende Informationen einholen. Öffnen Sie dazu das Menü **Bearbeiten**, bewegen Sie den Cursor zum Befehl **Füllen** und drücken Sie die F1-Taste.

Quattro Pro bietet zu jedem Befehl Informationen an. Diese Informationen reichen in den meisten Fällen aus, um die Arbeitsweise der jeweiligen Befehle zu verstehen.

Der Befehl
Namen

Den Befehl **Namen** haben wir inzwischen schon einige Male verwendet. Mit Hilfe dieses Befehls können Sie Feldern "sprechende" Namen zuweisen oder bestehende Feldbezeichnungen wieder löschen. Feldbezeichnungen können insbesondere innerhalb von Formeln sinnvoll eingesetzt werden.

Der Befehl
Zeilen zu Spalten

Mit Hilfe des Befehls **Zeilen zu Spalten** können Sie die Anordnung von Zeilen und Spalten umstellen. Für den Fall, daß Sie den Befehl ausprobieren wollen, sollten Sie darauf achten, daß nach unten und rechts ausreichend Platz vorhanden ist, damit nicht versehentlich Daten überschrieben werden.

Der Befehl
Suchen & Ersetzen

Mit Hilfe dieses Befehls können Sie innerhalb eines Feldbereiches nach bestimmten Daten suchen und diese gegebenenfalls durch andere Daten ersetzen. Dazu ein Beispiel.

Laden Sie das Arbeitsblatt 3RATE.WQ1. Bewegen Sie den Cursor nach Feld A1. Öffnen Sie das Menü **Bearbeiten** und wählen Sie den Befehl **Suchen & Ersetzen**.

Wählen Sie den Befehl **Block** und geben Sie als Block den Bereich von A1 bis B12 ein (A1..B12). Wählen Sie anschließend den Befehl **Suchen** und tragen Sie *Rate* ein. Die weiteren Optionen geben Sie bitte so wie in der nächsten Abbildung ein.

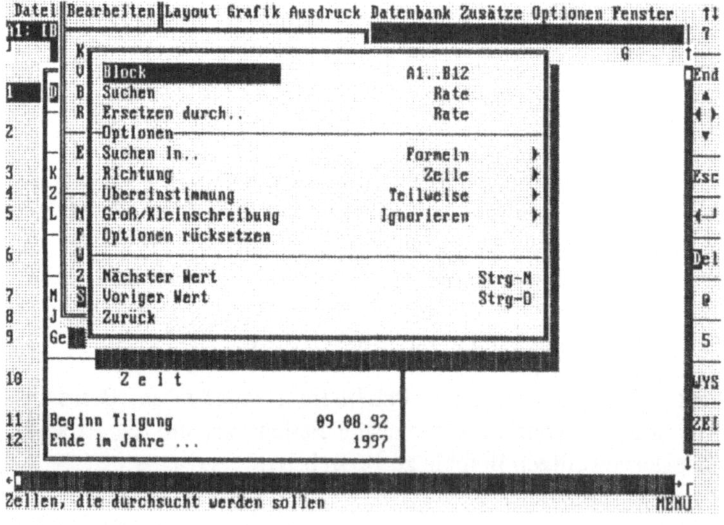

Nachdem Sie die Optionen so wie in der Abbildung eingegeben haben, können Sie die Menüs durch Drücken der ESCAPE-Taste wieder schließen. Bewegen Sie den Cursor nach Feld A1. Die "schnelle Taste" STRG-n sucht das nächste Feld, das den unter **Suchen** eingegebenen Wert enthält. Drücken Sie STRG-n. Der Cursor springt in das Feld "Monatliche Rate" und öffnet ein weiteres Dialogfenster. Sie werden gefragt, ob Sie den String austauschen wollen. Quattro Pro bietet folgende Optionen: **Ja**, **Nein**, **Alle**, **Editieren** und **Zurück**.

Wenn Sie Option **Ja** wählen, ändert Quattro Pro den unter **Suchen** eingegebenen Wert "Rate" in den unter **Ersetzen** eingegebenen Wert. Da wir in beiden Feldern den gleichen Text eingetragen haben, kann nichts passieren. Wenn Sie Option **Nein** wählen, führt Quattro Pro keine Änderung durch und springt in das nächste Feld, das den Text "Rate" enthält.

Vorsicht ist bei der Option **Alle** geboten. Wenn Sie diese Option wählen, werden Änderungen in sämtlichen Feldern, die den Text "Rate" enthalten, durchgeführt. Wenn Sie **Alle** allzu sorglos einsetzen, können Sie möglicherweise böse Überraschungen erleben.

Wenn Sie **Editieren** wählen, wird der Inhalt des Feldes in die Eingabezeile gebracht, so daß Sie den Feldinhalt editieren können.

Mit **Zurück** beenden Sie den Befehl

Was ist zu tun, wenn Ihnen Einzelheiten des Befehls nicht klar sind? In einem solchen Fall bewegen Sie den Cursor auf den entsprechenden Befehl und drücken die F1-Taste.   *Hilfetext*

3. Logische Funktionen

Nachdem wir uns bereits mit den logischen Operatoren befaßt haben, wollen wir uns in diesem Abschnitt den logischen Funktionen zuwenden. Öffnen Sie das Menü **Datei** und wählen Sie den Befehl **Alle schließen**. Mit diesem Befehl schließen Sie sämtliche zur Zeit geöffneten Arbeitsblätter.

Fenster schließen

Da wir zuletzt einige Änderungen durchgeführt haben, werden Sie gefragt, ob Sie die Änderungen verwerfen wollen: Geben Sie entweder Option **Ja** ein, wenn Sie die letzten Änderungen verwerfen wollen oder **Sichern & Schließen**, wenn Sie die Änderungen zuvor sichern wollen.

Quattro Pro hat sämtliche Arbeitsblattfenster geschlossen. Um mit Quattro Pro weiterzuarbeiten, müssen Sie das Menü **Datei** öffnen und den Befehl **Neu** wählen. Sie sehen daraufhin wieder den leeren Quattro Pro-Bildschirm. Mit dem Befehl **Fenster schließen** können Sie das aktuelle Arbeitsblatt, mit dem Befehl **Alle schließen** sämtliche geladenen Arbeitsblätter schließen.

Der Cursor befindet sich in Feld A1 des leeren Arbeitsblattes.

Warum logische Funktionen?

Mit Hilfe logischer Funktionen können Sie bestimmte Bedingungen abfragen. Sie können beispielsweise ermitteln, ob ein Feld eine Zahl oder einen Text speichert. In den vorherigen Kapiteln haben wir bereits einige Male eine logische Funktion eingesetzt: Die Funktion

@WENN (Bedingung;Dannwert;Sonstwert)

analysiert *Bedingung* und ergibt den *Dannwert*, wenn *Bedingung* "wahr" ist, ansonsten den *Sonstwert*. *Dannwert* und *Sonstwert* können Zahlen, Texte, Formeln, aber auch eine weitere **WENN**-Abfrage darstellen.

In diesem Abschnitt wollen wir weitere logische Funktionen anhand kleinerer Beispiele beschreiben. Belassen Sie den Cursor in Feld A1 und tragen Sie eine beliebige Zahl, z.B. 1992 ein. Tragen Sie anschließend in das Feld A2 den Text "Probe" ein.

Die Funktion @ISTZAHL

Die Tabellenfunktion **@ISTZAHL(x)** ergibt den Wert 1, wenn **x** eine Wert ist bzw. einen Wert enthält, ansonsten den Wert 0. Bewegen Sie den Cursor nach Feld B1 und tragen Sie folgende Formel ein:

@ISTZAHL(A1)

In das Feld A1 hatten Sie eine Zahl eingetragen, also ergibt der Ausdruck **@ISTZAHL(A1)** den Wert 1. Tragen Sie anschließend in das Feld C1 die Formel

@ISTZAHL(A2)

ein. Dieser Ausdruck liefert den Wert 0. Nun bewegen Sie den Cursor nach Feld D1 und geben die Formel

> *@ISTZAHL(D10)*

ein. Feld D10 ist ein Leerfeld. Die Funktion gibt den Wert 1 zurück. Sie sollten sich merken, daß Leerfelder von der Funktion **@ISTZAHL** genauso behandelt werden wie Felder, die Zahlen speichern.

Die Funktion **@ISTFOLGE(x)** ergibt 1, wenn **x** ein Text ist, ansonsten ergibt die Funktion den Wert 0. Bewegen Sie den Cursor nach Feld B2 und tragen Sie folgende Formel ein:

> *@ISTFOLGE(A1)*

In das Feld C1 tragen Sie bitte die Formel

> *@ISTFOLGE(A2)*

und in das Feld D2 die Formel

> *@ISTFOLGE(D10)*

ein. Es ergeben sich die jeweils entgegengesetzten Werte zu der Funktion **@ISTZAHL**.

Die Funktion **ISTFEHLER(x)** ergibt den Wert 1, wenn **x** eine Fehlermeldung ist, ansonsten den Wert 0. Bewegen Sie den Cursor nach Feld B3 und geben Sie folgende Formel ein:

> *+A1/0*

Die Division durch 0 führt zu einer Fehlersituation. Bewegen Sie den Cursor nach Feld C1 und tragen Sie die Formel

> *@ISTFEHLER(B3)*

ein. Es ergibt sich der Wert 1. Der Einsatz logischer Funktionen lohnt sich im allgemeinen nur innerhalb der **WENN**-Funktion: Man kann ein "normales" Ergebnis präsentieren, aber mögliche Fehlerkonstellationen über die **WENN**-Abfrage abfangen. Tragen Sie in das Feld D3 folgende Formel ein:

> *@WENN(@ISTFEHLER(B3);0;B3)*

Fehlermeldung unterdrücken

Wenn die Abfrage **@ISTFEHLER(B3)** "wahr" ist (in einem solchen Fall liegt ein Fehler vor), ergibt die **WENN**-Funktion den Wert 0. Für den Fall, daß kein Fehler vorliegt, wird der in Feld B3 gespeicherte Wert übernommen.

Die **WENN**-Funktion unterdrückt in diesem Beispiel Fehler, die sich durch eine Division durch 0 ergeben könnten.

Die Funktion WURZEL

Durch den Einsatz von Funktionen können selbst Fehlersituationen entstehen; eine besondere Fehlerquelle stellen die Argumente dar, die beim Aufruf an die Funktion übergeben werden. Die Funktion **@WURZEL(x)** ermittelt beispielsweise die Quadratwurzel von **x**. Wenn **x** ein negativer Wert ist, entsteht ein Fehler.

Die Funktion @EXISTIERT- DATEI

Die Funktion **@EXISTIERTDATEI(Dateiname)** ergibt 1, wenn die unter **Dateiname** im angegebenen Unterverzeichnis spezifizierte Datei existiert. **Dateiname** muß in Anführungszeichen und mit Erweiterung (z.B. WQ1) angegeben werden. Wenn Sie in einem anderen als vom voreingestellten Verzeichnis nach der Datei suchen wollen, müssen Sie zusätzlich den Namen des Unterverzeichnisses angeben. Bewegen Sie den Cursor nach Feld B4 und tragen Sie folgende Formel ein:

@EXISTIERTDATEI("1AUTO.WQ1")

Wenn die Datei 1AUTO.WQ1 im voreingestellten Verzeichnis existiert, gibt die Funktion den Wert 1 zurück. Tragen Sie in das Feld C4 die Formel

@EXISTIERTDATEI("1AUTO.WQ9")

ein. Da eine solche Datei mit der Erweiterung WQ9 mit großer Wahrscheinlichkeit nicht existiert, ergibt die Funktion den Wert 0.

Auch die Anwendung dieser Funktion ist in den meisten Fällen nur im Rahmen von **WENN**-Abfragen sinnvoll. Bewegen Sie den Cursor nach Feld D4. Sie könnten eine **WENN**-Abfrage beispielsweise wie folgt formulieren:

@WENN(@EXISTIERTDATEI("3rate.wq1");[3rate]rate;
"Datei existiert nicht")

Für den Fall, daß die Datei existiert, kann die Verknüpfung zum Arbeitsblatt 3RATE.WQ1 vorgenommen werden, ansonsten wird der Fehlerhinweis "Datei existiert nicht" ausgegeben.

4. Mathematische Funktionen

Drücken Sie STRG-s, um das Arbeitsblatt zu sichern. Vergeben Sie den Dateinamen 4LOGIK.WQ1. Löschen Sie anschließend den Bildschirminhalt über die Befehlsfolge **Datei - Inhalt löschen**. In diesem Abschnitt wollen wir uns ausgewählten mathematischen Funktionen zuwenden. Sie haben den leeren Quattro Pro-Bildschirm vor sich.

Drücken Sie die Funktionstaste F1, um den Hilfe-Bildschirm aufzurufen. Wählen Sie anschließend **Funktionen** aus. Hier wählen Sie die Rubrik **Mathematische Funktionen**.

Quattro Pro unterscheidet zwischen **numerischen, trigonometrischen** und **transzendenten Funktionen**. Die trigonometrischen Funktionen wollen wir nicht behandeln. Jeder erinnert sich sicherlich gerne an seine Schulzeit, wo Funktionen wie *Sinus, Cosinus* usw. besprochen worden sind.

Zu den transzendenten Funktionen gehören die logarithmischen, sowie die Exponential- und Wurzelfunktionen. Der Einsatz der trigonometrischen und transzendenten Funktionen ist auf spezielle Anwendungssituationen begrenzt. Aus diesem Grund wollen wir uns hier den numerischen Funktionen zuwenden.

Schließen Sie das Hilfefenster. Numerische Funktionen wandeln Werte in eine vereinfachte Darstellung um. Die Umwandlung dient in vielen Fällen der optischen Aufbereitung des Arbeitsblattes.

Numerische Funktionen

Sie haben immer noch den leeren Bildschirm vor sich. Tragen Sie in das Feld A1 den Wert 3,456 und in das Feld A2 den Wert 3,654 ein.

Mit Hilfe der Funktion **@GANZZAHL(x)** können Sie den ganzzahligen Teil von **x** extrahieren. Dazu ein Beispiel. Bewegen Sie den Cursor nach B1 und tragen Sie folgende Formel ein:

Die Funktion @GANZZAHL

@GANZZAHL(A1)

Quattro Pro wandelt den Wert *3,456* in den Wert *3* um. Wenn Sie den Funktionsnamen nicht genau kennen, gibt es die Möglichkeit, Funktionen mit Hilfe der Maus auszuwählen. Wenn Sie an Ihrem PC eine Maus angeschlossen haben, vollziehen Sie bitte die folgenden Befehle nach.

Auswahl mit
der Maus

Belassen Sie den Cursor in Feld B1. Bewegen Sie den Mauszeiger zu den Mausfeldern am rechten Bildschirmrand auf das Sonderzeichen @ und drücken Sie die linke Maustaste.

Quattro Pro öffnet daraufhin ein Dialogfenster mit sämtlichen Funktionen in alphabetischer Reihenfolge. Bewegen Sie den Cursor auf den nach unten gerichteten Pfeil (rechter Rand des Dialogfensters) und halten Sie die linke Maustaste gedrückt. Quattro Pro verschiebt daraufhin die Aufzählung der Funktionen nach unten. Halten Sie die linke Maustaste solange gedrückt, bis die Funktion **@GANZZAHL** sichtbar wird. Klicken Sie **@GANZZAHL** mit der linken Maustaste an. Quattro Pro stellt daraufhin den Funktionsnamen in die Eingabezeile, so daß Sie nur noch das Argument einschließlich der schließenden Klammer eintragen müssen. Tragen Sie

A1)

ein und drücken Sie die RETURN-Taste.

Die Funktion
@RUNDEN

Bei der Funktion **@GANZZAHL** wird der Dezimalteil "ersatzlos gestrichen". Die Funktion **@RUNDEN** arbeitet anders. Tragen Sie in das Feld B2 folgende Formel ein:

@RUNDEN(A1;1)

Mit Hilfe der Funktion **@RUNDEN(x;n)** wird der Wert **x** auf **n** Stellen gerundet, in unserem Beispiel wird der in Feld A1 gespeicherte Wert *3,456* auf den Wert *3,5* gerundet. In das Feld B3 tragen Sie bitte die Formel

@RUNDEN(A2;2)

ein. Es wird der Wert *3,65* angezeigt. Es wird kaufmännisch gerundet: ab dem Wert 5 wird nach oben, bis zum Wert 4 nach unten gerundet. Tragen Sie schließlich in das Feld C1 die Formel

@RUNDEN(A2;0)

ein. Quattro Pro wandelt den Wert *3,654* in den Wert *4* um.

Die Funktion
@MOD

Bewegen Sie den Cursor nach Feld D1. Die Funktion **@MOD(x;y)** ermittelt den sich durch die Division **x** durch **y** ergebenden Rest, z.B. gibt die Funktion bei einer Division von 5 durch 3 (= 1 Rest 2) den Wert 2 zurück.

Probieren Sie es aus! Feld B1 speichert den Wert 3 und Feld C1 den Wert Wert 4. Welcher Rest ergibt sich nach der Division 3 durch 4? Tragen Sie in das Feld D1 die Formel

@MOD(B1;C1)

ein. Haben Sie den Wert 3 richtig ermittelt? Wozu kann die Funktion **@MOD** verwendet werden. Man denke an die Ermittlung eines Schaltjahres. Alle 4 Jahre gibt es ein Schaltjahr. Wenn der Ausdruck

@MOD(Jahr;4)

den Wert 0 ergibt, handelt es sich um ein Schaltjahr. Probieren Sie es aus! Tragen Sie in das Feld C2 die Formel

@MOD(1992;4)

ein. Es ergibt sich der Wert 0. Ist denn 1992 ein Schaltjahr? Natürlich, denn es finden ja die olympischen Spiele statt!

5. Paßworteingabe

Sie können Dateien vor unbefugtem Zugriff schützen, indem Sie ihr ein Paßwort zuweisen. Die Datei kann später erst nach Eingabe des korrekten Paßwortes geladen werden. Wir wollen dies an einem Beispiel ausprobieren.

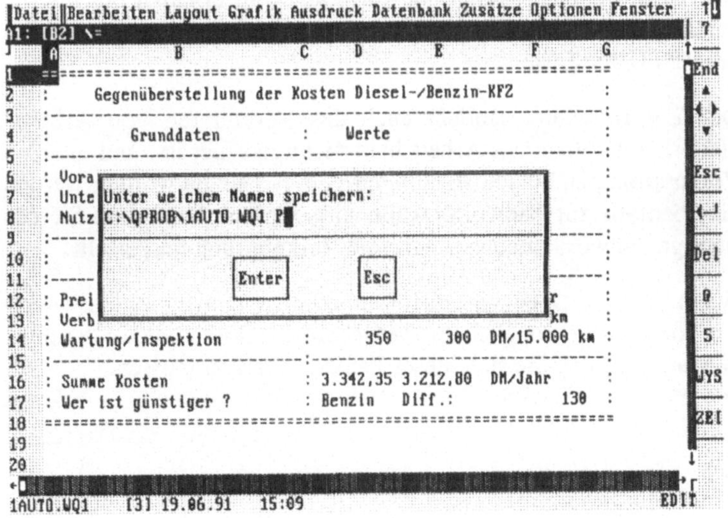

*Paßwort
eingeben*

Laden Sie über die Befehlsfolge **Datei - Öffnen** die Datei 1AUTO.WQ1. Öffnen Sie anschließend das Menü **Datei** und wählen Sie den Befehl **Speichern unter**. Sie werden gefragt, unter welchem Namen die Datei gespeichert werden soll. Lassen Sie den Namen unverändert und geben Sie nur ein Leerzeichen, gefolgt von dem Buchstaben P ein.

Nachdem Sie die RETURN-Taste gedrückt haben, können Sie Ihr Paßwort eingeben, wobei die eingetippten Buchstaben nicht am Bildschirm erscheinen.

Tragen Sie das Paßwort

AUTO

ein und drücken Sie die RETURN-Taste. Sie werden ein zweites Mal zur Paßworteingabe aufgefordert.

Ein Beispiel

Geben Sie das Paßwort AUTO ein zweites Mal ein und drücken Sie die RETURN-Taste. Wenn erste und zweite Eingabe übereinstimmen, beginnt der normale Sicherungsvorgang. Anschließend erhalten Sie den Hinweis, daß die Datei bereits vorhanden ist. Wählen Sie Option **Ersetzen**. Schließen Sie anschließend das Arbeitsblatt über die Befehlsfolge **Datei - Fenster schließen**.

Wenn Sie jetzt die Datei 1AUTO.WQ1 wieder laden, werden Sie aufgefordert, das Paßwort einzugeben. Probieren Sie es aus! Laden Sie über die Befehlsfolge **Datei - Öffnen** die Datei 1AUTO.WQ1. Nur wenn Sie das richtige Paßwort eingeben, erhalten Sie Zugriff auf die Datei. Tragen Sie das Paßwort AUTO ein und drücken Sie die RETURN-Taste.

*Verknüpfen von
Arbeitsblättern*

Der Zugriffsschutz schließt auch das Verknüpfen von Arbeitsblättern ein. Wenn das Arbeitsblatt nicht geöffnet ist, und Sie eine Verknüpfung zu einem bestimmten Feld herstellen wollen, werden Sie ebenfalls zur Paßworteingabe aufgefordert. Nur wenn Sie das richtige Paßwort eingeben, wird die Verknüpfung hergestellt.

Wenn Sie eine Datei vor einem unbefugten Zugriff schützen wollen, können Sie ein Paßwort vergeben. Sie sollten sich allerdings bewußt sein, daß Sie sich dieses Paßwort merken müssen.

Das fünfte Kapitel

Kalkulationsprogramme werden in vielen Unternehmen zur Unterstützung des innerbetrieblichen Berichtswesens eingesetzt. Zu einem effizienten Berichtswesen gehört die grafische Aufbereitung wichtiger Zahlenwerte.

Quattro Pro verfügt über Befehle, mit deren Hilfe Sie auf einfache und schnelle Art Grafiken erstellen können. Diese Befehle werden wir im fünften Kapitel beschreiben.

5. Grafiken

Im zweiten Kapitel haben wir eine Kostenverteilung für ein Haus in der Genscherallee vorgenommen. Im Nachbarhaus wohnen die Familien Rau, Blüm und Brandt. Herr Rau möchte die Kostenverteilung in seinem Haus grafisch darstellen und bittet Sie um Unterstützung.

Was wird im fünften Kapitel besprochen?

1.   Erstellen einfacher Grafiken

2.   Formatieren, Drucken und Speichern von Grafiken

3.   Einfügen von Grafiken in ein Arbeitsblatt

4.   Individuelle Grafikgestaltung im Bearbeitungs-Modus

Die erste Grafik

In den vorherigen Kapitel haben Sie sich mit den Befehlen zur Erstellung von Arbeitsblättern vertraut gemacht. Sie kennen inzwischen die am häufigsten eingesetzten Befehle und sind imstande, auch mit komplexeren Arbeitsblättern umzugehen.

Viele Unternehmen setzen inzwischen Programme wie Quattro Pro ein, um Teile ihres Berichtswesens von einem PC erledigen zu lassen. Zu einem effizienten Berichtswesen gehört die grafische Darstellung wichtiger Zahlenwerte. Aus diesem Grund müssen Kalkulationsprogramme neben den Befehlen zur Arbeitsblatterstellung auch über Möglichkeiten verfügen, ausgewählte Daten des Arbeitsblattes grafisch aufzubereiten.

Mit Hilfe von Quattro Pro können Sie auf einfache Art Grafiken erstellen. Voraussetzung ist, daß ein Arbeitsblatt existiert, dem Sie die dafür erforderlichen Daten entnehmen können. Nachfolgend wird im Rahmen einer Übung ein kleines Arbeitsblatt erstellt, auf das wir uns im Verlauf dieses Kapitels immer wieder beziehen werden.

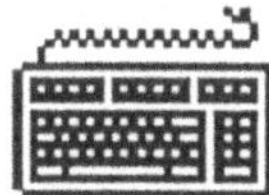

Die nächste Abbildung zeigt ein Arbeitsblatt, das die Kosten der Familien Rau, Blüm und Brandt gegenüberstellt. Formeln befinden sich nur in **Spalte E** (z.B. Summe Gaskosten in Feld E2), **Zeile 6** (z.B. Summe der Kosten für Familie Rau in Feld B6) und **Zeile 8** (Pauschale minus Summe). Der Rest besteht aus Zahlen und Texten. Für Spalte A richten Sie bitte eine Breite von 18 Zeichen ein. Weitere Formatierungen werden nicht benötigt. Geben Sie das Arbeitsblatt wie vorgegeben ein und speichern Sie es unter dem Namen 5GRAFIK.WQ1.

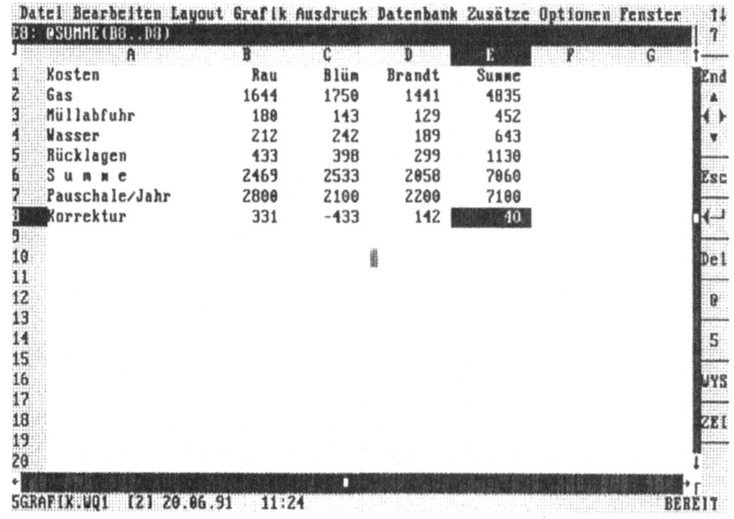

	A	B	C	D	E	F	G
1	Kosten	Rau	Blüm	Brandt	Summe		
2	Gas	1644	1750	1441	4835		
3	Müllabfuhr	180	143	129	452		
4	Wasser	212	242	189	643		
5	Rücklagen	433	398	299	1130		
6	S u m m e	2469	2533	2058	7060		
7	Pauschale/Jahr	2800	2100	2200	7100		
8	Korrektur	331	-433	142	40		

Nachdem Sie das Arbeitsblatt erstellt haben, können wir uns der ersten Grafik zuwenden: Herr Rau möchte seine Kosten in Form eines Kreisdiagramms unter Angabe der prozentualen Verteilung grafisch darstellen. Die nächste Abbildung zeigt das Ergebnis.

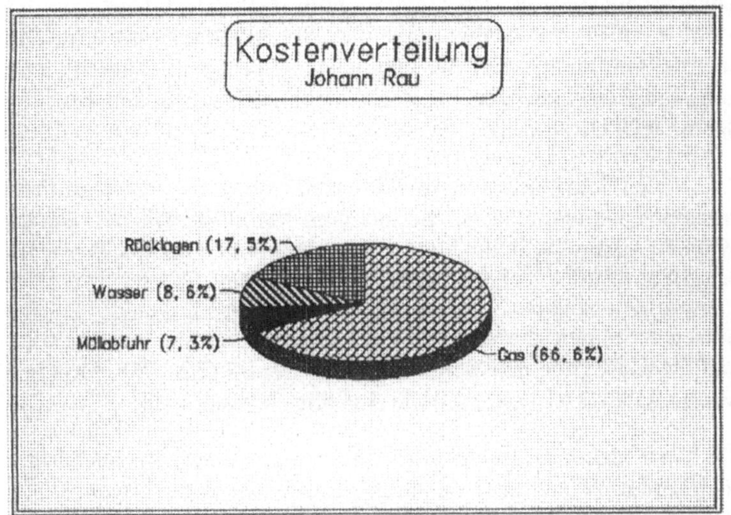

Da Sie die einzelnen Grafik-Befehle vermutlich noch nicht genau kennen, ist es in diesem Kapitel besonders wichtig, zunächst die Erstellung der Grafiken nachzuvollziehen, auch wenn es Sie "in den Fingern juckt" zu experimentieren. Andernfalls kann es passieren, daß Ihre Grafik plötzlich ein anderes Aussehen annimmt und Sie die Befehle noch nicht kennen, um entsprechende Korrekturen vorzunehmen. Am Ende des Kapitels erhalten Sie im Rahmen einer Übung Gelegenheit, selbst die verschiedenen Grafik-Befehle auszuprobieren.

1. Hinweis

Ein zweiter Hinweis ist nötig: Sie können mit Quattro Pro in verschiedenen Modi arbeiten. Im bisherigen Verlauf des Buches haben Sie ausschließlich im normalen 80x25-Modus gearbeitet. Im ersten Teil dieses Kapitels werden wir häufig zwischen diesem und dem **Grafik-Modus** wechseln.

2. Hinweis

Es gibt einen dritten Modus, den Sie später in diesem Kapitel kennenlernen werden: den **Bearbeitungs-Modus**. Dieser Modus läßt sich aus dem Arbeitsblatt-Modus über die Befehlsfolge **Grafik - Bearbeiten** aktivieren und aus dem Grafik-Modus durch Eingabe des Schrägstriches (/). Sie sollten sich an dieser Stelle nur merken, wie Sie den versehentlich aktivierten Bearbeitungs-Modus wieder verlassen können: Durch Eingabe des Schrägstriches (/), gefolgt vom Buchstaben z, d.h. /z.

Diagrammtyp
festlegen

Nun können wir endlich mit der Erstellung der Grafik beginnen. Zunächst müssen Sie den Diagrammtyp festlegen. Öffnen Sie das Menü **Grafik** und wählen Sie den Befehl **Diagrammtyp**. Die nächste Abbildung zeigt die möglichen Typen, z.B. **Linien, Balken, Flächen**. Bewegen Sie den Cursor nach **Kreis** und drücken Sie die RETURN-Taste.

Wertebereich
festlegen

Im zweiten Schritt müssen Sie die Daten festlegen, die Sie grafisch darstellen wollen. Öffnen Sie aus dem Menü **Grafik** den Befehl **Wertebereiche**. Wählen Sie **1. Wertebereich**. Quattro Pro fragt daraufhin nach dem Block für den 1. Wertebereich.

Bewegen Sie den Cursor nach Feld B2, drücken Sie den Punkt (.) und markieren Sie den Bereich von B2 bis B5 (B2..B5). Drücken Sie die RETURN-Taste, um die Eingabe zu bestätigen.

X-Achsenwerte
festlegen

Sie haben damit festgelegt, daß die in den Feldern B2 bis B5 gespeicherten Zahlen in eine Grafik einfließen sollen. Neben den Zahlen gehören auch erläuternde Texte zu einer Grafik. Texte können über den Befehl **X-Achsenwerte** festgelegt werden. Wählen Sie den Befehl **X-Achsenwerte**. Quattro Pro fragt daraufhin nach dem Textblock für die X-Achse. Bewegen Sie den Cursor nach Feld A2, drücken Sie den Punkt (.) und markieren Sie den Bereich von A2 bis A5 (A2..A5). Drücken Sie die RETURN-Taste, um die Eingabe zu bestätigen.

Ansicht: F10

Sie können sich Grafiken über die Befehlsfolge **Grafik - Ansicht** anzeigen lassen. Besser wäre, Sie merken sich gleich die "schnelle Taste" F10, mit deren Hilfe Sie <u>von jedem Ausgangspunkt</u> die Grafikdarstellung aktivieren können. Drücken Sie die Funktionstaste F10. Die nächste Abbildung zeigt den aktuellen Stand der Grafik.

3D-Form

Drücken Sie die ESCAPE-Taste, um zurück zum Arbeitsblatt zu gelangen. Das Kreisdiagramm ist in 3D-Form dargestellt. Um zwischen der 3D-Form und der normalen Form zu wechseln, gehen Sie folgendermaßen vor: Öffnen Sie das Menü **Grafik** und wählen Sie den Befehl **Layout**. Quattro Pro öffnet daraufhin ein weiteres Dialogfenster. Über den vierten Befehl **3D** können Sie festlegen, ob Sie die Grafik in 3D-Form darstellen wollen oder nicht. Sie sollten an der 3D-Form festhalten.

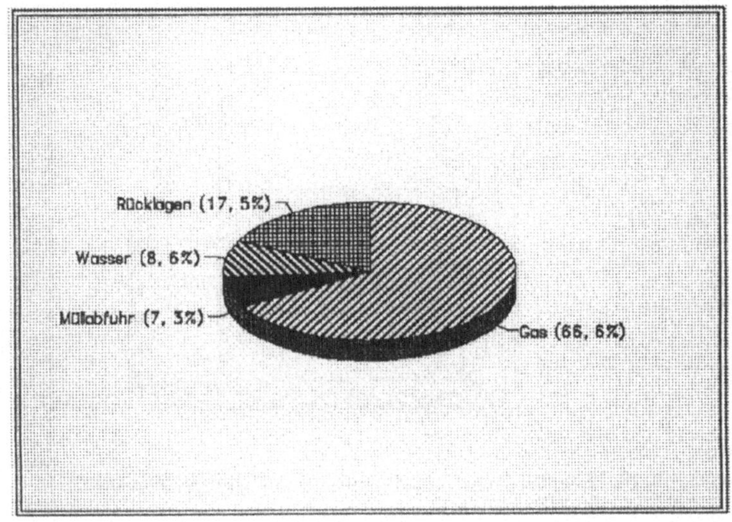

Was haben wir bisher gemacht? Wir haben zunächst den Diagrammtyp festgelegt. Anschließend haben wir aus dem Arbeitsblatt 5GRAFIK.WQ1 die Werte und Texte ausgewählt, die in der Grafik dargestellt werden sollen. Durch Drücken der Funktionstaste F10 können Sie die Grafikdarstellung aktivieren. Über die Befehlsfolge **Grafik - Layout - 3D** können Sie festlegen, ob die Grafik in 3D-Form angezeigt werden soll. Als nächstes wollen wir unserer Grafik eine Überschrift zuweisen.

Wählen Sie aus dem geöffneten Menü **Grafik** den Befehl **Text** und anschließend den Befehl **1. Zeile**. Hierbei handelt es sich um die Hauptüberschrift der Grafik. Geben Sie als Überschrift *Kostenverteilung* ein und drücken Sie die RETURN-Taste. Wählen Sie anschließend den Befehl **2. Zeile** und tragen Sie als zweite Überschrift *Johann Rau* ein.

Überschriften festlegen

Drücken Sie anschließend die Funktionstaste F10. Sie stellen fest, daß die Überschriften angezeigt werden, aber noch nicht in der vorgesehenen Umrahmung. Drücken Sie die ESCAPE-Taste, um zurück zum Arbeitsblatt zu gelangen.

Wählen Sie aus dem Menü **Grafik** den Befehl **Layout**. Quattro Pro öffnet ein zweites Dialogfenster, aus dem Sie den Befehl **Umrahmung** wählen. Aus dem dritten Dialogfenster wählen Sie den Befehl **Titel**.

Überschrift einrahmen

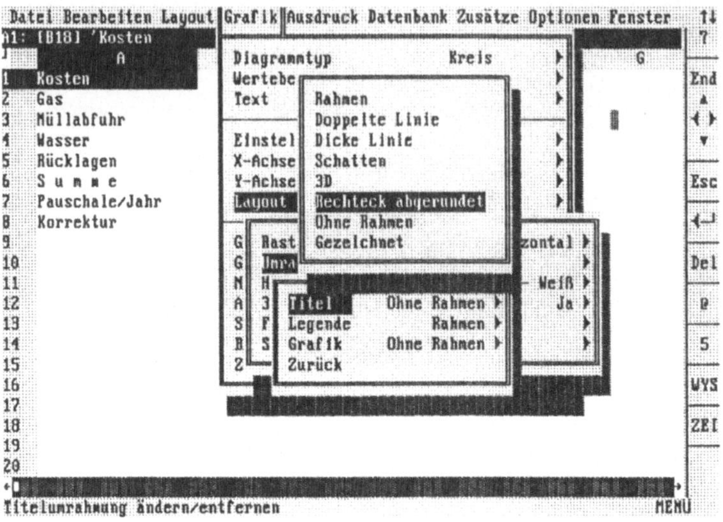

Wählen Sie die Darstellung **Rechteck abgerundet** und drücken Sie
die RETURN-Taste. Wenn Sie anschließend die Funktionstaste
F10 drücken, hat das Diagramm die Form, die Herr Rau vorge-
schlagen hat.

Die Erstellung von Grafiken sollte in drei Hauptschritten erfolgen:

Schritte

Grafikerstellung

1. Diagrammtyp festlegen

2. Werte, Texte und Überschriften festlegen

3. Formatier- und Layoutmaßnahmen

Die Befehle für die beiden ersten Schritte kennen Sie im wesentlichen. Quattro Pro bietet eine Vielzahl von Formatier- und Layout-
befehlen an, um die Darstellung der Grafik den individuellen Vorstellungen anzupassen. Auf diese Befehle werden wir im nächsten
Abschnitt eingehen.

Formatier- und Layoutbefehle (1. Teil)

In diesem Abschnitt werden Sie erfahren, mit welchen Befehlen
Sie eine Grafikdarstellung optisch verbessern können. Wählen
Sie aus dem **Grafik**-Menü den Befehl **Einstellungen**. Quattro
Pro öffnet daraufhin ein weiteres Dialogfenster, aus dem Sie den
Befehl **Kreisdiagramme** auswählen.

Nehmen wir an, Sie sind mit der Schraffur des ersten Sektors des
Kreisdiagramms nicht zufrieden. Wählen Sie den Befehl **Muster**.

Sie können jedem Sektor des Kreisdiagramms eine spezielle
Schraffur zuordnen. Wählen Sie **1. Sektor**. Quattro Pro zeigt
daraufhin die möglichen Schraffurarten.

*Schraffur
ändern*

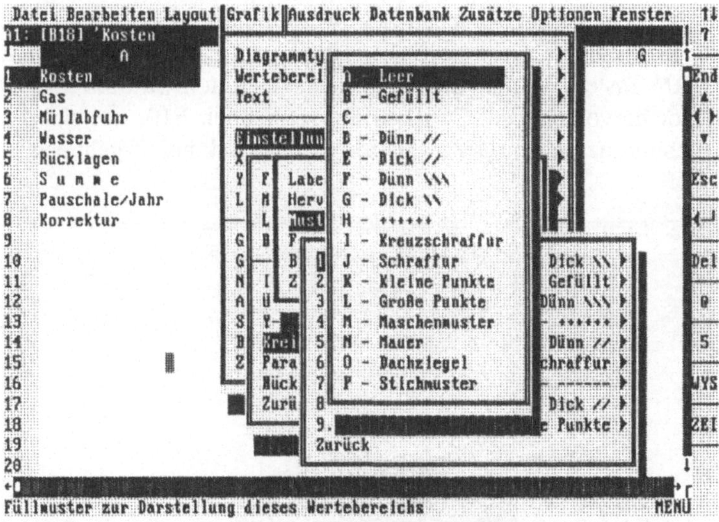

Wählen Sie die Option **Dachziegel** und betrachten Sie das Ergebnis durch Drücken der F10-Taste. Gefällt Ihnen die "Dachziegel-
Schraffur"? Für den Fall, daß Ihnen diese Schraffur nicht gefällt,
kennen Sie nun die Befehlsfolge, mit der Sie den einzelnen Sektoren Schraffurarten zuordnen können.

Haben Sie an Ihrem PC einen Farbbildschirm angeschlossen?
Wenn ja, vollziehen Sie die folgende Befehlsfolge nach, um dem
ersten Sektor eine andere Farbe zuzuordnen.

Farben ändern

Springen Sie zurück zum Arbeitsblatt. Wählen Sie nach der Befehlsfolge **Grafik - Einstellungen - Kreisdiagramme** den Befehl **Farben** aus. Sie können jedem Sektor eine Farbe ganz nach Ihren eigenen Vorstellungen zuordnen. Wählen Sie **1. Sektor** und anschließend die Farbe **Leuchtend Weiß** aus. Drücken Sie F10, um sich das Ergebnis anzusehen. Für den Fall, daß Ihnen die Farbe **Leuchtend Weiß** nicht gefällt, kennen Sie die Befehlsfolge, mit der Sie eine andere Farbe auswählen können.

Hervorheben eines Sektors

Wenn Ihnen ein Sektor besonders wichtig erscheint, können Sie diesen Sektor optisch hervorheben. Nachdem Sie die Befehlsfolge **Grafik - Einstellungen - Kreisdiagramme** gewählt haben, können Sie Sektoren über den Befehl **Hervorheben** besonders herausstellen. Wählen Sie den Befehl **Hervorheben**.

Sie werden gefragt, welchen Sektor Sie hervorheben wollen. Bewegen Sie den Cursor nach **3. Sektor** und drücken Sie die RETURN-Taste. Wählen Sie anschließend Option **Ja**, um den 3. Sektor hervorzuheben. Drücken Sie schließlich F10, um sich das Ergebnis anzusehen. Der 3. Sektor wird optisch hervorgehoben.

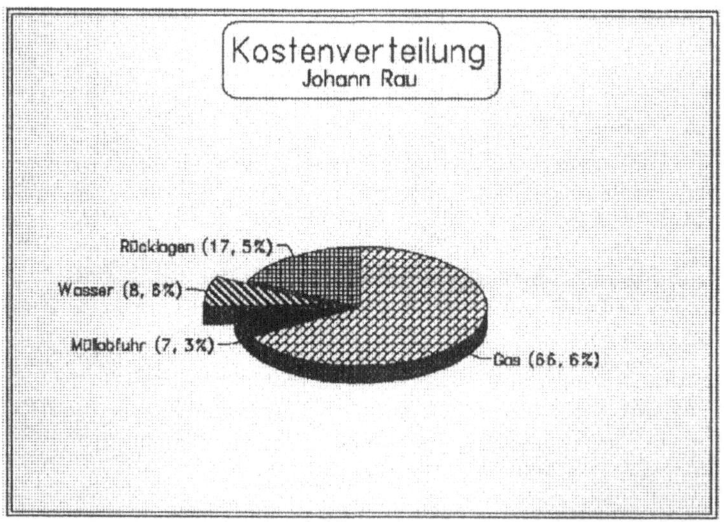

Speichern der Grafik

Wechseln Sie zum Arbeitsblatt und schließen Sie sämtliche Dialogfenster. Wir wollen einen Schritt weitergehen. Zuvor sollten Sie jedoch das Arbeitsblatt sichern (STRG-s und Option **Ersetzen**). Durch den Sicherungsvorgang speichern Sie nicht nur das Arbeitsblatt, sondern auch den letzten Stand der Grafik.

Wenn Sie in einem Arbeitsblatt mit mehreren Grafiken arbeiten wollen, können Sie die einzelnen Grafiken über die Befehlsfolge **Grafik - Namen** benennen.

Wählen Sie die Befehlsfolge **Grafik - Namen - Sichern**, und tragen Sie den Namen *Kreis* ein. Der letzte Stand der Grafik ist jetzt unter diesem Namen abgespeichert und kann jederzeit wieder über die Befehlsfolge **Grafik - Namen - Zuordnen** aufgerufen werden (dazu später mehr).

Im nächsten Schritt wollen wir uns mit Balkendiagrammen beschäftigen. Wählen Sie aus dem Menü **Grafik** den Diagrammtyp **Balken** aus. Drücken Sie F10, um sich das Ergebnis anzusehen.

Balken

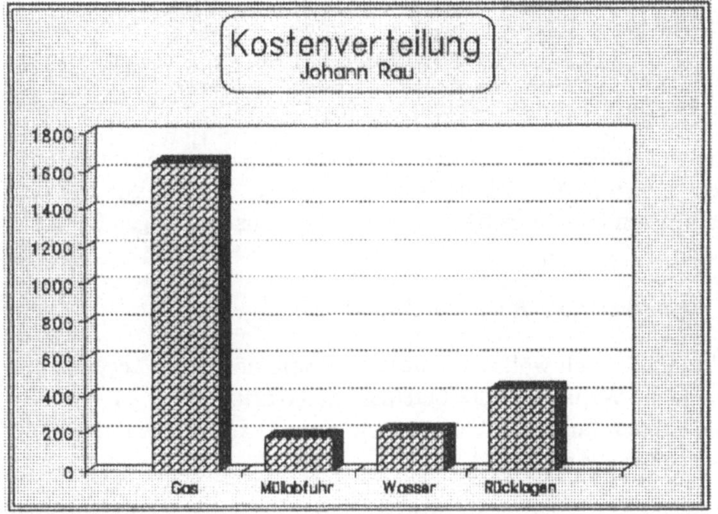

In der Balkengrafik sollen sämtliche Kosten der drei Familien dargestellt werden. Was ist also zu tun? Wir müssen weitere Wertebereiche definieren. Wählen Sie den Befehl **Grafik - Wertebereiche** und tragen Sie als 2. Wertebereich den Block von C2 bis C5 (C2..C5) ein.

Wertebereiche festlegen

Als 3. Wertebereich legen Sie bitte den Block von D2 bis D5 (D2..D5) fest. Nachdem Sie F10 gedrückt haben, sehen Sie folgendes Ergebnis:

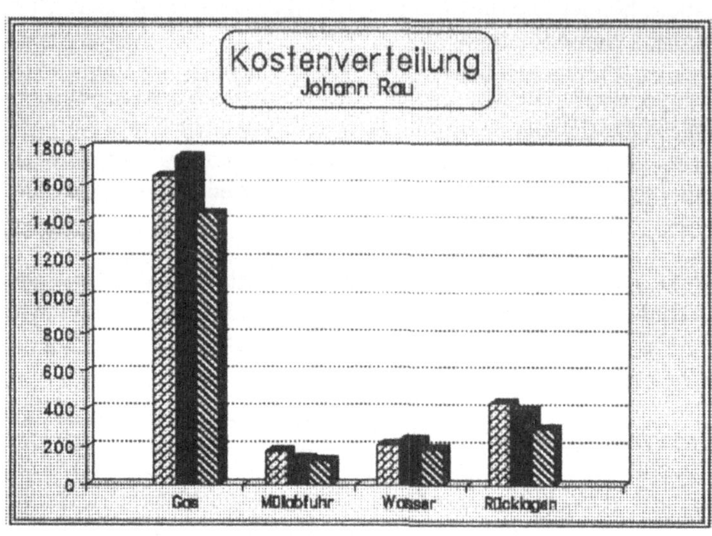

Überschrift
ändern

Sie stellen fest, daß wir die zweite Überschrift aktualisieren müssen. Erinnern Sie sich noch an den Befehl? Wählen Sie aus dem geöffneten Menü **Grafik** den Befehl **Text** aus und tragen Sie als 2. Zeile

Familien Rau, Blüm und Brandt

ein. Schließlich wollen wir unserer Grafik noch eine Legende hinzufügen. Wählen Sie die Befehlsfolge **Grafik - Text - Legenden**. Sie müssen für jeden Wertebereich einen Text festlegen, der in der Legende angezeigt wird.

Legende
einfügen

Geben Sie für den 1. Wertebereich *Rau,* für den 2. Wertebereich *Blüm* und für den 3. Wertebereich *Brandt* ein. Wählen Sie anschließend den Befehl **Position**. Sie können Legenden unterhalb oder rechts neben der Grafik plazieren. Wählen Sie die Position *Unten*.

Später in diesem Kapitel erfahren Sie, wie Sie in Quattro Pro die Position sämtlicher Diagrammkomponenten (z.B. Überschriften) beliebig festlegen können. Drücken Sie F10, um sich den aktuellen Stand der Grafik anzusehen:

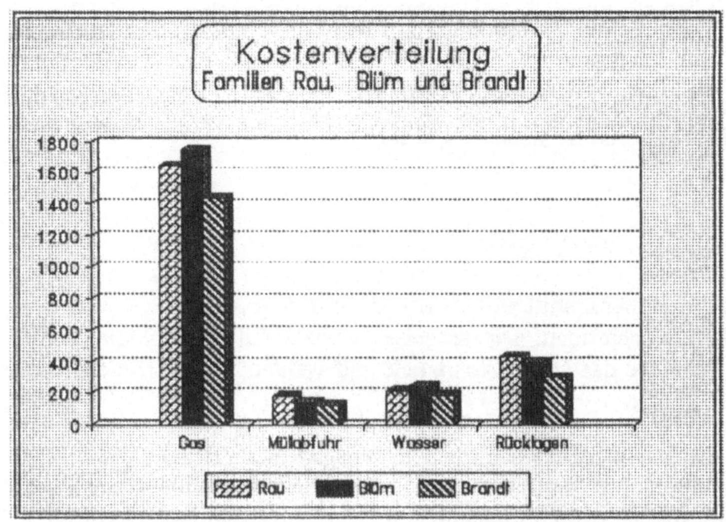

Wie ist vorzugehen, wenn Sie - aus welchen Gründen auch immer - das Kreisdiagramm auf den Bildschirm holen, aber das Balkendiagramm nicht verlieren wollen. Wählen Sie die Befehlsfolge **Grafik - Namen - Sichern** und tragen Sie den Namen *Balken* ein. Nachdem Sie die RETURN-Taste gedrückt haben, wird die aktuelle Grafik unter dem Namen *Balken* gespeichert.

Arbeitsblatt und Grafik(en) werden gemeinsam unter dem Namen des Arbeitsblattes auf die Festplatte zurückgeschrieben. Bevor Sie Quattro Pro verlassen, müssen Sie daher auch das Arbeitsblatt sichern. Schließen Sie sämtliche Menüs und drücken Sie STRG-s, um den Sicherungsvorgang einzuleiten. Wählen Sie **Ersetzen**. Sie haben damit das Arbeitsblatt zusammen mit zwei Grafiken abgespeichert.

Geben Sie die Befehlsfolge **Grafik - Namen - Zuordnen** ein. Wählen Sie aus dem geöffneten Dialogfenster das Kreisdiagramm aus und drücken Sie die RETURN-Taste. Sie haben damit wieder das im ersten Abschnitt dieses Kapitels erstellte Kreisdiagramm aktiviert. Wechseln Sie zum Arbeitsblatt und rufen Sie ein zweites Mal die Befehlsfolge **Namen - Zuordnen** auf und wählen Sie diesmal das Balkendiagramm aus. Quattro Pro zeigt daraufhin den letzten Stand des Balkendiagramms an.

Was haben wir in diesem Abschnitt gemacht? Sie haben erfahren, wie Sie für ein Balkendiagramm weitere Wertebereiche festlegen, in Ihr Diagramm eine Legende einfügen und das "Endprodukt" unter einem Namen abspeichern können. Schließlich haben Sie den Befehl kennengelernt, mit dem Sie zwischen verschiedenen Grafiken hin- und herschalten können.

Ausdrucken von Grafiken

In diesem Abschnitt wollen wir uns mit dem Ausdrucken von Grafiken beschäftigen. Die aktuelle Grafik ist das Balkendiagramm. Öffnen Sie das Menü **Ausdruck** und wählen Sie den Befehl **Grafik-Druck**.

Bildschirm-Voranzeige

Zunächst werden Sie nach dem Ausgabeziel gefragt. Wählen Sie den Befehl **Ausgabeziel** und geben Sie **Bildschirm-Voranzeige** ein. Starten Sie anschließend den Druck über den Befehl **Start**.

Die Bildschirmanzeige kann als Kontrolle vor der eigentlichen Druckausgabe genutzt werden. Drücken Sie die ESCAPE-Taste, um die Bildschirmanzeige zu beenden. Wählen Sie als Ausgabeziel **Grafik-Drucker** und starten Sie - wenn Sie einen Drucker angeschlossen haben - erneut über den Befehl **Start** den Druckvorgang.

Hoch- oder Querformat

Über die Befehlsfolge **Ausdruck - Grafik-Druck - Layout - Seitenformat** können Sie festlegen, ob die erstellte Grafik im Hoch- oder Querformat gedruckt werden soll (dieser Befehl sollte klar sein, so daß wir auf einen Test verzichten können).

Schriftbild ändern

Sie können den in der Grafik enthaltenen Texten verschiedene Schriftarten zuordnen. Wählen Sie die Befehlsfolge **Grafik - Text - Schriftbild - 1. Zeile** und anschließend den Befehl **Schriftart**.

Schriftart ändern

Sie können jetzt eine Schriftart auswählen und anschließend deren Punktgröße und Attribute festlegen. Im dritten Kapitel haben wir mit der Schriftart **Old English** experimentiert. Wählen Sie hier die Schriftart **Script**. Legen Sie anschließend eine Punktgröße von 30 fest. Schließen Sie sämtliche Menüs durch Drücken der ESCAPE-Taste.

Drucken Sie die Grafik über die Befehlsfolge **Ausdruck - Grafik-Druck - Start** aus (Voraussetzung ist, daß Sie als Ausgabeziel **Grafik-Drucker** festgelegt haben). Wenn Sie keinen Drucker angeschlossen haben, können Sie sich das Ergebnis am Bildschirm ansehen, nachdem Sie als Ausgabeziel die Bildschirmanzeige gewählt haben. Wie gefällt Ihnen die Schriftart **Script**, die Sie für die Hauptüberschrift festgelegt haben?

Formatier- und Layoutbefehle (2. Teil)

Um die Beschreibung der Formatier- und Layoutbefehle etwas aufzulockern, haben wir zwischendurch das Ausdrucken von Grafiken beschrieben. Nun soll die Arbeit mit dem Balkendiagramm fortgesetzt werden. Wenn Sie momentan mit dem Kreisdiagramm arbeiten, müssen Sie sich zunächst über die Befehlsfolge **Grafik - Namen - Zuordnen** das Balkendiagramm auf den Bildschirm holen.

Sie haben das Balkendiagramm auf dem Bildschirm. Wechseln Sie zum Arbeitsblatt und wählen Sie aus dem Menü **Grafik** den Befehl **Einstellungen**. Mit Hilfe des Befehls **Balkenbreite** legen Sie bei Balkendiagrammen den Anteil auf der X-Achse fest, der von den Balken belegt wird. Je höher der Anteil, desto breiter werden die Balken gezeichnet. Legen Sie beispielsweise eine Balkenbreite von 80 fest und betrachten Sie anschließend durch Drücken von F10 das Ergebnis: Sie stellen fest, daß durch die breitere Darstellung weniger Platz für die Zwischenräume bleibt.

Balkenbreite verändern

Zusätzlich zu den Balken soll eine "Summenlinie" gezeichnet werden, die die Summen der einzelnen Kostenarten repräsentieren soll.

Überlagerung

Wechseln Sie zum Arbeitsblatt und legen Sie zunächst einen vierten Wertebereich fest. Wählen Sie aus dem Menü **Grafik** den Befehl **Wertebereich** und geben Sie als Block für den vierten Wertebereich die Felder von E2 bis E5 (E2..E5) an. Jetzt wählen Sie aus dem Menü **Grafik** die Befehlsfolge **Einstellungen - Überlagerung - 4. Wertebereich**.

Nachdem Sie die Option **Linien** gewählt haben, drücken Sie F10, um sich das Ergebnis anzusehen.

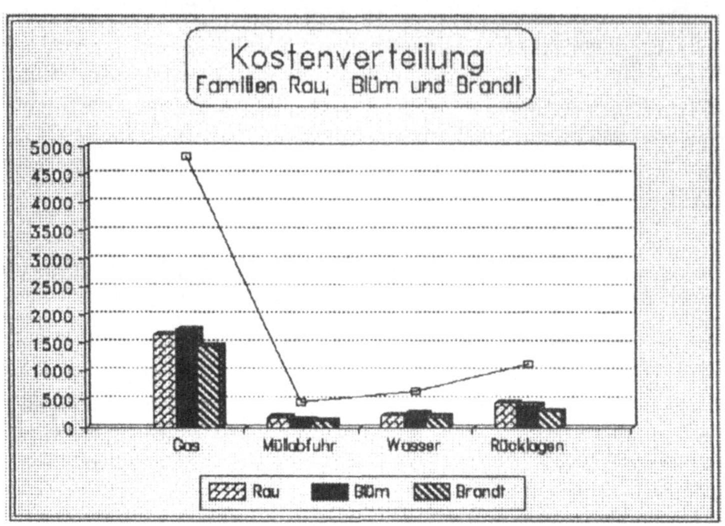

Zweite Y-Achse

Die Dimensionen zwischen der Summenlinie und den übrigen Werten führen dazu, daß ein großer Teil der Grafikfläche "leer" ist. Wie können wir die unterschiedlichen Dimensionen bei unserer Grafikdarstellung berücksichtigen? Wir definieren uns eine zweite Y-Achse, die nur für die Summenlinie gilt.

Wechseln Sie zum Arbeitsblatt und geben Sie die Befehlsfolge **Grafik - Einstellungen - Y-Achse** ein. Sie können für jeden Wertebereich festlegen, ob die erste oder zweite Y-Achse gelten soll. Wählen Sie **4. Wertebereich** und legen Sie für diesen Wertebereich **Zweite Y-Achse** fest. Wenn Sie danach F10 drücken, hat Quattro Pro eine zweite Y-Achse eingerichtet.

Löschen eines
Wertebereiches

Wechseln Sie zum Arbeitsblatt. Möglicherweise möchten Sie Einstellungen, die Sie während der Grafikerstellung gesetzt haben, wieder rückgängig machen. Wählen Sie aus dem Menü **Grafik** den Befehl **Einstellungen**. Hier wählen Sie den Befehl **Rücksetzen**. Bewegen Sie den Cursor auf **4. Wertebereich** und drücken Sie die RETURN-Taste. Sie haben den vierten Wertebereich und in diesem Fall die zweite Y-Achse einschließlich der Überlagerung gelöscht.

Sie sollten sich merken, daß Sie mit dem Befehl **Rücksetzen** nicht leichtfertig umgehen dürfen. Sie können, wenn Sie **Rücksetzen - Grafik** wählen, sämtliche zur Grafik gehörenden Daten, z.B. Wertebereiche oder Überschriften, löschen. Über den Befehl **Namen - Zuordnen** können Sie jedoch den zuletzt gespeicherten Stand der Grafik zurückholen.

Vorsicht!

Der niedrigste Wert, der grafisch dargestellt werden muß, liegt knapp über 200 (wir unterstellen, daß Sie die Ausgangsdaten nicht verändert haben). Der höchste Wert liegt unter 1800. Quattro Pro bietet die Möglichkeit, die Skalierung der Y-Achse zu verändern.

Skalierung der Y-Achse

Zunächst müssen Sie die Befehlsfolge **Grafik - Y-Achse - Skalierung - Manuell** wählen. Als kleinsten Wert können Sie 200, als größten Wert 1800 und als Wertzuwachs 400 eingeben. Quattro Pro paßt daraufhin die Darstellung den neuen Skalierungswerten an.

Bei Liniendiagrammen können Sie in Quattro Pro auch die Linienart und die Markierungszeichen an den jeweiligen Eckpunkten variieren. Wir haben in unserem Beispiel die Voreinstellungen nicht verändert.

Weitere Befehle

Wenn Sie die Linienart für einen Wertebereich ändern wollen, müssen Sie die Befehlsfolge **Grafik - Einstellungen - Linien & Symbole - Linienart** eingeben. Anschließend können Sie einen Wertebereich auswählen und eine der von A - H durchnumerierten Linienarten auswählen. Für den ausgewählten Wertebereich haben Sie damit eine neue Linienart festgelegt.

Linienart

Wenn Sie anstelle der **Linienart** den Befehl **Markierungen** wählen, können Sie zwischen insgesamt 10 Markierungszeichen auswählen.

Markierungen

Sie können für die Grafik eine Umrahmung festlegen. Nach Eingabe der Befehlsfolge **Grafik - Layout - Umrahmung** öffnet Quattro Pro ein weiteres Dialogfenster, aus dem Sie den Befehl **Grafik** auswählen können. Hier können Sie eine Umrahmung für die gesamte Grafik festlegen.

Umrahmung

Was haben wir in diesem Abschnitt gemacht? Sie haben erfahren, wie Sie innerhalb einer Grafik zwei Diagrammtypen definieren können. Der Befehl **Überlagerung** wurde an einem Beispiel erläutert und es wurde aufgezeigt, wie man Balken und Linien verbinden kann. In vielen Fällen passen nach Definition einer Überlagerung die Werte auf der Y-Achse nicht zu beiden Diagrammtypen. Quattro Pro bietet die Möglichkeit, eine zweite Y-Achse zu definieren, so daß beide Diagrammtypen über eine eigene Y-Achse verfügen. Für den Fall, daß das immer noch nicht ausreicht, haben Sie in Quattro Pro die Möglichkeit, die Skalierung der Werte auf der Y-Achse zu verändern.

Einfügen von Grafiken in ein Arbeitsblatt

In diesem Abschnitt werden Sie erfahren, wie Sie eine bestehende Grafik in ein Arbeitsblatt einfügen können. Auf diese Art können Sie beispielsweise Änderungen in das Arbeitsblatt eingeben und unmittelbar die Auswirkungen auf die grafische Darstellung beobachten.

Voraussetzung

Voraussetzung dafür ist, daß Sie über eine hochauflösende Grafikkarte verfügen, die imstande ist, den entsprechenden **Video-Modus** zu aktivieren.

Video-Modus

Wir können dies leicht prüfen. Schließen Sie eventuell noch geöffnete Menüs. Sie befinden sich innerhalb des Arbeitsblattes 5GRAFIK.WQ1. Bewegen Sie den Cursor nach Feld A11. Bevor Sie eine Grafik in ein Arbeitsblatt einbinden können, müssen Sie den **Video-Modus** ändern. Öffnen Sie dazu das Menü **Optionen** und wählen Sie den Befehl **Video-Modus**. Voreingestellt ist Option **A**, der normale 80x25-Textmodus. Für unsere Zwecke benötigen wir allerdings den Modus **B** (WYSIWYG). Wenn Modus **B** angezeigt wird, können Sie die weiteren Ausführungen verfolgen, ansonsten ist Ihr PC leider nicht imstande, Arbeitsblätter und Grafiken zusammenzufügen.

Wählen Sie Option **B**. Quattro Pro schaltet daraufhin in den Grafik-Modus. Öffnen Sie das Menü **Grafik** und wählen Sie den Befehl **Grafik einfügen**. Wählen Sie das Kreisdiagramm.

Anschließend müssen Sie den Block festlegen, der die Grafik aufnehmen soll. Bewegen Sie den Cursor nach Feld A11, drücken
Sie den Punkt (.) und markieren Sie den Bereich von Feld A11
bis Feld E22 (A11..E22). Bestätigen Sie die Markierung durch
Drücken der RETURN-Taste. Schließen Sie anschließend die geöffneten Menüs.

Grafik
einfügen

Sie haben nun ein Arbeitsblatt einschließlich einer Grafik auf
dem Bildschirm. Drücken Sie F10. Sie gelangen zur "normalen"
Grafikdarstellung. Drücken Sie die ESCAPE-Taste, um wieder
zum Arbeitsblatt zu springen.

Die in das Arbeitsblatt eingefügte Grafik muß nicht unbedingt
identisch sein mit der, die Sie zur Zeit im Grafik-Modus bearbeiten.

Nun bewegen Sie den Cursor nach Feld B2 und ändern die
Gaskosten für Familie Rau. Ändern Sie den Wert von 1644 DM
auf 200 DM und beobachten Sie die Veränderung der Grafik.
Machen Sie die Änderung wieder rückgängig, z.B. durch
Drücken von ALT-F5 (Voraussetzung ist, daß Sie den Befehl
Rückgängig aktiviert haben).

Als nächstes wollen wir die Grafik wieder aus dem Arbeitsblatt
entfernen. Geben Sie die Befehlsfolge **Grafik - Grafik entfernen**
ein und wählen Sie das Kreisdiagramm aus. Das Kreisdiagramm
ist verschwunden. Nun ändern Sie wieder den Video-Modus
(Befehlsfolge **Optionen - Video Modus - A.**

Grafik
entfernen

Zum Schluß wollen wir auf einen ungewöhnlichen Befehl hinweisen. Tragen Sie zuvor in das Feld A11 den Text

Kreis

und in das Feld A12 den Text

Balken

ein. Dies sind die Namen der beiden gespeicherten Grafiken. In
das Feld B11 tragen Sie den Wert 10 und in das Feld B12 den
Wert 5 ein. Nun wählen Sie die Befehlsfolge **Grafik - Namen -
Bildfolge.**

Der Befehl
Bildfolge

Der Befehl **Bildfolge** bietet die Möglichkeit, sich nacheinander
mehrere Bilder anzeigen zu lassen. Probieren Sie es aus!

Geben Sie als Block mit den Grafiknamen die Felder

A11..B12

an. Spalte A speichert die Namen der Grafiken, Spalte B die Anzahl Sekunden, in denen die aufgeführten Grafiken auf dem Bildschirm angezeigt werden. Nachdem beide Grafiken angezeigt worden sind, springt Quattro Pro zurück zum Arbeitsblatt. Wenn Sie anstelle der Sekundenangabe den Wert 0 eingeben, erfolgt der Wechsel der Grafiken erst, nachdem Sie die RETURN-Taste gedrückt haben.

Was haben wir in diesem Abschnitt gemacht? Sie haben in diesem Abschnitt erfahren, wie Sie in ein Arbeitsblatt eine Grafik einfügen können. Damit haben Sie Arbeitsblatt und Grafik auf einem Bildschirm. Änderungen am Arbeitsblatt beeinflussen sofort die grafische Darstellung. Wenn Sie über einen Farbbildschirm verfügen, können Sie gerade bei einer solchen Zusammenstellung reichlich experimentieren, bis Sie eine "optimale Farbkomposition" gefunden haben.

Wenn Sie über einen Drucker mit ausreichender Auflösungskapazität verfügen, können Sie Arbeitsblatt und Grafik zusammen ausdrucken. In vielen Fällen wird die Darstellung allerdings etwas klein, so daß Sie vermutlich auch hier experimentieren müssen, bis Sie eine angemessene Darstellung gefunden haben.

Der Bearbeitungs-Modus

Voraussetzung

Für das Arbeiten im **Bearbeitungs-Modus** gilt das gleiche, was auch für das Einfügen von Grafiken in ein Arbeitsblatt gilt: Sie benötigen eine hochauflösende Grafikkarte. Wenn Ihr PC bereits beim letzten Abschnitt nicht mitgespielt hat, werden Sie mit großer Wahrscheinlichkeit auch die Ausführungen zum **Bearbeitungs-Modus** nicht nachvollziehen können.

Hoffen wir also, daß Ihr PC den **Bearbeitungs-Modus** "packt". Das werden wir sofort feststellen. Holen Sie sich zunächst über die Befehlsfolge **Grafik - Namen - Zuordnen** das gespeicherte Kreisdiagramm auf den Bildschirm. Wenn Sie das Kreisdiagramm auf dem Bildschirm haben, geben Sie den Schrägstrich (/) ein. Sie schalten in den **Bearbeitungs-Modus**, in dem Sie weitere Änderungen an Ihrer Grafik vornehmen können.

Durch Eingabe des Schrägstrichs (/) gelangen Sie in die Menüzeile des Modus. Geben Sie /z ein, um den Modus wieder zu verlassen. Drücken Sie die ESCAPE-Taste, um zum Arbeitsblatt zu gelangen. Geben Sie die Befehlsfolge **Grafik - Bearbeiten** ein.

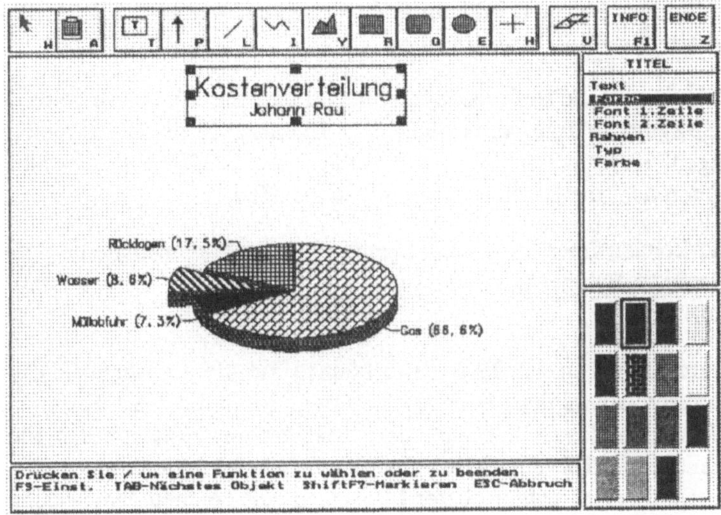

Wenn Ihr PC den Modus aktivieren kann, vollziehen Sie die folgenden Ausführungen nach! Ansonsten ist hier für Sie das Kapitel 5 leider beendet!

Vom Arbeitsblatt können Sie den Bearbeitungs-Modus über die Befehlsfolge **Grafik - Bearbeiten** aktivieren, von der Grafik durch Eingabe des Schrägstriches (/). Zurück gelangen Sie durch Eingabe des Schrägstriches, gefolgt vom Buchstaben z.

Aktivieren Bearbeitungs-Modus

Die Ansprüche!   Wozu ein weiterer Modus? Wie Sie im bisherigen Verlauf dieses Kapitels festgestellt haben, können Sie Ihre Grafiken mit Quattro überaus variabel gestalten. Der Befehlsvorrat ist so groß, daß es nicht möglich ist, auf sämtliche Details einzugehen.

Dennoch wird heutzutage von einem Grafikprogramm noch mehr Flexibilität verlangt! Was ist beispielsweise, wenn zur Erläuterung zusätzlicher Text in die Grafik eingefügt werden soll? Was ist, wenn Sie den Kreis Ihres Kreisdiagramms etwas nach links verschieben möchten, um rechts mehr Platz für eine Legende zu bekommen?

Diese und weitere Aufgaben lassen sich im Bearbeitungs-Modus erledigen. Wir wollen das Arbeiten im Bearbeitungs-Modus anhand eines Beispiels erläutern. Zuvor wollen wir kurz auf den Bearbeitungs-Bildschirm eingehen.

Bearbeitungs-   Die obere Zeile stellt das Symbolmenü dar. Sie können die einzel-
Bildschirm   nen Symbole dazu verwenden, neue Elemente in die Grafik einzufügen, Hilfe-Informationen aufzurufen, den EDIT-Modus zu aktivieren oder die Grafikbearbeitung zu beenden.

Symbolmenü   Sie können über das Symbolmenü neue Diagrammelemente definieren, z.B. über das Symbol **T** einen neuen Text in Ihre Grafik einfügen.

Element   Durch Drücken der TAB-Taste können Sie die einzelnen Grafik-
auswählen   elemente auswählen. Drücken Sie einige Male die TAB-Taste und Sie werden feststellen, daß Sie momentan nur zwischen den Elementen **Grafik** und **Titel** auswählen können. Sie können dem Attributmenü (rechter oberer Bildschirmrand) entnehmen, welches Element Sie gerade aktiviert haben. Sämtliche Änderungen, die Sie eingeben, beziehen sich jeweils auf das ausgewählte Element. In der letzten Abbildung hatten wir das Element **Titel** ausgewählt.

Attributmenü   Am rechten Bildschirmrand sehen Sie das Attributmenü, das eine Auswahlliste mit den verfügbaren Merkmalen darstellt, die Sie für das gewählte Element anpassen können. Wenn Sie beispielsweise das Merkmal **Titel** aktiviert haben, können Sie die Attribute **Text** und **Rahmen** ändern.

Am unteren rechten Bildschirmrand sehen Sie die Attributpalette. *Attributpalette*
Dies sind die Optionen, die Sie für das markierte Attribut auswählen können. Wenn Sie beispielsweise aus dem Attributmenü
Farbe gewählt haben, werden hier sämtliche Farben, zwischen
denen Sie wählen können, angezeigt.

Einfügen und Formatieren eines weiteren Textes

Dies soll an theoretischer Darstellung genügen. Setzen wir die
Beschreibung mit einem Beispiel fort. Sie haben immer noch das
Kreisdiagramm wie in der letzten Abbildung auf dem Bildschirm.
Nehmen wir an, Sie möchten den Text *für das Jahr 1991* in die
Grafik einfügen. Das Einfügen weiterer Texte erfolgt in mehre-
ren Schritten.

Einfügen weiterer Texte	*Schritte*

1.   Auswahl des Textsymbols T

2.   Festlegen der Position innerhalb der Grafik

3.   Eingabe des Textes

4.   Formatieren des Textes

Die Auswahl des Symbols T erfolgt entweder mit Hilfe der
Maus, indem Sie den Mauszeiger auf das Symbol bewegen und
die linke Maustaste betätigen, oder mit Hilfe der Tastatur, indem
Sie den Schrägstrich (/), gefolgt vom Buchstaben T eingeben.

Das Festlegen der Position kann entweder mit Hilfe der Maus erfolgen, indem Sie den Mauszeiger zu einer beliebigen Position
bewegen und die linke Maustaste betätigen, oder mit Hilfe der
Pfeiltasten. Durch die Tastenkombination *SHIFT-Pfeiltaste* können Sie den Bewegungsvorgang beschleunigen.

Wenn sich der Text über mehrere Zeilen erstreckt, müssen Sie
am Zeilenende die Tastenkombination STRG-RETURN drücken.
Der Cursor bewegt sich daraufhin in die nächste Zeile.

Das Formatieren des Textes erfolgt mit Hilfe des Attributmenüs
am oberen und der Attributpalette am unteren rechten Bildschirmrand.

Einfügen

Bewegen Sie den Cursor zu einer beliebigen Position innerhalb der Grafik. Springen Sie durch Drücken des Schrägstriches (/) in das Symbolmenü und geben Sie den Buchstaben T ein. Nun können Sie mit Hilfe der Pfeiltaste noch einmal die Position korrigieren. Drücken Sie die RETURN-Taste. Jetzt können Sie den Text eingeben. Geben Sie

für das Jahr STRG-RETURN 1991

ein. Durch STRG-RETURN springen Sie in die nächste Zeile und können dort die Texteingabe fortsetzen. Schließen Sie die Texteingabe durch Drücken der RETURN-Taste ab.

Für den Fall, daß Ihnen ein Fehler unterlaufen ist, können Sie das neudefinierte Textelement markieren, durch Drücken der DEL-Taste löschen und anschließend einen zweiten Versuch starten.

Element verschieben

Drücken Sie einige Male die TAB-Taste. Sie stellen fest, daß unsere Grafik jetzt aus insgesamt drei Elementen besteht. Markieren Sie das soeben erstellte Textelement. Nehmen wir an, daß Sie mit der Position doch nicht zufrieden sind. Nachdem Sie das Textelement ausgewählt haben, können Sie es mit Hilfe der Pfeiltasten verschieben. Probieren Sie es aus! Verschieben Sie es zu einer beliebigen freien Stelle der Grafik. Durch Drücken der RETURN-Taste schließen Sie den Vorgang ab.

Formatieren

Markieren Sie das erstellte Textelement und betrachten Sie das Attributmenü. Entweder klicken Sie ein Attribut mit der Maus an oder Sie gelangen durch Drücken der F3-Taste von der Zeichenfläche in das Attributmenü. Drücken Sie F3, um in das Attributmenü zu gelangen.

Rahmenart

Bewegen Sie den Cursor auf **Typ** und drücken Sie die RETURN-Taste. Mit diesem Befehl können Sie aus der Attributpalette eine Rahmenart für den Text festlegen. Bewegen Sie den Cursor auf die doppelte Linie und drücken Sie die RETURN-Taste. Sie haben damit einen Rahmen mit doppelter Linie festgelegt.

Muster

Bewegen Sie anschließend den Cursor nach **Muster** und drücken Sie die RETURN-Taste. Sie gelangen zur Attributpalette. Mit diesem Befehl bestimmen Sie die Schraffur des Rahmens. Legen Sie eine Schraffur Ihrer Wahl fest.

Mit dem Befehl **Ausrichtung** können Sie die Ausrichtung (links, rechts oder zentriert) des Textes festlegen. Wählen Sie die zentrierte Ausrichtung. Bewegen Sie dazu den Cursor auf **Ausrichtung**, drücken Sie die RETURN-Taste und wählen Sie die zweite Option, mit deren Hilfe Sie den Text zentrieren können.

Ausrichtung

Mit dem Befehl **Schriftbild** können Sie eine andere Schriftart festlegen. Auf diesen Befehl sind wir im Verlaufe dieses Buches bereits mehrfach eingegangen, so daß wir hier auf ein Beispiel verzichten können.

Schriftbild

Mit Hilfe des Befehls **Farbe** können Sie beispielsweise die schraffierte Fläche farblich variieren. Da wir an anderer Stelle auch den **Farbe**-Befehl mehrfach eingesetzt haben, können wir hier auf ein Beispiel verzichten.

Farbe

Sie verlassen durch Drücken der ESCAPE-Taste das Attributmenü. Anschließend markieren Sie den Text und drücken die Funktionstaste F2: Jetzt können Sie den Text editieren.

Text ändern

Nehmen wir an, Sie möchten die Größe des Kreisdiagramms verändern. Durch Drücken der ESCAPE-Taste können Sie das Attributmenü verlassen. Markieren Sie über die TAB-Taste die Grafik (d.h. die vier Sektoren). Geben Sie den Punkt (.) ein. Nun können Sie über die Pfeiltasten die Größe des ausgewählten Elementes variieren. Verkleinern Sie die Grafikdarstellung etwas. Durch Drücken der RETURN-Taste schließen Sie den Befehl ab.

Größe verändern

Zum guten Schluß nehmen wir an, daß Ihnen der zusätzliche Text nun doch nicht mehr gefällt. Markieren Sie den Textblock mit der TAB-Taste und drücken Sie die ENTF-Taste (DEL-Taste). Sie haben den Textblock gelöscht.

Element löschen

Verlassen Sie das Bearbeitungs-Menü, indem Sie über den Schrägstrich (/) in das Symbolmenü springen und anschließend den Buchstaben z eingeben.

Was haben wir in diesem Abschnitt gemacht? Wir haben anhand eines Beispiels das Arbeiten im **Bearbeitungs-Modus** aufgezeigt. Sie sollten sich merken, daß Sie durch diesen Modus überaus variabel in der Grafikdarstellung sind. Sie können einer Grafik Texte und Symbole hinzufügen und individuell gestalten, und Sie können die Größe und Lage der einzelnen Grafikelemente verändern.

Über das Symbolmenü können nicht nur Texte, sondern auch
Pfeile, Linien, Rechtecke usw. eingefügt werden. Quattro Pro besitzt leistungsfähige Befehle bei der Erstellung von Grafiken. Auf
die wichtigsten Befehle haben wir in diesem Kapitel hingewiesen.

Leider verlangt gerade das Erstellen von Grafiken ein hohes Maß
an Übung. Für den Fall, daß Sie zukünftig Grafiken erstellen
wollen, sollten Sie die folgende Übungsaufgabe lösen, um mit den
Befehlen besser vertraut zu werden. Wir geben Ihnen eine Grafik
vor, die Sie in der gleichen Form selbst erstellen.

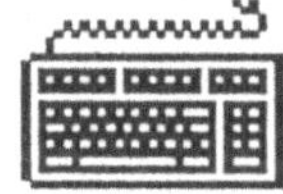

Die nächste Abbildung zeigt ein Balkendiagramm, das die Kor-
rekturzahlungen (Nachzahlung oder Vergütung) der drei Familien
wiedergibt. Beachten Sie, daß wir die Skalierung der Y-Achse geändert (Befehl **Grafik - Y-Achse**) und als Schraffurart "Mauer"
gewählt haben (Befehl **Grafik - Einstellungen - Muster**).

Den Zusatztext

Nachzahlung insgesamt: + 40 DM

müssen Sie im **Bearbeitungs-Modus** einfügen. Überschriften und
Zusatztext müssen darüber hinaus verschoben werden.

Auf Rasterlinien haben wir verzichtet (Befehlsfolge **Grafik -
Layout - Rasterlinien - Entfernen**). Stattdessen haben wir die zu
den Balken gehörenden Werte beigefügt (Befehlsfolge **Grafik -
Einstellungen - Interne Label - 1. Wertebereich**). Hier geben Sie
ebenso die Felder B8 bis D8 (B8..D8) ein, wie für den Wertebereich (Befehl **Grafik - Wertebereiche**).

Die Felder B8 bis D8 speichern die Korrekturwerte, die grafisch
dargestellt werden sollen. Die Balkenbreite beträgt 65 Prozent.

Die erste Überschriftzeile hat die Schriftart **Old English** in der
Punktgröße 30 (Befehl **Grafik - Text - Schriftbild - 1. Zeile**).

Die zweite Überschriftzeile hat die Schriftart **Script** in der Punktgröße 24. Der Zusatztext hat die Schriftart **Roman** in der Punktgröße 16.

Die **X-Achsenwerte** sind den Feldern B1 bis D1 zu entnehmen
(Befehl **Grafik - Wertebereiche - X-Achsenwerte**).

Weiterhin soll die Grafik über die Befehlsfolge **Grafik - Layout-Umrahmung - Grafik** eine doppelte Linie als Umrahmung erhalten.

Speichern Sie schließlich die Übungsgrafik unter dem Namen *Übung* (Befehlsfolge **Grafik - Namen - Sichern**) ab.

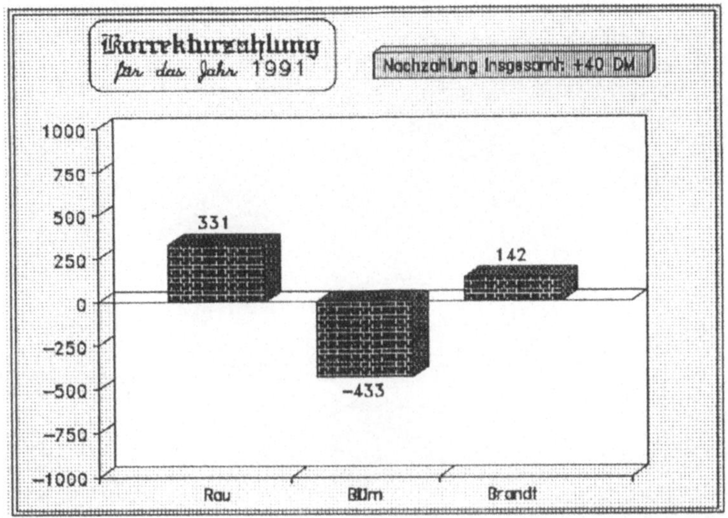

Aller Anfang ist schwer! Nehmen Sie sich vielleicht 1 oder 2 Stunden Zeit, um anhand dieses Beispiels ausführlich die Grafik-Befehle zu testen. Sicherlich wird nicht alles auf Anhieb gelingen. Geben Sie jedoch nicht auf, sondern probieren Sie weitere Varianten aus. So werden Sie feststellen, wie vielseitig die Grafik-Möglichkeiten von Quattro Pro sind.

Das sechste Kapitel

In diesem Kapitel wollen wir auf die QP-Tips verzichten. Dies soll Sie motivieren, sich intensiv mit der Übungsaufgabe zu beschäftigen. Im nächsten Kapitel werden wir den Tips wieder mehr Platz einräumen.

Keine QP-Tips

Die meisten Kalkulationsprogramme verfügen neben einem Arbeitsblatt- und einem Grafik-Teil auch über eine Datenbank, mit deren Hilfe Auswertungen über eine größere Anzahl von Datensätzen gemacht werden können. Im nächsten Kapitel werden wir uns mit der Quattro Pro-Datenbank beschäftigen und die dazugehörigen Befehle und Tabellenfunktionen erläutern.

6. Die Datenbank

Nehmen wir an, Sie verfügen über eine umfangreiche Schallplatten- und CD-Sammlung. Mit Hilfe von Quattro Pro können Sie die Daten in eine Datenbank eingeben, die Sie dann beliebig sortieren und nach bestimmten *CD's/Schallplatten durchsuchen* können.

Das 6. Kapitel

Was wird im sechsten Kapitel besprochen?

1. Definieren und Sortieren von Datenbanken

2. Markieren, Extrahieren und Löschen von Datensätzen

3. Erstellen von Auswertungen mit der Datenbank

4. Arbeiten mit Fenstern

5. Importieren von ASCII-Dateien

6. Datenübernahme

7. Zeichenkettenfunktionen

Definieren einer Datenbank

Die nächste Abbildung zeigt die Datenbank, mit der wir in diesem Kapitel experimentieren wollen. Geben Sie die Datenbank wie vorgegeben ein. Die Datensätze reichen bis zur Zeile 15, Zeile 16 bleibt leer, die Zeilen 2 und 17 sind identisch.

Spalte A benötigt eine Breite von 25 Zeichen, Spalte B von 14 Zeichen, Spalte C von 4 Zeichen, Spalte D von 10 Zeichen und Spalte E von 18 Zeichen. Spalte D formatieren Sie bitte im Währungsformat.

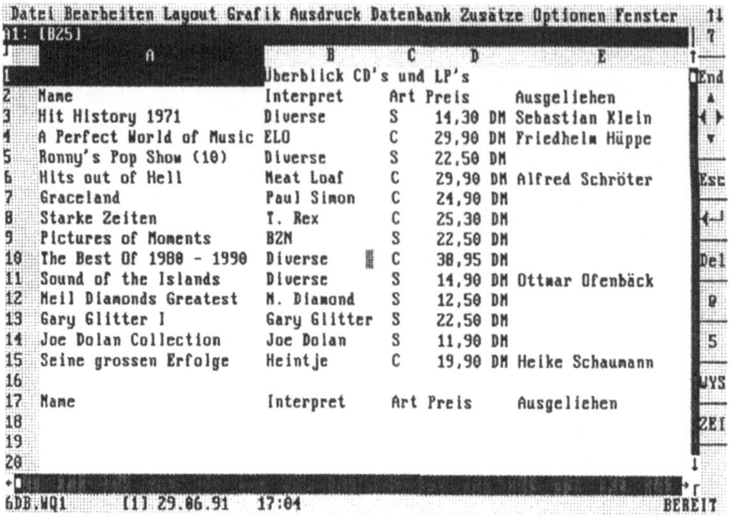

```
 Datei Bearbeiten Layout Grafik Ausdruck Datenbank Zusätze Optionen Fenster    ↑↓
A1: [B25]                                                                        ↑
           A                    B       C     D           E                    →End
1                         Überblick CD's und LP's                              ▲
2  Name                   Interpret   Art Preis      Ausgeliehen               ◄ ►
3  Hit History 1971       Diverse      S   14,30 DM  Sebastian Klein           ▼
4  A Perfect World of Music ELO        C   29,90 DM  Friedhelm Hüppe
5  Ronny's Pop Show (10)  Diverse      S   22,50 DM
6  Hits out of Hell       Meat Loaf    C   29,90 DM  Alfred Schröter           Esc
7  Graceland              Paul Simon   C   24,90 DM
8  Starke Zeiten          T. Rex       C   25,30 DM                             ◄┘
9  Pictures of Moments    B2N          S   22,50 DM
10 The Best Of 1980 - 1990 Diverse     C   38,95 DM
11 Sound of the Islands   Diverse      S   14,90 DM  Ottmar Ofenbäck           Del
12 Neil Diamonds Greatest N. Diamond   S   12,50 DM
13 Gary Glitter I         Gary Glitter S   22,50 DM                             ⊘
14 Joe Dolan Collection   Joe Dolan    S   11,90 DM
15 Seine grossen Erfolge  Heintje      C   19,90 DM  Heike Schaumann            5
16
17 Name                   Interpret   Art Preis      Ausgeliehen               WYS
18
19                                                                             ZEI
20
 6DB.WQ1      [1] 29.06.91    17:04                                    BEREIT
```


Eine Quattro Pro-Datenbank besteht aus der *Kopfzeile* und den *Datenzeilen*. Die Kopfzeile enthält die Namen der Felder, die in die Datenbank aufgenommen werden sollen. z.B. *Interpret* oder *Preis*.

Die Datenzeilen enthalten die eigentlichen Daten, wobei nicht jedes Feld unbedingt einen Wert speichern muß. In unserem Beispiel enthält das Feld *Ausgeliehen* nicht in allen Fällen einen Wert.

Datenzeilen werden bei einem Datenbankprogramm als *Datensätze* bezeichnet. Wenn wir unserer Datenbank eine weitere Zeile hinzufügen, haben wir die Datenbank um einen Datensatz erweitert.

Unsere Datenbank besteht demnach aus den 5 Feldern *Name, Interpret, Art, Preis* und *Ausgeliehen*, die in der Kopfzeile (Zeile 2 unseres Arbeitsblattes) definiert werden. Momentan besteht die Datenbank aus insgesamt 13 Datensätzen, die in den Zeilen 3 bis 15 gespeichert sind.

Bevor wir die Arbeit mit der Datenbank beginnen, sollten Sie das Arbeitsblatt unter dem Dateinamen 6DB.WQ1 sichern.

Sortieren einer Datenbank

Zunächst soll beschrieben werden, wie man eine Datenbank sortiert. Öffnen Sie das Menü **Datenbank** und wählen Sie den Befehl **Sortieren**.

Wählen Sie den Befehl **Block** und legen Sie als Block den Bereich von A3 bis E15 fest, also die gesamte Datenbank mit Ausnahme der Kopfzeile. Hier dürfen Sie keinen Fehler machen, sonst kann der Sortiervorgang unerfreuliche Überraschungen nach sich ziehen.

Block festlegen

Wenn Sie beispielsweise vergessen, das Feld *Ausgeliehen* zu markieren, bleibt dieses Feld beim Sortiervorgang unberücksichtigt. Es ist leicht einzusehen, daß dann die Datensätze in Unordnung geraten.

Nachdem Sie den Bereich A3..E15 festgelegt haben, können die Sortierschlüssel festgelegt werden. Die Datenbank soll erstens nach *Art* (erst Schallplatten, dann CD's) und zweitens nach *Preis* (zunehmend) sortiert werden.

Sortierschlüssel festlegen

Wählen Sie **1. Schlüssel**. Bewegen Sie den Cursor nach Feld C2. Feld C2 gehört zur Kopfzeile und enthält den Namen des Datenbankfeldes. Nachdem Sie die RETURN-Taste gedrückt haben, werden Sie gefragt, ob Sie *zunehmend* oder *abnehmend* sortieren wollen. Wählen Sie Option **A** für die abnehmende Sortierfolge.

Wählen Sie **2. Schlüssel**. Bewegen Sie den Cursor nach Feld D2 und drücken Sie die RETURN-Taste. Hier wählen Sie Option **Z** für die zunehmende Sortierfolge.

Die Sortierfolge **A** bzw. **Z** ist rechts neben der Feldangabe des Sortierschlüssels aufgeführt.

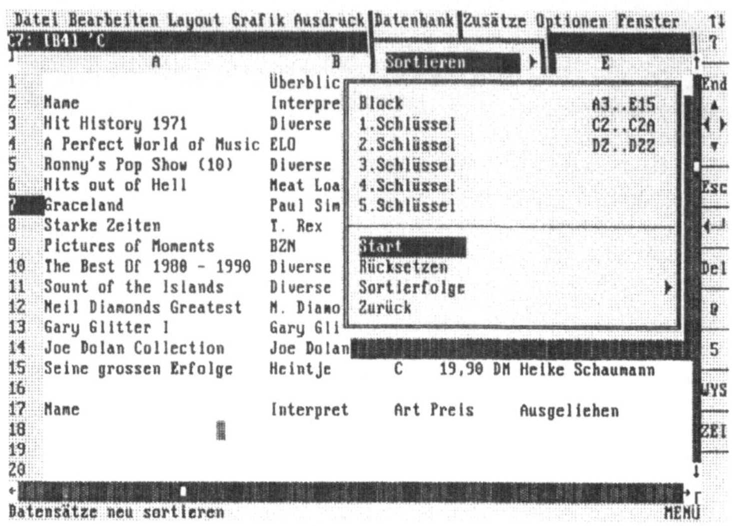

<table>
<tr><td>Starten
Sortiervorgang</td><td>Wählen Sie den Befehl Start, um den Sortiervorgang zu starten. Die Joe Dolan Collection ist jetzt erster, die CD "The Best Of 1980 - 1990" ist letzter Datensatz.</td></tr>
</table>

Starten
Sortiervorgang

Wählen Sie den Befehl **Start**, um den Sortiervorgang zu starten. Die Joe Dolan Collection ist jetzt erster, die CD "The Best Of 1980 - 1990" ist letzter Datensatz.

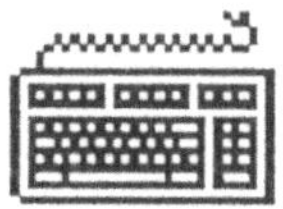

Wir wollen das Sortieren an einem Beispiel üben. Die Datenbank soll nach *Art* (diesmal erst CD's, dann die Schallplatten) und dann nach *Interpret* (zunehmend) sortiert werden. Bevor Sie die neuen Sortierschlüssel eintragen, können Sie über den Befehl **Rücksetzen** die vorhandenen Eintragungen entfernen.

Wenn Ihre sortierte Datenbank mit der CD "The Best Of ..." anfängt und mit "Neil Diamonds Greatest" aufhört, ist Ihre Datenbank richtig sortiert.

ALT-F5

Über die Tastenkombination ALT-F5 können Sie auch Sortiervorgänge rückgängig machen. Probieren Sie es aus! Sortieren Sie die Datenbank nach Kriterien Ihrer Wahl. Nachdem Sie den Befehl **Start** gewählt und die Datenbank sortiert haben, drücken Sie ALT-F5, um den alten Stand wiederherzustellen.

Sortierregeln

Wählen Sie die Befehlsfolge **Datenbank - Sortieren - Sortierfolge**. Quattro Pro öffnet ein Dialogfenster mit folgenden Optionen:

Werte vor Label

Label-Reihenfolge

Über den Befehl **Sortierfolge** können Sie festlegen, ob Zahlen oder Texte (Label) beim Sortieren Vorrang haben. Auch können Sie zwischen der ASCII- und der lexikografischen Sortierung von Texten wählen.

Abfragen einer Datenbank

Schließen Sie eventuell noch geöffnete Dialogfenster. Wählen Sie die Befehlsfolge **Datenbank - Abfrage**. Über diese Befehlsfolge können Sie aus der Datenbank Datensätze extrahieren, markieren und löschen.

Zuvor müssen Sie drei Bereiche festlegen: Über den Befehl **Block** geben Sie die Felder an, in denen gesucht werden soll, mit **Kriterien-Tabelle** legen Sie die Suchkriterien fest, **Ausgabe-block** spezifiziert den Feldbereich, in den die Datensätze kopiert werden, die den Suchkriterien entsprechen.

Dies mag wieder sehr theoretisch sein. Nach dem nächsten Bei-spiel werden Sie jedoch die Arbeitsweise des **Abfrage**-Befehls verstanden haben.

Wählen Sie den Befehl **Block** und geben Sie den Bereich von Feld A2 bis Feld E15 (A2..E15) an (zur Blockangabe gehört die Kopfzeile der Datenbank).

Block festlegen

Als nächstes legen Sie die Kriterien-Tabelle fest. Wählen Sie den Befehl **Kriterien-Tabelle** und legen Sie den Bereich von Feld C17 bis Feld E18 fest (C17..E18). In diesen Feldern werden wir die für das Extrahieren von Datensätzen benötigten Suchkriterien eingeben. Die erste Zeile der Suchkriterien-Tabelle enthält die Namen der Felder, nach denen gesucht werden soll. In unserem Beispiel wollen wir Datensätze anhand der Felder *Art*, *Preis* und *Ausgeliehen* extrahieren.

*Kriterien-
Tabelle
festlegen*

Sie können die Suchkriterien-Tabelle an beliebiger Stelle des Ar-beitsblattes plazieren. Es ist sogar möglich, diese in ein weiteres Arbeitsblatt aufzunehmen.

Ausgabeblock Schließlich muß der Bereich festgelegt werden, in den Quattro Pro
festlegen die extrahierten Datensätze kopieren soll. Wählen Sie den Befehl
Ausgabeblock und markieren Sie anschließend den Bereich von
Feld A17 bis Feld B17. Nachdem Sie die RETURN-Taste gedrückt haben, müßte Ihr Bildschirm folgendes Aussehen haben:

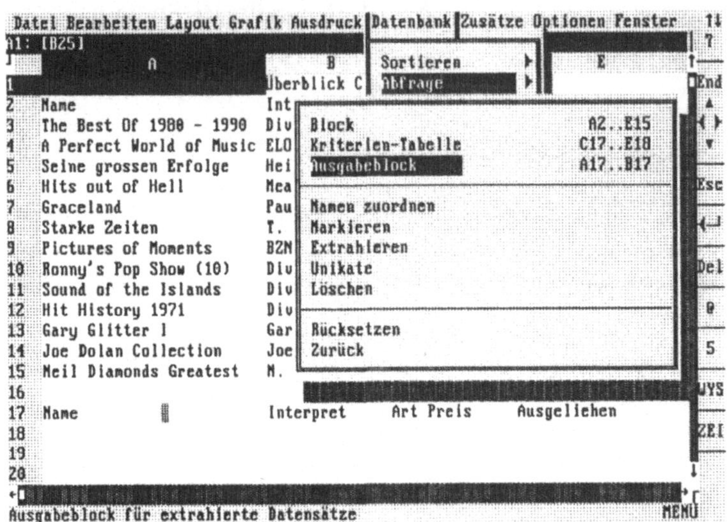

Der Ausgabeblock enthält in der ersten Zeile die Namen der Felder, die extrahiert werden sollen. In unserem Beispiel wollen wir
den Namen und den Interpreten extrahieren. Als Ausgabeblock
wird die Zeile mit den Namen angegeben. Sie können in den Ausgabeblock grundsätzlich alle Felder aufnehmen, die auch in der
Datenbank enthalten sind, und zwar in beliebiger Reihenfolge.
Wichtig ist, daß Ihnen bei der Eingabe der Feldnamen kein
Schreibfehler unterläuft. Wenn die Feldnamen der Datenbank
nicht mit denen des Ausgabeblocks übereinstimmen, kann der
Suchvorgang nicht gelingen.

1. Beispiel Schließen Sie eventuell noch geöffnete Dialogfenster. Bewegen Sie
den Cursor nach Feld C18 und tragen Sie in dieses Feld den Großbuchstaben *S* ein. Nun wählen Sie die Befehlsfolge **Datenbank -
Abfrage - Extrahieren**. Quattro Pro kopiert daraufhin sämtliche
Datensätze, die Schallplatten betreffen.

2. Beispiel Schließen Sie die noch geöffneten Menüs. Belassen Sie den Cursor
in Feld C18 und löschen Sie durch Drücken der ENTF-Taste den
Feldinhalt. Bewegen Sie den Cursor anschließend nach Feld D18
und tragen Sie folgende Formel ein:

+D3<15

Die Feldangabe bezieht sich auf die erste Datenzeile der Datenbank. Es sollen sämtliche Datensätze mit einem Preis kleiner 15 extrahiert werden. Leider zeigt Quattro Pro nicht die Formel, sondern einen der Werte 0 oder 1 an.

Bei der Formel handelt es sich um einen logischen Ausdruck, der einen der Werte *wahr* oder *falsch* ergibt. Für den Fall, daß der Ausdruck *wahr* ergibt, wird in das Feld D18 der Wert 1 eingestellt, ansonsten der Wert 0. Wenn der in Feld D3 gespeicherte Wert kleiner 15 ist, ergibt sich der Wert 1, ansonsten der Wert 0.

Sämtliche Menüs sind geschlossen und der Cursor befindet sich in Feld D18. Drücken Sie STRG-f, um den Formatiervorgang einzuleiten. Wählen Sie den Befehl **Text**. Drücken Sie die RETURN-Taste, um den Feldvorschlag D18 zu bestätigen. Fortan wird nicht mehr das Ergebnis der Formel, sondern die Formel selbst angezeigt.

Text-Format

Wählen Sie die Befehlsfolge **Datenbank - Abfrage - Extrahieren**, um den zweiten Suchvorgang einzuleiten. Nachdem Sie den Befehl **Extrahieren** gewählt haben, sind sämtliche Datensätze mit einem Preis kleiner 15 in den Ausgabebereich kopiert worden.

Wenn Sie Datensätze nicht in den Ausgabebereich kopieren, sondern innerhalb der Datenbank markieren wollen, können Sie anstelle des Befehls **Extrahieren** den Befehl **Markieren** aufrufen. Probieren Sie es aus! Wählen Sie die Befehlsfolge **Datenbank - Abfrage - Markieren**. Es wird die erste Zeile der Datenbank hervorgehoben, die die eingegebenen Suchkriterien erfüllt. Bewegen Sie einige Male die Pfeiltaste. Mit *Pfeiltaste oben* und *Pfeiltaste unten* gelangen Sie zu den einzelnen Datensätzen, mit *Pfeiltaste rechts* und *Pfeiltaste links* zu den einzelnen Feldern eines Datensatzes.

Markieren von Datensätzen

Sie können beispielsweise zu einem bestimmten Feld springen und den Inhalt des Feldes überschreiben. Durch Drücken der RETURN-Taste bestätigen Sie die Änderung. Drücken Sie jedoch die ESCAPE-Taste, um den Befehl **Markieren** zu verlassen.

Namen zuordnen

Wir haben in unserem letzten Beispiel auf eine Feldangabe Bezug genommen. Wenn Sie den Befehl **Namen zuordnen** wählen, können Sie die Suchkriterien auch mit Hilfe von Feldnamen eingeben, z.B.

+PREIS<15

anstelle der Feldangabe D3. Bewegen Sie den Cursor zum Befehl **Namen zuordnen** und drücken Sie die Funktionstaste F1.

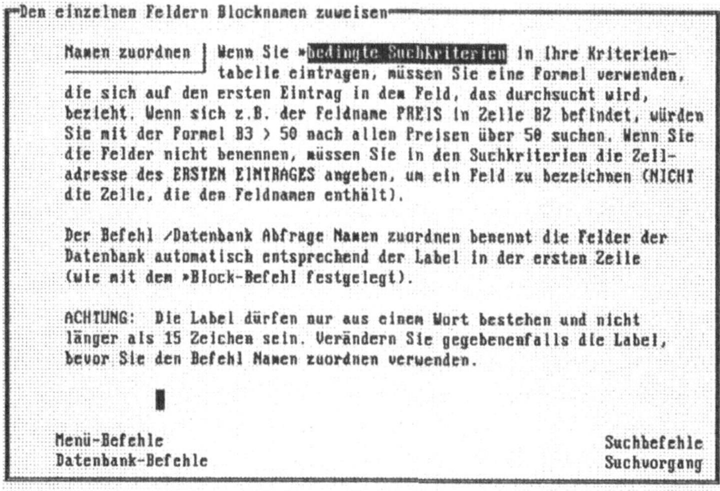

Wenn Sie den Block einschließlich der Kopfzeile der Datenbank festgelegt haben, ordnet der Befehl **Namen zuordnen** den einzelnen Feldern automatisch die in der Kopfzeile gespeicherten Namen zu.

Kontrolle

Probieren Sie es aus! Schließen Sie das Hilfe-Fenster und wählen Sie den Befehl **Namen zuordnen**. Zunächst passiert einmal nichts. Es gibt nun verschiedene Möglichkeiten, um festzustellen, ob die Namen korrekt vergeben worden sind. Schließen Sie sämtliche Menüs und drücken Sie die Funktionstaste F5 (Sprungbefehl): Geben Sie als Adresse den Namen *Preis* ein und drücken Sie die RETURN-Taste. Wenn der Cursor nach Feld D3 springt, hat Quattro Pro die richtigen Adressen gespeichert.

Bei den weiteren Abfragen besteht jetzt die Möglichkeit, Namen zu verwenden. Anstelle der Angabe

+D3<15

können Sie

+Preis<15

eingeben. Wenn Sie zwei Bedingungen festlegen, werden diese mit einem logischen **Und** verknüpft. Probieren Sie es aus! Tragen Sie in das Feld C18 die die Bedingung

Logisches
Und

+Preis<15

und in das Feld E18 die Bedingung

+Ausgeliehen<>" "

ein. Es werden die Datensätze extrahiert, die einen Preis kleiner 15 haben **und** die verliehen sind. Für Feld E18 müssen Sie noch das Format **Text** wählen (STRG-f und Option **Text**), damit die Bedingung und nicht das logische Ergebnis 1 oder 0 angezeigt wird. Wählen Sie die Befehlsfolge **Datenbank - Abfrage - Extrahieren**. Wenn Sie alles richtig gemacht haben, müßten "Sounds of the Islands" und "Hit History 1971" in den Ausgabeblock kopiert worden sein.

```
 Datei Bearbeiten Layout Grafik Ausdruck Datenbank Zusätze Optionen Fenster  1↓
 C19: [B4]                                                                     7
 ]                 A                  B        C   D          E            ↑
 1                          Überblick CD's und LP's                          End
 2    Name                       Interpret    Art Preis     Ausgeliehen      ▲
 3    The Best Of 1980 - 1990    Diverse      C    38,95 DM                  ◀ ▶
 4    A Perfect World of Music   ELO          C    29,90 DM Friedhelm Hüppe  ▼
 5    Seine grossen Erfolge      Heintje      C    19,90 DM Heike Schaumann
 6    Hits out of Hell           Meat Loaf    C    29,90 DM Alfred Schröter  Esc
 7    Graceland                  Paul Simon   C    24,90 DM
 8    Starke Zeiten              T. Rex       C    25,30 DM                  ◀┘
 9    Pictures of Moments        B2N          S    22,50 DM
10    Sound of the Islands       Diverse    ▌ S    14,90 DM Ottmar Ofenbäck  Del
11    Hit History 1971           Diverse      S    14,30 DM Sebastian Klein
12    Ronny's Pop Show (10)      Diverse      S    22,50 DM                   0
13    Gary Glitter 1             Gary Glitter S    22,50 DM
14    Joe Dolan Collection       Joe Dolan    S    11,90 DM                   5
15    Neil Diamonds Greatest     N. Diamond   S    12,50 DM
16                                                                          WYS
17    Name                       Interpret    Art Preis     Ausgeliehen
18    Hit History 1971           Diverse          +PREIS<15 +AUSGELIEHEN<>" " ZEI
19    Sound of the Islands       Diverse
20                                                                            ↓
 ←                              ■                                           → ⌐
 6DB.WQ1       [1] 29.06.91    17:14                               BEREIT
```

Logisches
Oder

Nehmen wir an, Sie möchten die Datensätze herausfiltern, die **entweder** verliehen sind **oder** einen Preis von mehr als 30 DM haben. **Oder**-Bedingungen müssen auf mehrere Zeilen verteilt werden.

Bedingungen, die in **einer Zeile** formuliert werden, sind mit dem logischen **Und** verknüpft. Bedingungen aus **mehreren Zeilen** werden mit dem logischen **Oder** verknüpft. Dazu ein Beispiel.

```
 Datei Bearbeiten Layout Grafik Ausdruck Datenbank Zusätze Optionen Fenster   ↑↓
 C22: [B4]                                                                      ?
 J            A                      B        C      D              E          ↑─
 4   A Perfect World of Music ELO            C    29,90 DM Friedhelm Hüppe    End
 5   Seine grossen Erfolge     Heintje       C    19,90 DM Heike Schaumann     ▲
 6   Hits out of Hell          Meat Loaf     C    29,90 DM Alfred Schröter    ◄ ►
 7   Graceland                 Paul Simon    C    24,90 DM                     ▼
 8   Starke Zeiten             T. Rex        C    25,30 DM
 9   Pictures of Moments       B2N           S    22,50 DM                    Esc
 10  Sound of the Islands      Diverse       S    14,90 DM Ottmar Ofenbäck
 11  Hit History 1971          Diverse       S    14,30 DM Sebastian Klein    ◄┘
 12  Ronny's Pop Show (10)     Diverse       S    22,50 DM
 13  Gary Glitter I            Gary Glitte   S    22,50 DM                    Del
 14  Joe Dolan Collection      Joe Dolan     S    11,90 DM
 15  Neil Diamonds Greatest    M. Diamond    S    12,50 DM                     ₀
 16
 17  Name                      Interpret    Art Preis      Ausgeliehen         5
 18  The Best Of 1980 - 1990   Diverse          +PREIS>30
 19  A Perfect World of Music ELO                          +AUSGELIEHEN<>" "  WYS
 20  Seine grossen Erfolge     Heintje
 21  Hits out of Hell          Meat Loaf                                      ZEI
 22  Sound of the Islands      Diverse
 23  Hit History 1971          Diverse                                         ↓
 6DB.WQ1       [1] 29.06.91   17:17                                        BEREIT
```

In das Feld D18 tragen Sie bitte die Bedingung

+Preis>30

ein. Die in Feld E18 formulierte Bedingung

+Ausgeliehen<>" "

können Sie über den Befehl **Versetzen** (STRG-v) nach Feld E19 versetzen. Wenn Sie die Bedingung manuell in das Feld E19 eingeben, müssen Sie noch über die Befehlsfolge **Datenbank - Abfrage - Kriterien-Tabelle** den Bereich auf C17..E19 erweitern. Nur die in diesem Bereich formulierten Bedingungen werden bei den Abfragen berücksichtigt. Wenn Sie den Befehl **Versetzen** verwenden, übernimmt Quattro Pro die Anpassung des Bereiches für Sie.

Was haben wir in diesem Abschnitt gemacht? Sie haben erfahren,
wie Sie Datensätze aus einer Datenbank extrahieren und markieren können. Bedingungen können mit einem logischen **Und** bzw.
mit einem logischen **Oder** verknüpft werden. Noch nicht besprochen wurde der Befehl **Löschen**. Dieser arbeitet analog zu den
Befehlen **Extrahieren** und **Markieren**. Auf ein Beispiel werden
wir jedoch verzichten.

Zugriff auf externe Datenbanken

Mit Hilfe der im letzten Abschnitt besprochenen Befehle können
Sie auch auf externe Datenbanken, z.B. dBASE oder Paradox,
zugreifen. Sie müssen dazu lediglich den Namen der Datenbank
und die Namen der einzelnen Datenbankfelder kennen. Nehmen
wir an, daß Ihnen eine dBASE-Datenbank mit dem Namen
SAMMLUNG.DBF zur Verfügung steht. Die Datenbank enthält
folgende Datensätze:

```
 CURSOR:  <-- -->              Auf    Ab         Löschen      Einfügemodus: Ins
 Zeich.:     +  +     Satz  :  ↑     ↓     Zeich.:  Del      Ende    :  ^End
 Feld  : Home End     Seite :PgUp  PgDn    Feld  :  ^Y       Abbruch :  ESC
 Spalte:   ^+ ^+      HILFE : F1            Satz  :  ^U       Optionen: ^Home

NAME----------------------- INTERPRET------ ART- PREIS----- VERLIEHEN----------
Hit History 1971            Diverse          S        14.30 Sebastian Klein
A Perfect World of Music    ELO              C        29.90 Gerhard Krüger
Ronny's Pop Show (10)       Diverse          S        22.50
Hits Out Of Hell            Meat Loaf        C        29.90
Graceland                   Paul Simon       C        24.90 Else Netthöfel
Starke Zeiten               T. Rex           C        25.30
The Best Of 1980-1990       Diverse          C        30.95
Sound of the Islands        Diverse          S        14.90




BROWSE            <C:>SAMMLUNG            Satz: 1/8

                    Felder anzeigen und ändern.
```

Da nicht davon auszugehen ist, daß Sie über eine entsprechende
dBASE- oder Paradox-Datenbank verfügen, vollziehen Sie einfach die folgenden Ausführungen nach. Diese sollten ausreichen,
um Ihnen zu erläutern, wie einfach man mit Hilfe von Quattro
Pro auf externe Datenbanken zugreifen kann.

Blöcke festlegen   Zunächst müssen Sie in die Kopfzeile der Quattro Pro-Datenbank die Feldnamen eintragen, z.B. *Name* in Feld A1 oder *Interpret* in Feld B1. Nehmen wir an, Si möchten Namen und Interpreten aller ausgeliehenen CD's bzw. Schallplatten extrahieren. Sie müssen über den bereits besprochenen Befehl **Datenbank - Abfrage** drei Blöcke festlegen.

Tragen Sie in das Feld A1 *Name* und in das Feld B1 *Interpret* ein. Sie möchten Namen und Interpreten aller ausgeliehenen CD's bzw. Schallplatten extrahieren. Zunächst müssen Sie die drei Blöcke festlegen. Unter **Block** ist der Name der Datenbank einzutragen:

[SAMMLUNG.DBF]E1..E2

ein. Hier wird der Bezug zur Datenbank hergestellt. Die Feldangabe *E1..E2* hat keine Bedeutung, sie dient nur dazu, eine formell korrekte Eingabe zu realisieren. Sie können hier grundsätzlich jeden beliebigen aus mindestens 2 Feldern bestehenden Block angeben. Als **Kriterien-Tabelle** tragen Sie bitte *D1..D2*, und als **Ausgabeblock** *A1..A2* ein. Ihr Bildschirm hätte jetzt folgendes Aussehen:

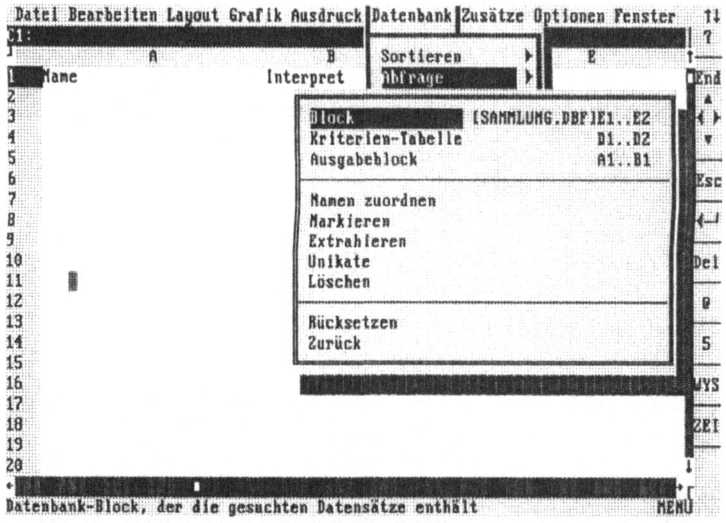

Wenn Sie die Datensätze der ausgeliehenen Schallplatten und CD's extrahieren wollen, müssen Sie in das Feld D1 *Verliehen* eintragen und in das Feld D2 die Formel

+[SAMMLUNG.DBF]Verliehen<>" "

Wenn Sie jetzt den Befehl **Extrahieren** aufrufen, sehen Sie folgendes Ergebnis:

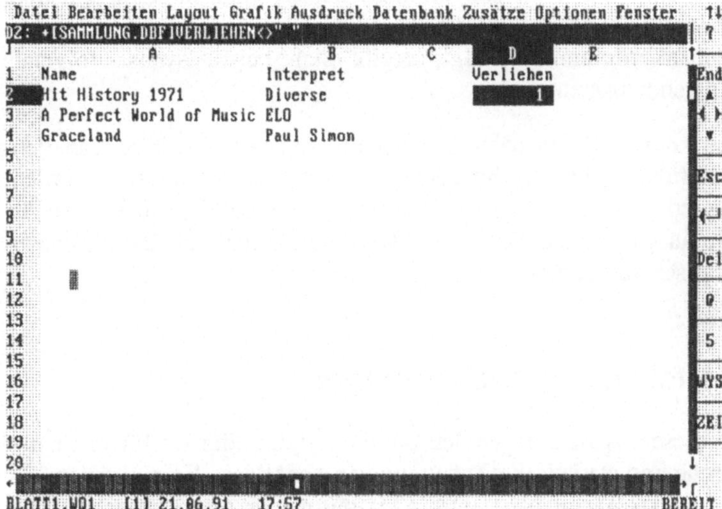

Wenn Sie sämtliche CD's und Schallplatten mit einem Preis größer 25 extrahieren wollen und *Preis* kein numerisches, sondern ein Zeichenkettenfeld ist, müssen Sie wie folgt vorgehen:

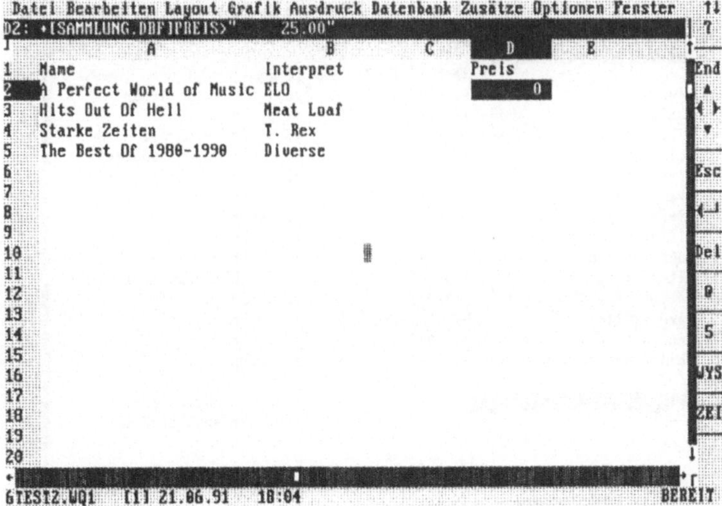

Was haben wir in diesem Abschnitt gemacht? Sie haben erfahren, wie Sie Datensätze einer externen Datenbank nach Quattro Pro bringen können. Da ein Kalkulationsprogramm in der Regel über bessere optische Gestaltungsmöglichkeiten als ein Datenbankprogramm verfügt, ergibt sich beispielsweise folgende Anwendungssituation:

Sie können Daten nach Quattro Pro bringen und über Tabellenfunktionen, die wir im nächsten Abschnitt beschreiben werden, statistisch und mathematisch auswerten. Anschließend können Sie die ausgewerteten Daten für das innerbetriebliche Berichtswesen grafisch aufbereiten.

Erstellen von Auswertungen

In diesem Abschnitt werden Sie die Befehle, die Sie für mathematische und statistische Auswertungen benötigen, kennenlernen. Sie haben das Arbeitsblatt 6DB.WQ1 mit der im ersten Abschnitt dieses Kapitels erstellten Datenbank auf dem Bildschirm.

Löschen Sie den Inhalt der Spalten A und B ab Zeile 17. Für die folgende Beschreibung gehen wir von folgendem Arbeitsblattinhalt aus (die Sortierfolge der Datensätze ist allerdings unbedeutend).

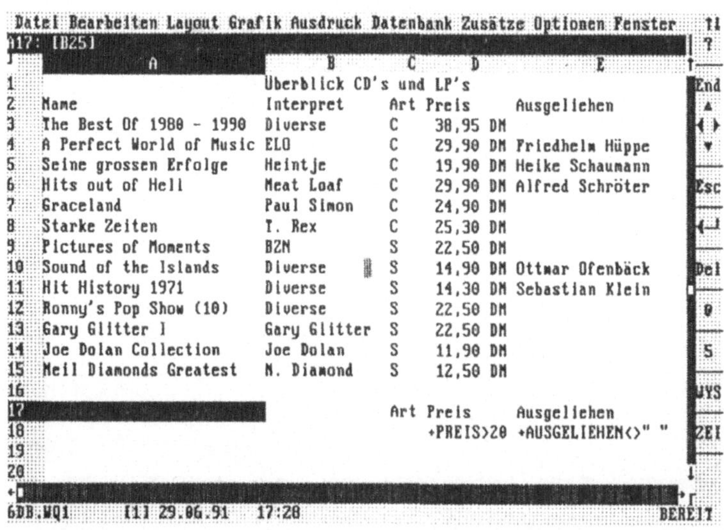

Funktionen

Folgende statistische Funktionen und Datenbankfunktionen stehen zur Verfügung:

Statistische Funktionen und Datenbankfunktionen	
1. @ANZAHL	@DANZAHL
2. @MAX	@DMAX
3. @MIN	@DMIN
4. @MITTELWERT	@DMITTELWERT
5. @STDABW	@DSTDABW
6. @SUMME	@DSUMME
7. @VAR	@DVAR

Funktionen

Die statistischen Funktionen benötigen beim Aufruf jeweils ein Argument, z.B. benötigt man beim Aufruf der Funktion

@ANZAHL(Liste)

Die Funktion
@ANZAHL

den Bereich **Liste**, wobei **@ANZAHL** die Anzahl der Werte in **Liste** zurückgibt.

Bewegen Sie den Cursor nach Feld A17 und tragen Sie die Formel

@ANZAHL(E3..E15)

ein. Quattro Pro gibt die Anzahl der in *Liste* enthaltenen Werte zurück, in unserem Beispiel die Anzahl 5. Hierbei handelt es sich um die Anzahl CD's und Schallplatten, die verliehen sind.

Datenbankfunktionen benötigen 3 Argumente. Beispielsweise ermittelt die Funktion

Die Funktion
@DANZAHL

@DANZAHL(Datenbank;Spalte;Kriterien)

die Anzahl Werte einer Datenbank, wobei nur solche Feldinhalte berücksichtigt werden, die die in **Kriterien** formulierten Bedingungen erfüllen.

Bewegen Sie den Cursor nach Feld B17 und tragen Sie folgende
Formel ein:

@DANZAHL(A2..E15;4;D17..D18)

Das erste Argument gibt die Datenbank einschließlich der Kopfzeile an, **Spalte** ist die Nummer der Spalte, in der die Werte ge-
zählt werden sollen. Die erste Spalte ist 0, die zweite 1, usw.

Kriterien ist der Zellblock, der die Auswahlkriterien speichert, in
unserem Beispiel der Bereich D17 bis D18. Feld D17 speichert
weiterhin die Angabe *Preis*, und Feld D18 die Formel

+Preis>20.

ein. Es ergibt sich die Anzahl 2. Was sind das für Datensätze? Es
handelt sich hierbei um die Anzahl CD's bzw. Schallplatten mit
einem Preis größer 20 DM, die verliehen sind.

Was haben wir bisher gemacht? Wir haben mit Hilfe der Funktionen **@ANZAHL** und **@DANZAHL** eine bestimmte Anzahl Datensätze aus der Datenbank ermittelt. Die Datenbankfunktion
@DANZAHL ist variabler aufgebaut, weil man beim Aufruf
Auswahlkriterien formulieren und damit die Ermittlung der Anzahl Datensätze auf einen ausgewählten Datenbankbereich be-
schränken kann.

Die Funktion
@MAX

Bewegen Sie den Cursor nach Feld A18 und tragen Sie folgende
Formel ein:

@MAX(D3..D15)

Es wird das Maximum aus dem Bereich D3..D15 ermittelt.

Die Funktion
@DMAX

Bewegen Sie den Cursor nach Feld B18 und tragen Sie folgende
Formel ein:

@DMAX(A2..E15;3;C17..C18)

Feld C17 speichert weiterhin den Text *Art*. Tragen Sie in das Feld
C18 den Großbuchstaben *S* ein. Die Funktion **@DMAX** ermittelt
demnach das Maximum aus Spalte 3 (Preise), wobei nur die
Schallplatten berücksichtigt werden. Die teuerste Schallplatte kostet bei den vorgegebenen Ausgangsdaten 22,50 DM.

Die Funktion **@MIN** ermittelt das Minimum, die Funktion **@MITTELWERT** den Mittelwert, die Funktion **@STDABW** die Standardabweichung, die Funktion **@SUMME** die Summe und die Funktion **@VAR** die Varianz der in **Liste** enthaltenen Werte.

Weitere Funktionen

Prüfen Sie anhand der folgenden Übung, ob Sie die Arbeitsweise der beiden Funktionstypen - statistische Funktionen und Datenbankfunktionen - verstanden haben!

Ermitteln Sie zunächst über die Funktion **@MIN** in Feld A19 das Minimum aus dem Bereich D3..D15. Anschließend wenden Sie in Feld B19 die Datenbankfunktion **@DMIN** an, um das Minimum der verliehenen Schallplatten- und CD's zu ermitteln. Als Auswahlbedingung können Sie in Feld E19

+E3<>" "

eingeben. Weitere Bedingungen sind zu vernachlässigen. Schließlich lassen Sie in Feld B20 über die Funktion **@DMITTELWERT** den Durchschnittspreis über alle Schallplatten ermitteln (Art = S).

Häufigkeitsverteilung

In diesem Abschnitt wollen wir aufzeigen, wie man eine Häufigkeitsverteilung ermitteln kann. Löschen Sie den Inhalt sämtlicher Felder unterhalb der Datenbank, d.h. ab Zeile 16. Sie können den Befehl zum Löschen über die "schnelle Taste" STRG-l einleiten und anschließend den Block markieren, den Sie löschen wollen. Durch Drücken der RETURN-Taste schließen Sie den Befehl ab.

Der Befehl **Häufigkeit** aus dem Menü **Zusätze** ermittelt, wieviele Werte in ein bestimmtes Wertintervall fallen, und zeigt die Ergebnisse in einer Matrix an. Man benötigt einen **Block von Werten**, für den die Häufigkeitsverteilung erstellt werden soll und einen **Intervallblock**, der die einzelnen Wertintervalle speichert. Quattro Pro zeigt das Ergebnis der Häufigkeitsanalyse rechts vom Intervallblock an.

Der Befehl Häufigkeit

162 Quattro Pro - Einsteigen leichtgemacht

Blöcke festlegen

Tragen Sie in das Feld D17 den Wert 15, in das Feld D18 den Wert 25, in das Feld D19 den Wert 35 und in das Feld D20 den Wert 45 ein. Dies ist der Intervallblock. Es soll die Anzahl der Werte bis einschließlich 15, von 15 bis einschließlich 25, von 25 bis einschließlich 35 und von 35 bis einschließlich 45 ermittelt werden.

Wählen Sie die Befehlsfolge **Zusätze - Häufigkeit**. Geben Sie die Koordinaten für den Werteblock an, in unserem Beispiel den Bereich von D3 bis D15 (D3..D15). Durch Drücken der RETURN-Taste bestätigen Sie die Eingabe.

Anschließend müssen Sie die Koordinaten für den Intervallblock festlegen. Hier tragen Sie bitte den Bereich von Feld D17 bis Feld D20 ein (D17..D20). Sobald Sie die RETURN-Taste gedrückt haben, werden die Ergebnisse rechts neben dem Intervallblock angezeigt. Feld E17 speichert beispielsweise die Anzahl CD's und Schallplatten mit einem Preis kleiner 15 DM.

In Feld E21 wird der Wert 0 angezeigt. Quattro Pro ermittelt darüber hinaus die Anzahl Werte, die über dem höchsten Wert des Intervallblocks liegen.

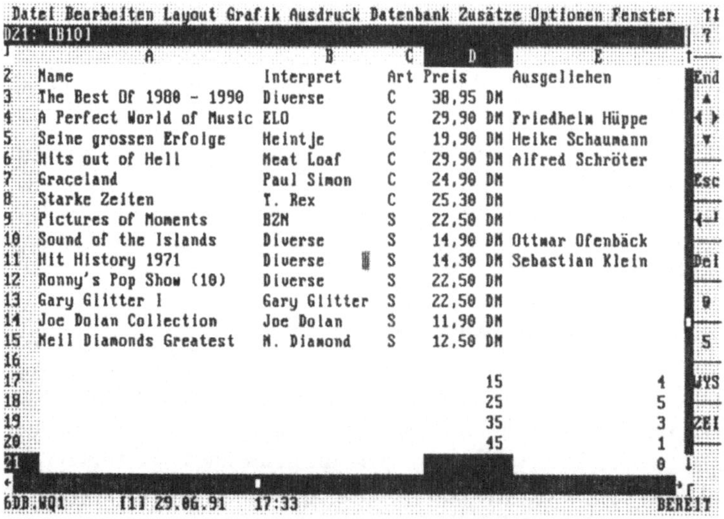

```
Datei Bearbeiten Layout Grafik Ausdruck Datenbank Zusätze Optionen Fenster  ↑↓
D21: [B10]                                                                    | ?
J            A                 B          C   D           E              ↑────
2   Name                    Interpret   Art Preis     Ausgeliehen         End
3   The Best Of 1980 - 1990 Diverse     C   38,95 DM                       ▲
4   A Perfect World of Music ELO        C   29,90 DM Friedhelm Hüppe      ◄ ►
5   Seine grossen Erfolge   Heintje     C   19,90 DM Heike Schaumann       ▼
6   Hits out of Hell        Meat Loaf   C   29,90 DM Alfred Schröter     ────
7   Graceland               Paul Simon  C   24,90 DM                      Esc
8   Starke Zeiten           T. Rex      C   25,30 DM                     ────
9   Pictures of Moments     BZN         S   22,50 DM                      ◄┘
10  Sound of the Islands    Diverse     S   14,90 DM Ottmar Ofenbäck     ────
11  Hit History 1971        Diverse     S   14,30 DM Sebastian Klein      Del
12  Ronny's Pop Show (10)   Diverse     S   22,50 DM                     ────
13  Gary Glitter 1          Gary Glitter S  22,50 DM                       0
14  Joe Dolan Collection    Joe Dolan   S   11,90 DM                     ────
15  Neil Diamonds Greatest  N. Diamond  S   12,50 DM                       5
16
17                                          15          4                 WYS
18                                          25          5                ────
19                                          35          3                 ZEI
20                                          45          1
21                                                      0
6DB:WQ1     [1] 29.06.91   17:33                                      BEREIT
```

Häufigkeitsverteilungen werden nicht automatisch aktualisiert.
Wenn sich Daten im Werte- oder Intervallblock ändern, müssen
Sie den Befehl **Häufigkeit** ein zweites Mal aufrufen.

Es bietet sich in vielen Anwendungssituationen an, Häufigkeitsverteilungen grafisch darzustellen, wobei **Linien-** oder **XY-Dia-
gramme** den idealen Diagrammtyp darstellen.

QP-TIPS

Auch in diesem Kapitel sollen wieder eine Reihe wichtiger Befehle und Funktionen beschrieben werden, die Ihnen weitere
Möglichkeiten zur Gestaltung von Arbeitsblättern eröffnen werden.

Weitere Befehle und Funktionen

QP-Tips

1.   Arbeiten mit Fenstern

2.   Importieren von ASCII-Dateien

3.   Zeichenkettenfunktionen

4.   Datenübernahme

1. Arbeiten mit Fenstern

Laden Sie das Arbeitsblatt 1AUTO.WQ1 und bewegen Sie den
Cursor nach Feld D6. Feld D6 speichert den ersten Zahlenwert
des Arbeitsblattes. Die Spalten A bis C sowie die Zeilen 1 bis 5
enthalten Linien und Überschriften. Was ist, wenn das Arbeitsblatt mehr als eine Bildschirmseite umfaßt?

Wenn Sie mit Hilfe der Pfeiltasten den Bildschirminhalt rollen,
verschwinden irgendwann die Spalten links und die oberen Zeilen. In vielen Fällen wäre es günstiger, wenn die Zeilen- und
Spaltenüberschriften während des Rollens auf dem Bildschirm
stehenbleiben. Quattro Pro bietet zu diesem Zweck die Befehlsfolge **Fenster - Optionen - Feste Titel** an.

*Der Befehl
Feste Titel*

Geben Sie diese Befehlsfolge ein und wählen Sie die Option
Beide, um sowohl eine horizontale, als auch eine vertikale Fixie-
rung der Überschriften vorzunehmen.

Wenn Sie jetzt den Bildschirminhalt rollen, bleiben die Spalten A
bis C und die Zeilen 1 bis 5 immer sichtbar. Rollen Sie den Bildschirminhalt beispielsweise nach unten, bis Sie folgendes Bild sehen:

```
 Datei Bearbeiten Layout Grafik Ausdruck Datenbank Zusätze Optionen Fenster  ↑↓
 D24: [B9]                                                                     ?
    A              B            C      D         E          F        G      ↑─
 1  ============================================================================  End
 2  :       Gegenüberstellung der Kosten Diesel-/Benzin-KFZ              :      ▲
 3  :----------------------------------------------------------------------:   ◀▶
 4  :         Grunddaten          :     Werte                             :      ▼
 5  :----------------------------:----------------------------------------:
 12 : Preise                     :     1,11       1,20   DM/Liter         :     Esc
 13 : Verbrauch                  :     5,90       6,70   L./100 km        :
 14 : Wartung/Inspektion         :      350        300   DM/15.000 km :       ↵
 15 :----------------------------:----------------------------------------:
 16 : Summe Kosten               : 3.342,35 3.212,80  DM/Jahr            :     Del
 17 : Wer ist günstiger ?        : Benzin    Diff.:              130      :
 18 ============================================================================ ▯
 19                                                                               ▫
 20                                                                              5
 21
 22                                                                            ▯WYS
 23
 24                                                                            ZEI
 25
 26                                                                              ↓
 1AUTO.WQ1    [1] 21.06.91    12:39                                        BEREIT
```

<table>
<tr><td>Farbe ändern</td><td>Wenn Ihnen das Arbeiten mit fixierten Überschriften gefällt, soll-
ten Sie in Erwägung ziehen, die "festgehaltenen Titel" optisch
hervorzuheben. Öffnen Sie das Menü Optionen und wählen Sie
die Befehlsfolge Bildschirmfarben - Arbeitsblatt - Titel. Sie
können den Überschriften eine neue Farbe zuordnen. Wenn Sie die
neue Farbe beibehalten wollen, müssen Sie aus dem Menü Op-
tionen den Befehl Parameter speichern aufrufen.</td></tr>
<tr><td>Fixierung
aufheben</td><td>Wenn Sie anstelle der Option Beide die Option Horizontal wäh-
len, werden alle Zeilen oberhalb des Cursors fixiert. Die Option
Vertikal fixiert sämtliche Spalten links vom Cursor. Heben Sie die
Fixierung über die Befehlsfolge Fenster - Optionen - Feste Titel -
Löschen wieder auf.</td></tr>
<tr><td>Der Befehl
Stapeln</td><td>Laden Sie die Arbeitsblätter 2HAUS.WQ1 und 3RATE.WQ1, so
daß Sie insgesamt 3 Arbeitsblätter in den Hauptspeicher geladen
haben. Springen Sie nach 1AUTO.WQ1. Wählen Sie die Befehls-
folge Fenster - Stapeln. Quattro Pro zeigt die geladenen Arbeits-
blätter wie folgt an:</td></tr>
</table>

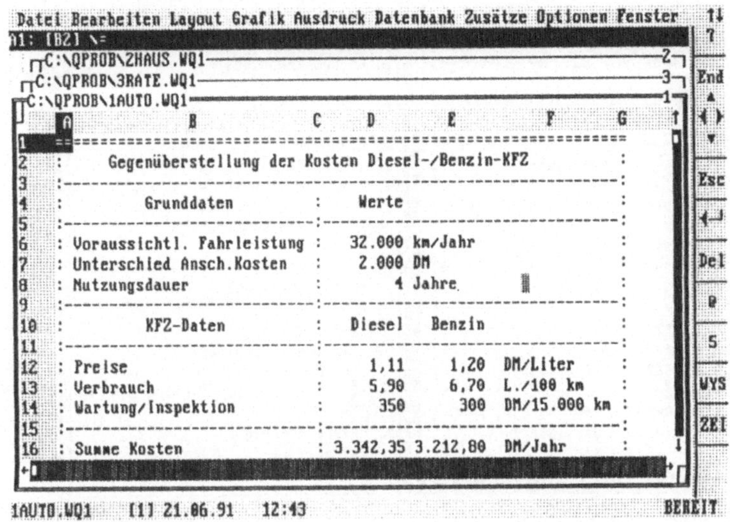

Sie können jetzt erkennen, welche Arbeitsblätter geladen sind. Andererseits geht durch diese Darstellung Bildschirmplatz verloren, so daß Sie abwägen sollten, ob diese Darstellungsart für Ihre Zwecke geeignet ist.

Quattro Pro bietet weiterhin die Möglichkeit, mehrere Arbeitsblätter gleichzeitig auf dem Bildschirm anzuzeigen, wobei allerdings eine kleinere Darstellung die Folge ist.

Um wieder die "volle Darstellung" zu erreichen, müssen Sie lediglich die "schnelle Taste" ALT-F6 drücken. Diese Tastenkombination entspricht der Befehlsfolge **Fenster - Zoom**. Probieren wir es aus!

ALT-F6

Sie haben weiterhin die drei Arbeitsblätter 1AUTO, 2HAUS und 3RATE geladen. Wählen Sie die Befehlsfolge **Fenster - Alle zeigen**.

Der Befehl Alle zeigen

Quattro Pro verteilt die geladenen Arbeitsblätter in mehr oder weniger günstiger Weise auf dem Bildschirm. Es ist leicht einzusehen, daß diese Darstellungsart nicht sehr "augenfreundlich" ist.

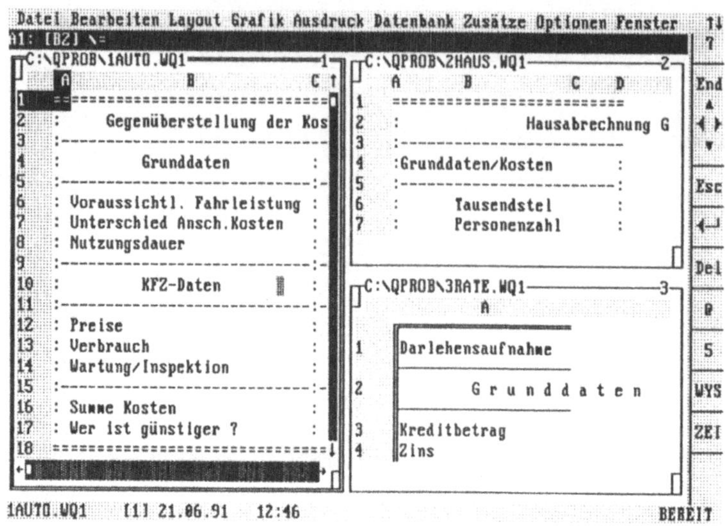

| Wechseln | Sie können zwischen den Arbeitsblättern durch Drücken von ALT-0 und Wahl des neuen Fensters wechseln. Mit Hilfe der Maus können Sie in das gewünschte Fenster springen und den Wechsel durch Drücken der linken Maustaste bestätigen. |

Wechseln

Sie können zwischen den Arbeitsblättern durch Drücken von ALT-0 und Wahl des neuen Fensters wechseln. Mit Hilfe der Maus können Sie in das gewünschte Fenster springen und den Wechsel durch Drücken der linken Maustaste bestätigen.

Der Befehl Größe/Lage

Über die Befehlsfolge **Fenster - Größe/Lage**, die über die "schnelle Taste" STRG-g aufgerufen werden kann, können Sie die Fensteraufteilung variabel gestalten. Mit diesem Befehl können Sie einerseits Breite und Höhe eines Fensters verändern und Fenster an jede beliebige Position auf dem Bildschirm verschieben.

Verschieben

Wenn Sie ein bestimmtes Fenster verschieben möchten, müssen Sie zunächst das Fenster aktivieren. Nachdem Sie STRG-g gedrückt haben, zeigt Quattro Pro den Indikator *Lage* in der oberen linken Fensterecke an. Mit Hilfe der Pfeiltasten können Sie das Fenster verschieben. Durch Drücken der RETURN-Taste schließen Sie den Befehl ab.

Größe ändern

Um die Größe eines Fensters zu verändern, müssen Sie zunächst STRG-g drücken; anschließend können Sie durch SHIFT-Pfeiltasten die neue Fenstergröße festlegen.

Es gibt eine zweite Möglichkeit, die Fenstergröße zu ändern.
Nachdem Sie STRG-g gedrückt haben, erscheint am linken Bildschirmrand der Indikator *Lage*. Durch Drücken der ROLLEN-
Taste wechseln Sie zum Indikator *Größe*. Jetzt können Sie über
die Pfeiltasten die neue Fenstergröße festlegen.

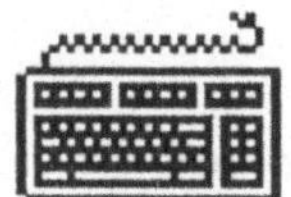

Schließen Sie bis auf 2HAUS und 3RATE sämtliche geladenen
Arbeitsblätter (Befehlsfolge **Datei - Fenster schließen**). Betrachten Sie die nächste Abbildung. Sie zeigt die Arbeitsblätter
2HAUS und 3RATE. Verändern Sie über den Befehl
Größe/Lage Ihre Bildschirmdarstellung und passen Sie sie der
Darstellung in der Abbildung an. Nutzen Sie diese Übung, um
ein wenig mit den Fensterbefehlen zu experimentieren. Durch
Drücken von ALT-F6 können Sie jederzeit die Darstellung
"zoomen".

Bisher haben wir uns mehrere Arbeitsblätter auf den Bildschirm
geholt. Quattro Pro bietet jedoch auch die Möglichkeit, zwei Bereiche **eines Arbeitsblattes** gleichzeitig anzuzeigen. Sie müssen
dazu ein Arbeitsblattfenster in zwei Ausschnitte teilen, wobei die
Ausschnitte nebeneinander (vertikal) oder übereinander
(horizontal) angezeigt werden können.

Fenster
unterteilen

Holen Sie das Arbeitsblatt 2HAUS auf den Bildschirm und "zoomen" Sie durch Drücken von ALT-F6 die Darstellung. Bewegen Sie den Cursor in die Zeile 8 und wählen Sie die Befehlsfolge **Fenster - Optionen - Horizontal teilen**. Sie können jetzt über die F6-Taste zwischen den einzelnen Ausschnitten hin- und herspringen und jeweils einen Bereich auswählen, den Sie für Ihre Zwecke benötigen.

Warum zwei Ausschnitte?

Stellen Sie vor, Sie arbeiten mit einem großen und unübersichtlichen Arbeitsblatt. Sie könnten sich beispielsweise über das Arbeiten mit Ausschnitten im ersten Ausschnitt den "Eingabebereich" und im zweiten Ausschnitt den "Summenbereich" anzeigen lassen.

Über den Befehl **Nicht Synchron** veranlassen Sie, daß beide Ausschnitte unabhängig voneinander gerollt werden können.

Wählen Sie die Befehlsfolge **Fenster - Optionen - Teilung aufheben**, um wieder die einfache Darstellungsart zu aktivieren.

2. Importieren von ASCII-Dateien

Im Hauptteil dieses Kapitels haben Sie erfahren, wie Sie Datensätze aus einer externen Datenbank nach Quattro Pro bringen können. In diesem Abschnitt werden Sie die Befehle kennenlernen, um eine aus ASCII-Zeichen bestehende Textdatei nach Quattro Pro zu importieren.

TYPE

Wenn Sie versuchen, sich eine Quattro Pro-Datei, z.B. 1AUTO.WQ1 über den DOS-Befehl TYPE auf dem Bildschirm anzeigen zu lassen, stellen Sie fest, daß die Datei aus einer Folge unübersichtlicher Zeichen besteht. Dies liegt daran, daß Softwareprogramme wie Quattro Pro Daten in einem speziellen binärem Format abspeichern.

Im Gegensatz dazu bestehen ASCII-Dateien ausschließlich aus "echten" Zeichen. Nehmen wir an, daß unsere CD- und Schallplattensammlung in der ASCII-Datei SAMMLUNG.DAT gespeichert ist. Sie können sich den Inhalt über den DOS-Befehl TYPE anzeigen lassen.

Über die Befehlsfolge **Zusätze - Import - ASCII-Textdatei** können Sie die ASCII-Datei nach Quattro Pro importieren.

Betrachten Sie die nächste Abbildung. Obwohl es so aussieht, als
enthielte das Arbeitsblatt Daten in mehreren Spalten, so ist der
Text in jeder Zeile nur in den Feldern der Spalte A gespeichert.
Der Cursor befindet sich in Feld A1 und Sie können der Eingabezeile entnehmen, daß der gesamte Datensatz in Feld A1 gespeichert ist.

```
Datei Bearbeiten Layout Grafik Ausdruck Datenbank Zusätze Optionen Fenster
A1: 'Hit History 1971        Diverse        S              14.30Sebastian Klein
       A            B            C        D        E        F          G        H
 1   Hit History 1971            Diverse          S        14.30Sebastian Klein
 2   A Perfect World of Music    ELO              C        29.90Gerhard Krüger
 3   Ronny's Pop Show (10)       Diverse          S        22.50
 4   Hits Out Of Hell            Meat Loaf        C        29.90
 5   Graceland                   Paul Simon       C        24.90Else Netthöfel
 6   Starke Zeiten               T. Rex           C        25.30
 7   The Best Of 1980-1990       Diverse          C        38.95
 8   Sound of the Islands        Diverse          S        14.90
 9
10
11
12
13
14
15
16
17
18
19
20
BLATT1.WQ1    [1] 29.06.91    17:39                          BEREIT
```

Wie kann man aus den in Spalte A gespeicherten "langen Texten"
eine unseren Vorstellungen entsprechende Datenbank erstellen?
Zunächst muß über die Befehlsfolge **Zusätze - Tabelle erstellen
- Formatzeile** oberhalb der ersten Zeile eine Formatzeile einge-
fügt werden. Diese muß zunächst noch verändert werden, damit
Quattro Pro die Daten korrekt interpretieren kann.

Formatzeile

Die Formatzeile enthält verschiedene Symbole: Der Buchstabe L
kennzeichnet den Beginn eines Textes (Labels). Der Buchstabe W
leitet ein Zahlenfeld (Wert) ein.

Symbole

In unserem Beispiel müßten Sie über den Befehl **Tabelle erstellen - Bearbeiten** die Formatzeile wie in der nächsten Abbildung
verändern. In der Eingabezeile sehen Sie den von Quattro Pro er-
zeugten alten und in Zeile 1 den aktualisierten Stand der Formatzeile. Betrachten Sie den ersten Datensatz: Das erste Feld beginnt
mit dem Wort "Hit", das zweite Feld mit dem Wort "Diverse",
das dritte mit dem Buchstaben "S".

Anschließend folgt der Wert, der bis zu 10 Stellen umfassen kann. Schließlich wird das Textfeld "Verliehen" mit dem Namen "Sebastian" eingeleitet.

Blöcke
definieren

Nachdem Sie über die Formatspalte die Struktur der Tabelle festgelegt haben, müssen Sie über den Befehl **Eingabespalte** den Bereich kennzeichnen, der die ASCII-Daten enthält. In unserem Beispiel wäre das der Bereich von A1 bis A9. Über den Befehl **Ausgabeblock** legen Sie das obere linke Feld des Blocks fest, der die zu erstellende Tabelle aufnehmen soll.

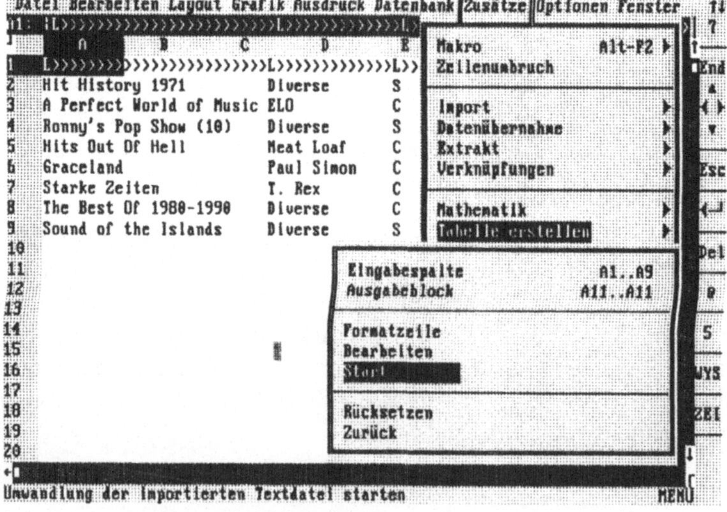

Nachdem Sie den Befehl **Start** gewählt haben, wird die Tabelle erstellt. Schließlich müßten die Spaltenbreiten noch an die Längen der jeweiligen Felder angepaßt werden, z.B. für Spalte A eine Breite von 25 Zeichen.

Bei unserem Beispiel wird ein Problem auftreten: Die Werte in Spalte D enthalten anstelle eines Dezimalkommas einen Dezimalpunkt. Bei der Umwandlung der ASCII-Daten in die Tabelle interpretiert Quattro Pro die Werte als Texte, weil sonst durch den Dezimalpunkt eine Fehlersituation entstehen würde.

Interpunktion

Sie können dieses Problem dadurch lösen, indem Sie vorab über die Befehlsfolge **Optionen - International - Interpunktion** festlegen, daß Quattro Pro anstelle eines Dezimalkommas den Dezimalpunkt verwenden soll.

Nachdem die Umwandlung funktioniert hat, können Sie den Befehl rückgängig machen, indem Sie wieder von Dezimalpunkt nach Dezimalkomma umschalten.

Was haben wir in diesem Abschnitt gemacht? In diesem Abschnitt haben Sie die Befehle kennengelernt, die Sie benötigen, wenn Sie eine ASCII-Datei nach Quattro Pro importieren wollen. Beachten Sie, daß Sie nur "reine" ASCII-Dateien verwenden können. Sobald die Datei Steuerzeichen enthält, entstehen Probleme.

3. Zeichenkettenfunktionen

Schließen Sie sämtliche Arbeitsblätter, so daß Sie den leeren Quattro Pro-Bildschirm vor sich haben. Richten Sie für die Spalten A und B eine Breite von 32 Zeichen ein. Tragen Sie in das Feld A1 den Text

Dies ist ein Prachtkerl

und in das Feld A2 den Text

Ich denke, also bin ich

ein.

Die Funktion
@CODE

Anhand dieser Texte wollen wir die Arbeitsweise verschiedener Zeichenkettenfunktionen aufzeigen. Beginnen wollen wir mit der Funktion **@CODE(x)**. Bewegen Sie den Cursor nach Feld B1 und tragen Sie die Formel

@CODE(A1)

ein. Die Funktion **@CODE(x)** ermittelt den ASCII-Code des ersten Zeichens von **x**. Beispielsweise ergibt

@CODE("Borussia Dortmund")

den Wert 66. Die Anweisung

@CODE("Dies ist ein Prachtkerl")

ergibt den Wert 68, da der Buchstabe *D* im ASCII-Code dem Wert 68 entspricht.

Die Funktion
@LINKS

Mit Hilfe der Funktion **@LINKS(String;N)** können Sie aus einer Zeichenkette die ersten **N** Zeichen extrahieren. Beispielsweise ergibt die Anweisung

@LINKS("Borussia Dortmund";8)

den Text "Borussia". Bewegen Sie den Cursor nach Feld B2 und tragen Sie die Formel

@LINKS(A1;8)

ein. Es ergibt sich "Dies ist".

Die Funktion
@RECHTS

Mit Hilfe der Funktion **@RECHTS(String;N)** können Sie die letzten **N** Zeichen aus **String** extrahieren. Bewegen Sie den Cursor nach Feld B3 und tragen Sie

@RECHTS(A2;10)

ein. Quattro Pro zeigt als Ergebnis

so bin ich

Die Funktion
@MITTE

an. Die Funktion **@MITTE(String;Start;N)** gibt die ersten **N** Zeichen von **String** ab der Startposition **Start** zurück. Die Ermittlung der Startposition beginnt mit dem Wert 0. Bewegen Sie den Cursor nach Feld B4 und tragen Sie

> *@MITTE(A2;16;7)*

ein. Quattro Pro gibt als Ergebnis den Text *bin ich* zurück. Obgleich der Buchstabe *b* das 17. Zeichen darstellt, müssen Sie als Startposition den Wert 16 angeben, da Quattro Pro dem ersten Zeichen den Wert 0 zuweist.

Die Funktion **@LÄNGE(String)** gibt die Anzahl der in **String** enthaltenen Zeichen zurück. Bewegen Sie den Cursor nach Feld B5 und tragen Sie

> *@LÄNGE(A1)*

Die Funktion @LÄNGE

ein. Es ergibt sich der Wert 23. Die Funktion **@WIEDERHOLEN(String;N)** gibt **N** Kopien von **String** zurück. Diese Funktion kann beispielsweise dazu eingesetzt werden, gestrichelte Linien in ein Arbeitsblatt zu zeichnen. Bewegen Sie den Cursor nach Feld B6 und tragen Sie

> *@WIEDERHOLEN("+";15)*

Die Funktion @WIEDER-HOLEN

ein. Quattro Pro gibt daraufhin das Pluszeichen 15 mal aus. Anstelle eines Textes, z.B. "+", können Sie auch mit einem Feldverweis arbeiten, z.B. **@WIEDERHOLEN(D10;20)**. In diesem Beispiel wird der in Feld D10 gespeicherte Inhalt 20 mal kopiert.

Die Funktion **@ZEICHEN(N)** zeigt als Ergebnis das ASCII-Zeichen an, dessen Code dem Wert **N** entspricht. Bewegen Sie den Cursor nach Feld B7 und tragen Sie

> *@ZEICHEN(B1)*

Die Funktion @ZEICHEN

Feld B1 speichert den Wert 68, der dem Buchstaben "D" entspricht. Da die Funktionen **@CODE** und **@ZEICHEN** die entgegengesetzte Aufgabe erfüllen, ergibt sich für Feld B7 ebenfalls der Buchstabe "D".

Unterbrechen wir die Beschreibung der Funktionen mit einer Übung. Die Übung wird Sie einige Minuten in Anspruch nehmen. Lassen Sie sich sämtliche ASCII-Zeichen auf dem Bildschirm anzeigen. Gehen Sie dabei wie folgt vor: Bewegen Sie den Cursor nach Feld C1 und erstellen Sie in Spalte C mit Hilfe der Befehlsfolge **Bearbeiten - Füllen** eine Zahlenreihe, beginnend bei *1* in Feld C1 und endend mit *255* in Feld C255.

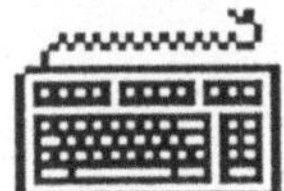

Wenn Sie sich über die Arbeitsweise des Befehls **Füllen** nicht sicher sind, sollten Sie die entsprechenden Hilfeinformationen anfordern. Nachdem Sie die Zahlenreihe von 1 bis 255 erstellt haben, bewegen Sie den Cursor nach Feld D1 und tragen die Formel

    @ZEICHEN(C1)

ein. Diese Formel kopieren Sie anschließend bis nach D255. Nehmen Sie sich einen Augenblick Zeit, um sich die in Spalte D angezeigten 255 Zeichen anzusehen.

Die Funktion
@FINDEN

Setzen wir die damit Beschreibung der Funktionen fort. Die Funktion **@FINDEN(Muster;String;Pos)** durchsucht **String** ab Position **Pos** nach **Muster**. Wird **Muster** gefunden, gibt die Funktion die Position des ersten Auftretens an. Die Suche beginnt an der mit **Pos** angegebenen Position, wobei 0 das erste, 1 das zweite Zeichen usw. von **String** ist. Zu beachten ist, daß **@FINDEN** zwischen Groß- und Kleinschreibung differenziert. Tragen Sie in Feld B8

    @FINDEN("den";A2;0)

ein. Es ergibt sich der Wert 4. Die von Funktionen ermittelten Werte können in "normalen Berechnungen" verwendet werden. Tragen Sie beispielsweise in Feld B9

    @LÄNGE(A1)-5

ein. Von der ermittelten Länge 23 wird der Wert 5 subtrahiert und ergibt sich der Wert 18.

Die Funktion
@ERSETZEN

Mit **@ERSETZEN(String1;Pos;N;String2)** können Sie Zeichen in einer Zeichenkette durch eine andere Zeichenkette ersetzen. **String1** stellt die zu bearbeitende Zeichenkette dar, **Pos1** ist die Position, an der das Ersetzen beginnen soll (0 für die erste Stelle), **N** gibt die Anzahl der zu löschenden Zeichen an und **String2** die Zeichenkette, die ab der Position **Pos** eingefügt werden soll. Bewegen Sie den Cursor nach Feld B10 und tragen Sie folgende Formel ein:

    @ERSETZEN(A1;5;@LÄNGE(A1)-5;
    @MITTE(A2;@FINDEN("bin";A2;0);7))

Ersetzt werden soll die in Feld A1 gespeicherte Zeichenkette ab Position 5, d.h. die Zeichen von Position 0 bis 4 bleiben erhalten ("Dies ")

Das Argument *@LÄNGE(A1)-5* ermittelt die um 5 reduzierte Länge von der in Feld A1 gespeicherten Zeichenkette (= 18). Dies ist die Anzahl Zeichen, die ab Position 5 gelöscht werden soll, d.h. von der ursprünglichen Zeichenkette bleiben nur die ersten 5 Zeichen erhalten.

Das vierte Argument *@MITTE(A2;@FINDEN("bin ";A2;0);7))* extrahiert aus der in Feld A2 gespeicherten Zeichenkette den Text *bin ich*. Damit ergibt sich für Feld B10 der Text *Dies bin ich*.

Bewegen Sie den Cursor nach Feld B11 und tragen Sie die Zahl *123* als Text ein:

> *'123*

Durch das Justierungszeichen ' haben Sie eine Texteingabe vorgenommen. Sie können dies beispielsweise dadurch erkennen, daß die Zahl linksbündig ausgerichtet wird. Nun bewegen Sie den Cursor nach Feld B12 und tragen folgende Formel ein:

> *+B11+B9*

Feld B11 speichert die Zahl 123 als Text und Feld B9 speichert die Zahl 18. Die Addition beider "Werte" ergibt 18, da Quattro Pro die in Feld B11 gespeicherte Zahl nicht als Zahl, sondern als Text interpretiert.

Mit Hilfe der Funktion **@WERT(String)** können Sie eine Zeichenkette in einen numerischen Wert umwandeln. **String** darf arithmetische Operatoren, jedoch keine Währungszeichen, Semikolons oder Leerzeichen enthalten. Vor- und nachgesetzte Leerzeichen sind möglich.

Die Funktion
@WERT

Bewegen Sie den Cursor nach Feld B13 und tragen Sie folgende Formel ein:

> *@WERT(B11)+B9*

Es ergibt sich der Wert 141 (= 123 + 18). Die als Text gespeicherte Zahl *123* wird in einen numerischen Wert umgewandelt, der bei dieser Rechenoperation verwendet werden kann.

Die Funktion
@KLEIN
Mit Hilfe der Funktion **@KLEIN(String)** können Sie **String** in Kleinbuchstaben ausgeben. Von dieser Funktion nicht betroffen sind Zahlen und Sonderzeichen. Bewegen Sie den Cursor nach Feld B14 und tragen Sie

@KLEIN(A1)

ein. Es wird das Ergebnis

dies ist ein prachtkerl

angezeigt.

Die Funktion
@EIGENNAME
Die Funktion **@EIGENNAME(String)** wandelt den ersten Buchstaben jedes Wortes aus **String** in einen Großbuchstaben um. Bewegen Sie den Cursor nach Feld B15 und tragen Sie

@EIGENNAME(A2)

ein. Es wird das Ergebnis

Ich Denke, Also Bin Ich

angezeigt.

Die Funktion
@GROSS
Die Funktion **@GROSS(String)** gibt **String** in Großbuchstaben aus. Bewegen Sie den Cursor nach Feld B16 und tragen Sie

@GROSS(A2)

ein. Es wird das Ergebnis

ICH DENKE, ALSO BIN ICH

angezeigt.

Ein praktisches Beispiel

Die Beschreibung der Zeichenkettenfunktionen mag Ihnen im ersten Augenblick sehr theoretisch erscheinen. Es gibt jedoch durchaus eine Reihe praktischer Anwendungsmöglichkeiten, wie das nachfolgende Beispiel zeigt. Tragen Sie in das Feld A17 den Text

Möller, Andy; Borussiastr. 120

ein. Beachten Sie, daß Sie zwischen Name und Vorname ein Komma und Leerzeichen und zwischen Vorname und Straße ein Semikolon und Leerzeichen eingeben müssen.

Nehmen wir an, Sie müßten in Quattro Pro eine ASCII-Datei übernehmen, bei der die einzelnen Datenfelder durch ein spezielles Zeichen, z.B. ein Semikolon, getrennt sind.

Im vorherigen Abschnitt haben Sie erfahren, wie Sie eine ASCII-Datei mit fester Datensatzlänge übernehmen können (z.B. wenn der Name immer in den ersten 15 Zeichen der Datei gespeichert ist).

Wie ist vorzugehen, wenn die einzelnen Felder nicht immer gleich lang sind, sondern durch Sonderzeichen getrennt sind? Bewegen Sie den Cursor nach Feld B17 und tragen Sie

Namen extrahieren

>   *@LINKS(A17;@FINDEN(", ";A17;0))*

ein. Diese Formel extrahiert aus dem in Feld A17 gespeicherten Text die Zeichen bis zum ersten Komma. Die Position des Kommas wird über die Funktion **@FINDEN** ermittelt. Als Ergebnis wird *Möller* angezeigt.

Als nächstes soll der Vorname extrahiert werden. Die Formel ist deshalb komplizierter, weil sowohl die Start-, als auch die Endeposition des Vornamens ermittelt werden muß. Bewegen Sie den Cursor nach Feld B18 und tragen Sie folgende Formel ein:

Vornamen extrahieren

>   *@MITTE(A17;@FINDEN(", ";A17;0)+2;*
>   *@FINDEN("; ";A17;0)-2-@FINDEN(", ";A17;0))*

Die Funktion **@MITTE** benötigt drei Argumente: Zunächst wird die Zeichenkette angegeben, in unserem Fall handelt es sich um den in Feld A17 gespeicherten Text. Das zweite Argument gibt die Startposition des zu extrahierenden Textes an. Diese wird über die Funktion **@FINDEN** ermittelt:

>   *@FINDEN(", ";A17;0)+2*

Dieser Ausdruck ermittelt die Position des ersten Kommas und addiert zwei Stellen dazu:

>   *Möller, Andy; Borussiastr. 120*

Es wird unterstellt, daß zwischen Komma und erstem Buchstaben des Vornamens ein Leerzeichen steht. Die Position des Kommas ist 6 (die Numerierung beginnt bei 0). Der Vorname beginnt demnach bei Position 8.

Über das dritte Argument

@FINDEN("; ";A17;0)-2-@FINDEN(", ";A17;0)

wird die Länge des zu extrahierenden Textes bestimmt. Der erste Ausdruck bestimmt die Position des Semikolons, in unserem Beispiel wäre dies Position 12. Von diesem Wert muß die Position des Kommas abgezogen werden (= 6). Um Komma und Leerzeichen zu berücksichtigen, muß darüber hinaus der Wert 2 abgezogen werden, so daß sich eine Länge des Vornamens von

12 - 2 - 6 = 4

ergibt.

Straße extrahieren

Schließlich soll mit Hilfe der Funktion **@RECHTS** der Straßenname extrahiert werden. Bewegen Sie den Cursor nach Feld B19 und tragen Sie folgende Formel ein:

@RECHTS(A17;@LÄNGE(A17)-@FINDEN("; ";A17;0)-2)

Damit haben Sie den Inhalt eines Feldes auf drei andere Felder verteilt. Auf diese Art können Sie den Inhalt einer ASCII-Datei auf mehrere Felder verteilen, und sich so eine Quattro Pro-Datenbank erstellen.

Formeln entfernen

Was ist zu tun, wenn Sie nur die Werte und nicht mehr die Formeln in den Feldern speichern möchten? In einem der vorherigen Kapitel haben wir die Befehlsfolge **Bearbeiten - Werte kopieren** besprochen. Über diese Befehlsfolge können Sie festlegen, daß nur die Feldinhalte und nicht mehr die entsprechenden Formeln kopiert werden.

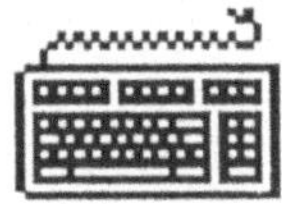

In dieser Übung sollen Sie über die Funktionen **@LINKS** und **@RECHTS** den Titel und den Interpreten eines Feldes auf zwei andere Felder verteilen. Anschließend soll über die Befehlsfolge **Bearbeiten - Werte Kopieren** der Feldinhalt - nicht die Formel - kopiert werden. Als Trennzeichen dient das Semikolon. Bewegen Sie den Cursor nach Feld A20 und tragen Sie

Starke Zeiten; T.Rex

ein. Feld A21 soll mit Hilfe der Funktion **@LINKS** den Titel und Feld A22 mit Hilfe der Funktion **@RECHTS** den Interpreten speichern. Feld B21 soll den Titel ohne Formel und Feld B22 den Interpreten ohne Formel speichern (Befehlsfolge **Bearbeiten - Werte Kopieren**).

Bevor Sie Ihre Arbeit mit dem nächsten Abschnitt fortsetzen, müssen Sie die Datei vorher einmal speichern. Speichern Sie die Datei unter dem Namen 6ZEICHEN.WQ1.   *Speichern*

4. Datenübernahme

Im vierten Kapitel haben Sie erfahren, wie Sie mehrere Arbeitsblätter permanent miteinander verknüpfen können. In diesem Abschnitt werden Sie den Befehl kennenlernen, mit dessen Hilfe Sie Daten aus einem anderen Quattro Pro-Arbeitsblatt übernehmen können.

Sie sehen das Arbeitsblatt 6ZEICHEN.WQ1 auf dem Bildschirm. Feld A1 speichert den Text

    Dies ist ein Prachtkerl

und Feld B1 über die Formel **@CODE(A1)** den Wert 68.

Wählen Sie die Befehlsfolge **Datei - Neu**. Sie sehen den leeren Quattro Pro-Bildschirm vor sich. Wir wollen zunächst aus der Datei 6ZEICHEN.WQ1 den Inhalt von Feld A1 in unser noch leeres Arbeitsblatt übernehmen. Belassen Sie den Cursor in Feld A1 des leeren Arbeitsblattes.

```
Geben Sie ein                 Befehl

/Z                            Zusätze
D                             Datenübernahme
K                             Kopieren
B                             Block
a1                            Block eingeben
RETURN-Taste                  Bestätigen Block
6zeichen                      Dateinamen eingeben
RETURN-Taste                  Bestätigen Befehl
```

Der Inhalt von Feld A1 der Datei 6ZEICHEN ist über die Befehlsfolge **Zusätze - Datenübernahme - Kopieren** in unser neues
Arbeitsblatt kopiert worden.

Werte kopieren   Im nächsten Schritt wollen wir den Befehl **Addieren** ausprobieren.
Bewegen Sie den Cursor nach Feld A2 und tragen Sie den Wert *50*
ein. Belassen Sie den Cursor in Feld A2.

```
Geben Sie ein                    Befehl

/Z                               Zusätze
D                                Datenübernahme
A                                Addieren
B                                Block
b1                               Block eingeben
RETURN-Taste                     Bestätigen Block
6zeichen                         Dateinamen eingeben
RETURN-Taste                     Bestätigen Befehl
```

Sie hatten vorher in Feld A2 den Wert 50 eingetragen. Feld B1 der
Datei 6ZEICHEN speichert den Wert 68. Über den Befehl **Addieren** haben Sie die Werte beider Felder addiert, so daß als Ergebnis
der Wert 118 angezeigt wird.

Was haben wir soeben gemacht? Der Befehl **Datenübernahme**
bietet die Möglichkeit, ein ganzes existierendes Arbeitsblatt oder
einen Teil eines Arbeitsblattes in einen beliebigen Bereich des aktuellen Arbeitsblattes zu kopieren. Mit dem Befehl **Kopieren** fügen Sie den exakten Inhalt der Datei ein, mit **Addieren** werden die
neuen Werte zu den bereits vorhandenen Werten addiert, mit **Subtrahieren** können Sie darüber hinaus von den vorhandenen Werten
die neuen Werte subtrahieren. Bei der Angabe des Blocks können
Sie Feldadressen (z.B. Feld B2) oder einen Blocknamen angeben
(z.B. den Namen *Rate*, wenn Sie einem Feld diesen Namen zugewiesen haben); der Block darf auch mehrere Felder umfassen.

Das siebte Kapitel

In diesem Kapitel haben Sie erfahren, wie Sie in Quattro Pro eine
Datenbank definieren und Operationen mit der Datenbank durchführen können.

Weiterhin haben Sie die Funktionen kennengelernt, die Sie für die mathematische und statistische Aufbereitung der Zahlenwerte verwenden können.

Das Arbeiten mit Fenstern, das Importieren von ASCII-Dateien sowie die zur Verfügung stehenden Zeichenkettenfunktionen wurden anschließend besprochen.

Sie haben die wichtigsten Quattro Pro-Befehle und -funktionen kennengelernt und sind nun imstande, auch komplexere Anwendungen mit Quattro Pro zu erstellen.

Wenn Sie Details eines Befehls oder einer Funktion nicht kennen, wissen Sie, wie Sie sich helfen können: Sie fordern einfach die entsprechenden Hilfe-Informationen an. Diese reichen in den meisten Fällen aus, um anschließend mit Quattro Pro weiterarbeiten zu können.

Probleme

Was ist zu tun, wenn sich nach Erstellung der Arbeitsblätter bestimmte Befehlsfolgen häufig wiederholen? Dann ist es sehr mühselig, immer wieder die gleichen Tastengriffe durchzuführen.

Was ist zu tun, wenn ein anderer Mitarbeiter, der Details Ihres Arbeitsblattes nicht kennt, das Arbeitsblatt nutzen will? Dieser Mitarbeiter weiß beispielsweise nicht, welche Felder für Eingaben benötigt werden und in welchen Feldern Formeln gespeichert sind. Vielleicht kennt er auch Quattro Pro nur sehr oberflächlich, so daß er mit bestimmten Befehlen nichts anzufangen weiß. Bietet Quattro Pro die Möglichkeit, auch mit dieser Situation fertig zu werden?

Die Lösung

Es gibt eine Lösung: Sie erstellen Makros, die den Mitarbeiter bei seiner Arbeit "führen". Was ist ein Makro? Mit Hilfe von Makros können Sie Befehle unter einem Namen zusammenfassen und anschließend mit Hilfe eines Tastenschlüssels aufrufen. Nehmen wir an, daß Sie in ein Arbeitsblatt bestimmte Daten eintragen und anschließend das Arbeitsblatt ausdrucken müssen.

Das erste Makro aktiviert den Befehl **Datenbank - Eingabemaske**, wodurch Sie automatisch zur Dateneingabe in die ungeschützten Felder springen. Nachdem der Befehl abgeschlossen ist, kann durch Aufruf des zweiten Makros der Druckvorgang ausgelöst werden.

Der Mitarbeiter, der das Arbeitsblatt nutzen soll, benötigt jetzt nur Kenntnis darüber, wie er die beiden Makros aufruft.

Möglicherweise erstellen *Sie* noch ein drittes Makro, das den Sicherungsvorgang und das Verlassen von Quattro Pro übernimmt.

Im nächsten Kapitel werden wir einige einfache Makros erstellen, die die Arbeitsweise von Makros veranschaulichen. Sie werden erfahren, wie Makros eingegeben, dokumentiert, verändert und zur Ausführung gebracht werden.

7. Einfache Makros

In diesem Kapitel werden Sie erfahren, wie Sie in Quattro Pro Makros eingeben, dokumentieren, verändern und zur Ausführung bringen können. Starten Sie Quattro Pro. Sie sehen den leeren Bildschirm vor sich.

Was wird im siebten Kapitel besprochen?

1. Aufbau von Makros

2. Erstellung und Dokumentation einfacher Makros

3. Menüäquivalente Makro-Befehle

4. Spezielle Makro-Befehle

Erste Versuche

Richten Sie für die Spalten A, B und C jeweils eine Breite von 22 Zeichen ein (STRG-b). Geben Sie anschließend in das Feld A1 den Text *Probetext* und in das Feld A2 die Zahl *1234* ein. Der Text wird links- und die Zahl rechtsbündig ausgerichtet. Wir wollen im folgenden drei Makros schreiben, die bewirken, daß der Inhalt des aktuellen Feldes links- oder rechtsbündig bzw. zentriert angezeigt wird.

Erinnern Sie sich noch an die "manuelle" Vorgehensweise. Bewegen Sie den Cursor nach Feld A1. Öffnen Sie das Menü **Layout** und wählen Sie den Befehl **Ausrichtung**. Hier wählen Sie die Option **Mitte**. Drücken Sie schließlich die RETURN-Taste. Der in Feld A1 eingegebene Text wird fortan zentriert angezeigt.

Eingeben
eines Makros

Für die soeben eingegebene Befehlsfolge wollen wir jetzt ein Makro schreiben. Ein Makro ist nichts anderes als ein Aneinanderreihen der Anfangsbuchstaben von Befehlen und Optionen im Textmodus. Bewegen Sie den Cursor nach Feld B1.

```
Geben Sie ein                        Befehl


'                                    Apostroph
/lam~                                Texteingabe
RETURN-Taste                         Beenden Texteingabe
```

Das Apostroph wird deshalb am Anfang der Befehlsfolge eingegeben, damit die Eingabe als Label (Texteingabe) identifiziert werden kann.

Die Tilde (~) entspricht dem Drücken der RETURN-Taste. Durch das Ergänzen der Befehlsfolge um die Tilde schließen Sie die Befehlsfolge genauso ab, wie Sie es auch auf herkömmliche Art machen. Wenn Sie die Tilde auf Ihrer Tastatur nicht finden, können Sie sie auch durch gleichzeitiges Drücken der ALT-Taste und der Zahlen *126* auf dem Ziffernblock der Tastatur eingeben (die Tilde entspricht dem ASCII-Zeichen *126*).

Benennen
eines Makros

Um ein Makro ausführen zu können, müssen wir ihm vorab über die Befehlsfolge **Bearbeiten - Namen - Block benennen** einen Namen zuweisen (der Cursor befindet sich immer noch im Feld B1). Makro-Namen bestehen aus einem umgekehrten Schrägstrich (\), gefolgt von einem Buchstaben.

```
Geben Sie ein                        Befehl


/B                                   Bearbeiten
N                                    Namen
B                                    Block benennen
\m                                   Namen eingeben
RETURN-Taste                         Namen bestätigen
RETURN-Taste                         Block bestätigen
```

Aufrufen
eines Makros

Gehen Sie mit dem Cursor nach Feld A2. Dieses Feld speichert die rechtsausgerichtete Zahl *1234*. Geben Sie bei gedrückter ALT-Taste den Buchstaben M ein. Wenn das Makro funktioniert, wird die Zahl *1234* fortan zentriert angezeigt.

Sollte Ihr Makro nicht funktionieren, kann es dafür zwei Ursachen geben: Sie haben entweder bei der Eingabe des Makros einen Fehler gemacht. Überprüfen Sie noch einmal den Feldinhalt von B1 und korrigieren Sie gegebenenfalls Ihre Eingabe. Sie drücken dazu F2, um sich den Feldinhalt in die Eingabezeile zu holen und können den Inhalt editieren. Oder Sie haben bei der Namensvergabe einen Fehler gemacht, vielleicht die beiden Schrägstriche / und \ vertauscht. Bewegen Sie den Cursor noch einmal nach Feld B1 und wiederholen Sie die Befehlsfolge **Bearbeiten - Namen - Block benennen**.

Mögliche Fehler

Es ist sinnvoll, die in einem Arbeitsblatt stehenden Makros zu dokumentieren. Dadurch fällt es zu einem späteren Zeitpunkt leichter zu erkennen, wie das Makro aufgerufen wird und welche Aufgaben es erfüllt. Bewegen Sie den Cursor nach Feld C1 und tragen Sie

Dokumentieren von Makros

    ALT-M / Zentrieren

ein. Sie wissen nun, daß das Makro durch Drücken von ALT-M aufgerufen wird und daß seine Aufgabe darin besteht, Feldinhalte zu zentrieren.

Ein zweites Makro

Das nächste Makro soll bewirken, daß der Inhalt des momentanen Felder links ausgerichtet wird. Bewegen Sie den Cursor nach Feld B3.

```
Geben Sie ein                 Befehl


'                             Apostroph
/lal~                         Texteingabe
RETURN-Taste                  Beenden Texteingabe
```

In das Feld C3 tragen Sie zu Dokumentationszwecken

    ALT-L / Links

ein. Schließlich müssen wir dem Makro noch den Namen \l zuweisen. Belassen Sie den Cursor in Feld B3.

```
Geben Sie ein                      Befehl

/B                                 Bearbeiten
N                                  Namen
B                                  Block benennen
\l                                 Namen eingeben
RETURN-Taste                       Namen bestätigen
RETURN-Taste                       Block bestätigen
```

Bewegen Sie den Cursor nach Feld A1 und drücken Sie ALT-L. Wenn Ihr Makro funktioniert, müßte *Probetext* wieder links ausgerichtet werden. Bewegen Sie anschließend den Cursor nach Feld A2 und drücken Sie ALT-L, um auch den Inhalt dieses Feldes links auszurichten.

Nun sind Sie an der Reihe! Das nächste Makro soll eine rechte Ausrichtung bewirken. Bewegen Sie dazu den Cursor in das Feld B5 und tragen Sie das Makro ein. Anschließend müssen Sie dem Makro über die Befehlsfolge **Bearbeiten - Namen - Block benennen** einen Namen zuweisen. Das Makro soll über die Tastenkombination

ALT-R

aufgerufen werden. Im Feld C5 ist das Makro zu dokumentieren. Testen Sie schließlich anhand der Felder A1 und A2, ob das Makro funktioniert.

Was haben wir im bisherigen Verlauf dieses Kapitels gemacht? Sie haben erfahren, wie Sie einfache Makros durch ein Aneinanderreihen von Buchstaben, die Befehlen und Optionen entsprechen, im Textmodus eingeben können. Die **Makro-Eingabe**, die **Vergabe von Makro-Namen** sowie die **Dokumentation von Makros** wurde an zwei einfachen Beispielen aufgezeigt.

Es gibt mehrere Möglichkeiten, Makros aufzurufen. Eine Möglichkeit haben Sie bereits kennengelernt: Gleichzeitiges Drücken der ALT-Taste und des bei der Namensvergabe definierten Buchstabens, z.B. ALT-L. Im nächsten Abschnitt werden Sie eine weitere Möglichkeit kennenlernen, wie man Makros aufruft.

Menüäquivalente Makro-Befehle

Wenn Sie demnächst eigene - möglicherweise umfangreiche Makros - schreiben, sollten Sie darauf achten, daß Sie die Makros
"lesbar" gestalten. Stellen Sie sich ein aus zwanzig oder mehr
Zeilen bestehendes Makro vor, daß nur aus den Anfangsbuchstaben von Befehlen und Optionen besteht! Die "Lesbarkeit" ist sicherlich gering. Um diesen Nachteil nicht in Kauf nehmen zu
müssen, bietet Quattro Pro

    Menüäquivalente Makro-Befehle

an, die Sie anstelle der Anfangsbuchstaben verwenden können.
Der Befehlsfolge **Layout - Ausrichtung - Mitte** ist beispielsweise der menüäquivalente Makro-Befehl

    {/ Layout;AusrichtungMitte}

zugeordnet. Dieser Befehl ist sicherlich "lesbarer" als die Buch-
stabenfolge *lam*. Sie sollten zukünftig selbst entscheiden, welcher
Variante Sie den Vorzug geben. Für den Fall, daß es sich um
kleinere und häufig verwendete Makros handelt, ist die im ersten
Abschnitt dieses Kapitels besprochene "Buchstabenvariante" zu
empfehlen. Ansonsten ist abzuwägen, ob nicht der Nachteil der
zusätzlichen Schreibarbeit bei der Verwendung der menüäquiva-
lenten Befehle durch eine bessere optische Gestaltung des Makros
aufgewogen wird.

*Lesbarkeit
von Makros*

Nun zu den Beispielen: Bewegen Sie den Cursor nach Feld B7
und tragen Sie

    {/ Layout;AusrichtungMitte} ~

ein. Zu beachten ist, daß Sie zwischen "/" und "Layout" ein
Leerzeichen eingeben müssen. Die Tilde am Ende des Befehls
bewirkt, daß der vorgeschlagene Block bei Aufruf des Befehls
bestätigt wird.

"Sprechende" Makro-Namen

Neben den "Buchstabennamen", z.B. ALT-R, besteht in Quattro
Pro auch die Möglichkeit für die Vergabe "sprechender" Makro-
Namen. Belassen Sie den Cursor in Feld B7 und vollziehen Sie
die Befehlsfolge nach:

Geben Sie ein	Befehl
/B	Bearbeiten
N	Namen
B	Block benennen
Mitte	Namen eingeben
RETURN-Taste	Namen bestätigen
RETURN-Taste	Block bestätigen

Der Befehl
Ausführen

Sie haben damit dem Makro in Feld B7 den Namen *Mitte* zugeordnet. Bewegen Sie den Cursor nach Feld A1. Der Inhalt dieses Feldes soll zentriert dargestellt werden. Wählen Sie die Befehlsfolge **Zusätze - Makro - Ausführen**. Quattro Pro fragt nach dem auszuführenden Makro-Block: Tragen Sie *Mitte* ein und drücken Sie die RETURN-Taste.

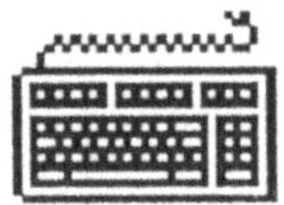

Nun sind Sie wieder an der Reihe! Das letzte Makro bewirkte eine zentrierte Darstellung von Feldinhalten. Vervollständigen Sie unsere Formatiermakros. Schreiben Sie erstens ein Makro, das Feldinhalte über den Makro-Befehl

{/ Layout;AusrichtungLinks} ~

links ausrichtet und zweitens ein Makro, das über den Makro-Befehl

{/ Layout;AusrichtungRechts} ~

Feldinhalte rechts ausrichtet.

In diesem Abschnitt haben Sie erfahren, daß Sie Makros auch "sprechende" Namen zuweisen können. Der Aufruf des Makros ist allerdings etwas aufwendiger als bei der Vergabe einer Tastenkombination. Sie könnten jedoch für die Befehlsfolge **Zusätze - Makro - Ausführen** eine "schnelle Taste" definieren und den Makro-Aufruf dadurch beschleunigen.

Alternativ können Sie einem Makro sowohl eine Tastenkombination, als auch einen "sprechenden" Namen zuweisen. Dann haben Sie auch zwei Möglichkeiten, das Makro aufzurufen.

Übersicht Makro-Befehle

Im bisherigen Verlauf dieses Kapitels haben Sie Makros erstellt, die Befehle enthalten, die Sie ebenso auf "normale Art" hätten eingeben können. Neben diesen menüäqivalenten Makro-Befehlen verfügt Quattro Pro über 6 weitere Kategorien von Makro-Befehlen:

Kategorien Makro-Befehle

Kategorien

1.   Tastatur- Befehle

2.   Bildschirm-Befehle

3.   Interaktive Befehle

4.   Programmsteuerungs-Befehle

5.   Zellen-Befehle

6.   Datei-Befehle

7.   Menüäquivalente Befehle

1. Tastatur-Befehle

Tastatur-Befehle entsprechen den Drücken von Funktions- oder Pfeiltasten, z.B. entspricht der Makro-Befehl

   {LINKS}

dem Drücken der linken Pfeiltaste. Die nächste Abbildung führt einige zur Kategorie der Tastatur-Befehle gehörenden Befehle auf. Einen vollständigen Überblick gibt das Handbuch.

Makro-Befehl	Taste	Makro-Befehl	Taste
{END}	Ende	{GEHEZU}	F5
{OBEN}	Pfeiltaste oben	{KALK}	F9
{UNTEN}	Pfeiltaste unten	{GRAFIK}	F10
{RECHTS}	Pfeiltaste rechts	~	RETURN
{EDIT}	F2	{ESC}	ESCAPE

Dazu ein Beispiel. Speichern Sie das Arbeitsblatt zunächst unter dem Dateinamen 7MAKRO1 und löschen Sie über die Befehlsfolge **Datei - Inhalt löschen - Ja** den Bildschirminhalt. Sie sehen den leeren Bildschirm vor sich. Vergrößern Sie die Spaltenbreite auf 20 Zeichen (STRG-b). Tragen Sie in das Feld A1 den Befehl

    {GEHEZU}A1~

ein. Dieser Befehl bewirkt den Sprung nach Feld A1. Der Makro-Befehl **{GEHEZU}** leitet den Sprungbefehl ein. A1 ist die Zieladresse. Die Tilde (~) entspricht dem Drücken der RETURN-Taste und schließt den Befehl ab. In das Feld A2 tragen Sie bitte den Befehl

    {U 6}

ein. Dazu zwei Erläuterungen: Die Befehle für das Drücken der Pfeiltasten können in verkürzter Form eingegeben werden, z.B. **U** für **UNTEN** oder **O** für **OBEN**. Hinter dem Makro-Befehl kann ein Wiederholungsfaktor angegeben werden. Der obige Befehl entspricht dem sechsmaligen Drücken der *Pfeiltaste unten*. Zu beachten ist, daß Sie zwischen "U" und "6" ein Leerzeichen eingeben müssen. In das Feld A3 tragen Sie bitte den Befehl

    {R 4}

ein. Dieser Befehl entspricht dem viermaligen Drücken der *Pfeiltaste rechts*.

Benennen
des Makros

Schließlich muß unser Makro einen Namen erhalten. Bewegen Sie den Cursor nach Feld A1 und vollziehen Sie die Befehlsfolge nach.

Geben Sie ein	Befehl
/B	Bearbeiten
N	Namen
B	Block benennen
\a	Namen eingeben
RETURN-Taste	Namen bestätigen
RETURN-Taste	Block bestätigen

Unser Makro kann demnach über die Tastenkombination ALT-A aufgerufen werden. Probieren Sie es aus! Drücken Sie ALT-A. Wenn sich Ihr Cursor in Feld E7 befindet, funktioniert Ihr Makro.

Wenn Ihr Makro nicht funktioniert, prüfen Sie, ob Sie bei der Eingabe einen Fehler gemacht haben.

Tragen Sie schließlich zu Dokumentationszwecken in das Feld C1

ALT-A

ein. Wozu können derartige "Sprungmakros" verwendet werden? Stellen Sie sich vor, daß Sie mit einer aus mehreren Komponenten bestehenden Tabelle arbeiten müssen. Die Erstellung von Makros vereinfacht das Hin- und Herspringen zwischen den einzelnen Komponenten. Sie könnten beispielsweise ein Makro schreiben, aufgerufen durch ALT-M, das Sie zu den Makros bringt, ferner ein Makro, aufgerufen durch ALT-T, das Sie zur eigentlichen Tabelle bringt. Sie brauchen sich lediglich merken, welche Tastenkombination zu welcher Arbeitsblattkomponente verzweigt.

Wozu Sprung-makros?

2. Bildschirm-Befehle

Folgende Befehle steuern die Bildschirmanzeige während der Ausführung eines Makros:

Mit Hilfe des Befehls {**ANZEIGE String**} können Sie die Modusanzeige in der unteren rechten Bildschirmecke verändern. Wenn beispielsweise ein längeres Makro abläuft, können Sie den Anwender durch eine entsprechende Anzeige darauf hinweisen.

{ANZEIGE}

Mit Hilfe des Befehls {**BEDIENFELDAUS**} können Sie verhindern, daß während der Makro-Ausführung Veränderungen bei Menüs und Meldungen angezeigt werden. Einen Teil der internen Verarbeitungszeit benötigt Quattro Pro für das Aktualisieren der Bildschirmanzeige. Das Unterdrücken der Aktualisierung beschleunigt daher die Makro-Ausführung.

{BEDIENFELD -AUS}

Der Befehl {**BEDIENFELDEIN**} aktiviert die Bildschirmanzeige wieder.

Mit Hilfe des Befehls {**FENSTERAUS**} können Sie das Aktualisieren der Bildschirmanzeige verhindern. Wenn ein Makro zahlreiche Sprungbefehle enthält, kann dieser Befehl zur Beschleunigung der Makro-Ausführung beitragen.

{FENSTER-AUS}

Der Befehl {**FENSTEREIN**} aktiviert die Bildschirmaktualisierung wieder.

{TON}

Der Befehl {**TON Zahl**} löst das akustische Signal des Computers aus. Sie können diesen Befehl beispielsweise verwenden, um auf das Ende der Makro-Ausführung oder einen Fehler hinzuweisen.

3. Interaktive Befehle

Interaktiv bedeutet, daß wir Informationen von der Tastatur in den Computer eingeben. Mit Hilfe interaktiver Befehle können Sie gezielte Dateneingaben realisieren.

Mit Hilfe des Befehls

    {ZAHLENEINTRAG Meldung;Position}

{ZAHLEN-EINTRAG}

erreichen Sie beispielsweise die Eingabe von Zahlen. Unter **Meldung** können Sie einen beliebigen Text zur Eingabeaufforderung festlegen. Dieser wird in der Eingabezeile angezeigt. Der eingegebene Wert wird in das unter **Position** festgelegte Feld eingetragen.

{LABEL-EINTRAG}

Analog arbeitet der Befehl {**LABELEINTRAG Meldung ; Position**}, mit dessen Hilfe Texte eingegeben werden können.

Zur Kategorie der interaktiven Befehle gehören auch die Menü-Befehle, mit deren Hilfe Sie das Quattro Pro-Befehlsmenü durch ein auf die Anwendung zugeschnittenes Menü ersetzen können. Wenn Sie sich für das Arbeiten mit selbsterstellten Menüs interessieren, sei auf die Vieweg-Spezialliteratur verwiesen, die den Einsatz sämtlicher Makro-Befehle innerhalb größerer Anwendungen aufzeigt.

{?}

Mit Hilfe des Befehls {?} veranlassen Sie eine Unterbrechung der Makro-Ausführung. Dieser Befehl ist beispielsweise dann sinnvoll, wenn Sie sich am Bildschirm Zwischenergebnisse ansehen möchten.

Durch Drücken der RETURN-Taste können Sie die Unterbrechung beenden.

4. Programmsteuerungs-Befehle

In diesem Abschnitt wollen wir ein aus 8 Anweisungen bestehendes Makro erstellen, das Makro-Befehle verschiedener Kategorien enthält. Löschen Sie wieder den Bildschirminhalt, so daß Sie den leeren Bildschirm vor sich haben. Bewegen Sie anschließend den Cursor nach Feld A1. Hier tragen Sie den Befehl

{GEHEZU}F1 ~

Dieser Befehl bewirkt einen Sprung nach Feld F1. Als nächstes tragen Sie in das Feld A2 den Befehl

{ZAHLENEINTRAG "Geben Sie eine Zahl zwischen 1 und 4 ein "; E1}

ein. Dieser Befehl fordert Sie zur Eingabe einer Zahl zwischen 1 und 4 auf. Die Zahl wird in das Feld E1 eingetragen. Nun bewegen Sie den Cursor nach Feld A3:

{WENN E1 < 1 #ODER# E1 > 4} {SPRUNG A6}

Diese Anweisung umfaßt zwei Programmsteuerungs-Befehle. Der Makro-Befehl **{WENN Bedingung}** wertet **Bedingung** aus; wenn die Bedingung *wahr* ist, wird die Makro-Ausführung in derselben Zeile fortgesetzt, ist sie *falsch*, wird sie in der Zeile unterhalb des Befehls **{WENN}** fortgesetzt.

{WENN}

In unserem Beispiel wird geprüft, ob ein ungültiger Wert eingegeben wurde, d.h. ein Wert kleiner 1 oder größer 4. In einem solchen Fall erfolgt über den Makro-Befehl **{SPRUNG Position}** die Verzweigung zur mit **Position** angegebenen Adresse. Man nennt eine solche Prüfung auch **Plausibilitätsprüfung**: In unserem Beispiel ist der eingegebene Wert "plausibel", wenn er zwischen 1 und 4 liegt.

Normalerweise arbeitet Quattro Pro Makro-Befehle "von oben nach unten" ab. Es gibt jedoch einige Befehle, um von dieser Reihenfolge abzuweichen. Einer dieser Befehle ist **{SPRUNG}**. Er veranlaßt, daß die Makro-Ausführung an einer anderen Stelle fortgesetzt wird.

{SPRUNG}

Sie sollten die Befehle {SPRUNG} und {GEHEZU} nicht verwechseln. Während Sie mit {GEHEZU} einen Cursorsprung innerhalb des aktuellen Arbeitsblattes veranlassen, bezieht sich {SPRUNG} auf Makro-Bereiche. Wenn Sie beispielsweise mit **Position** auf ein Feld verweisen, das keinen gültigen Makro-Befehl enthält, entsteht eine Fehlersituation.

Bewegen Sie den Cursor nach A4 und tragen Sie folgenden Befehl ein:

>   *{SEI G1;E1*100}*

{SEI}   Über den Makro-Befehl **{SEI Position;Wert}** können Sie einen Wert in einer Zelle verändern, während sich das Makro in der Ausführung befindet. In unserem Fall erhält Feld G1 den in Feld E1 gespeicherten Wert, multipliziert mit 100.

Wann erfolgt diese Zuweisung? Nur in den Fällen, in denen ein gültiger Wert eingegeben wurde. Andernfalls wird Feld A4 durch die in Feld A3 gespeicherte Anweisung

>   *{SPRUNG A6}*

übersprungen. Bewegen Sie den Cursor nach Feld A5 und tragen Sie den Befehl

>   *{SPRUNG A8}*

an. Dieser Befehl bewirkt, daß die Makro-Ausführung nach Feld A8 verzweigt.

Nun zu Feld A6. Zur Erinnerung: Für den Fall, daß die Plausibilitätsprüfung einen ungültigen Wert ermittelt hat, erfolgt der Sprung nach Feld A6. Tragen Sie in dieses Feld den Befehl

>   *{TON 3}*

ein. Diese Anweisung löst das akustische Signal des Computers aus. Sie können zwischen vier Tonstufen wählen, wobei allerdings bei vielen PC's keine Unterschiede festzustellen sind. Der Befehl {TON} gehört zur Kategorie der Bildschirm-Befehle.

Bewegen Sie den Cursor nach Feld A7 und tragen Sie den Befehl

>   *{LEER E1}*

ein. Nochmals zur Erinnerung: Wir bewegen uns innerhalb desjenigen Makro-Bereiches, der nur im Fehlerfall zur Ausführung gelangt. Der Befehl {**LEER Position**} löscht den Inhalt der über **Position** festgelegten Zelle.

{*LEER*}

Tragen Sie schließlich in das Feld A8 den Befehl

{GEHEZU}A15~

ein. Damit haben wir unser Makro vollständig erstellt. Die nächste Abbildung zeigt noch einmal das Makro:

```
Feld   Makro-Befehl


A1     {GEHEZU}F1~
A2     {ZAHLENEINTRAG "Geben Sie eine Zahl zwischen 1 und
          4 ein  ";E1}
A3     {WENN E1<1 #ODER# E1>4}{SPRUNG A6}
A4     {SEI G1;E1*100}
A5     {SPRUNG A8}
A6     {TON 3}
A7     {LEER E1}
A8     {GEHEZU}A15~
```

Bei Ausführung des Makros springt der Cursor zunächst nach Feld F1. Der Befehl {**ZAHLENEINTRAG**} fordert zur Eingabe einer Zahl zwischen 1 und 4 auf. Für den Fall, daß ein ungültiger Wert eingegeben wurde, verzweigt das Makro nach Feld A6. Hier weist das akustische Signal auf den Fehler hin. Die "falsche Zahl" in Feld E1 wird wieder gelöscht und der Cursor springt schließlich nach Feld A15.

Der logische Ablauf

Für den Fall, daß ein korrekter Wert eingegeben wurde, erhält Feld G1 den um 100 multiplizierten Wert von Feld E1. Anschließend erfolgt in Feld A5 der Sprung nach Feld A8, damit für den Fall, daß ein korrekter Wert eingegeben wurde, die Felder A6 und A7 übersprungen werden. Dadurch ist gewährleistet, daß die Felder A6 und A7 nur im Fehlerfall zur Ausführung gelangen.

Benennen
des Makros

Was fehlt noch, um das Makro zur Ausführung zu bringen? Sie müssen dem Makro einen Tastenschlüssel zuweisen. Weisen Sie dem Makro über die Ihnen inzwischen bekannte Befehlsfolge **Bearbeiten - Namen - Block benennen** den Tastenschlüssel \S zu.

Probieren Sie durch Drücken von ALT-S aus, ob das Makro funktioniert! Für den Fall, daß das Makro einen Fehler enthält, erfolgt der Hinweis, **wo** - in welcher Zelle - der Fehler aufgetreten ist; betrachten Sie dann den Inhalt dieser Zelle und prüfen Sie, ob Sie bei der Eingabe einen Fehler gemacht haben.

Gültiger Wert

Nachdem Sie das Makro aufgerufen haben, werden Sie zur Eingabe einer Zahl zwischen 1 und 4 aufgefordert. Geben Sie den Wert 3 ein und drücken Sie die RETURN-Taste. Sie stellen fest, daß Feld E1 den Wert 3 und Feld G1 den Wert 300 speichert.

Ungültiger Wert

Rufen Sie das Makro anschließend erneut auf, und tragen Sie diesmal einen ungültigen Wert ein, z.B. den Wert 9. Sie stellen fest, daß der Inhalt des Feldes E1 gelöscht wird und Feld G1 nicht verändert wird.

Fazit

Auch wenn das zuletzt besprochene Makro keine besonders intelligenten Aufgaben erfüllt, so hat es uns doch geholfen, bestimmte Makro-Befehle einmal kurz im Einsatz zu erleben.

5. Zellen-Befehle

Diese Befehlskategorie betrifft die in den angegebenen Zellen gespeicherten Informationen. Zwei dieser Befehle haben Sie bereits kennengelernt:

Mit Hilfe des Befehls {**SEI**} können Sie Feldern während der Makro-Ausführung Werte zuweisen. Den Befehl {**LEER**} haben wir dazu verwendet, den Inhalt des angegebenen Feldes zu löschen.

{INHALT}

Es gibt eine Reihe weiterer Befehle, von denen an dieser Stelle nur einer erwähnt werden soll: Mit Hilfe des Befehls

{INHALT Ziel;Quelle;Breite;Format}

können Sie den Inhalt einer Zelle (= **Quelle**) in eine andere Zelle (= **Ziel**) kopieren, wobei Sie mit **Breite** und **Format** eine andere Spaltenbreite bzw. ein anderes Anzeigeformat für **Ziel** festlegen können.

6. Datei-Befehle

Mit Hilfe dieser Befehle können Sie während der Makro-Ausführung auf andere Dateien zugreifen. Bevor Sie auf eine andere Datei zugreifen, müssen Sie diese über den Befehl

{ERÖFFNE}

    {ERÖFFNE Dateiname;Zugriffsmodus}

öffnen. **Zugriffsmodus** gibt an, ob Sie eine Datei Lesen, Modifizieren oder Ergänzen wollen. Auch können Sie mit diesem Befehl eine neue Datei erstellen.

Nachdem Sie eine Datei geöffnet haben, können Sie über den Makro-Befehl

{LIES}

    {LIES AnzahlBytes;Position}

die durch **AnzahlBytes** spezifizierte Anzahl Zeichen lesen. **Position** gibt die Zelle an, in die die gelesenen Zeichen gespeichert werden sollen.

Der Befehl {**LIESZL Position**} ist mit {**LIES**} bis auf eine Ausnahme identisch: {**LIESZL**} liest nicht eine bestimmte Anzahl Bytes ein, sondern ab der aktuellen Position des Dateizeigers alle Zeichen bis zum Zeilenende, d.h. Sie können mit diesem Befehl eine Datei zeilenweise nach Quattro Pro einlesen.

{LIESZL}

Stellen Sie sich als Beispiel eine ASCII-Datei vor, die die bei einem bestimmten Produktionsvorgang anfallenden Meßergebnisse speichert. Diese Meßergebnisse können nach Quattro Pro eingelesen und anschließend, z.B. über die Datenbankfunktionen, ausgewertet werden. Auch die grafische Aufbereitung wäre denkbar.

Neben den eben besprochenen Lese-Befehlen verfügt Quattro Pro auch über Schreib-Befehle - {**SCHREIBE**} und {**SCHREIBEZL**} - die analog zu den Lese-Befehlen arbeiten. Mit Hilfe des Befehls {**SCHLIESSE**} können geöffnete Dateien wieder "geschlossen" werden.

Schreib-Befehle

7. Menüäquivalente Makro-Befehle

Diese Befehlskategorie entspricht "normalen" Befehlsfolgen, d.h. Befehlen, die Sie ebenso auch über Tastatur eingeben können. Einige dieser Befehle haben Sie zu Beginn des Kapitels kennengelernt.

Im ersten Teil des Kapitels haben Sie erste Eindrücke darüber gewonnen, wie in Quattro Pro Makros eingegeben, dokumentiert und zur Ausführung gebracht werden.

Im zweiten Teil wurden die verschiedenen Kategorien der Makro-Befehle kurz umrissen.

Die Möglichkeiten, die Quattro Pro auf dem Gebiet der Programmierung bietet, reichen aus, um vollständige Anwendungen, die unter Umständen aus zahlreichen Arbeitsblättern bestehen, makrounterstützt ablaufen zu lassen.

An dieser Stelle haben Sie das Buch

Quattro Pro - Einsteigen leichtgemacht

vollständig durchgearbeitet. Wir hoffen, daß Ihnen Themenauswahl, Beispieltabellen und Übungsform geholfen haben, einen Überblick über das Leistungsspektrum von Quattro Pro zu gewinnen.

SACHWORTVERZEICHNIS